# 王兴传

## 人生不设限

王晶◎著　　　陈 润◎主编

团结出版社

图书在版编目（CIP）数据

王兴传 / 王晶著 . -- 北京 : 团结出版社 , 2020.10
ISBN 978-7-5126-8292-4

Ⅰ . ①王… Ⅱ . ①王… Ⅲ . ①王兴—传记 Ⅳ .
① K825.38

中国版本图书馆 CIP 数据核字 (2020) 第 181721 号

**王兴传**

王 晶 著

出　　　版：团结出版社
　　　　　　（北京市东城区东皇城根南街84号　邮编：100006）
**责任编辑：郑 纪**
电　　　话：（010）65228880
发　　　行：（010）51393396
网　　　址：http://www.tjpress.com
E－mail：65244790@163.com
经　　　销：全国新华书店
印　　　刷：三河市龙大印装有限公司

开　　　本：145×210　1/32
印　　　张：10
字　　　数：200千字
版　　　次：2020年11月第1版
印　　　次：2020年11月第1次印刷

书　　　号：978-7-5126-8292-4
定　　　价：59.00

# 为标杆立传：重塑企业家精神，推动中国商业进步

在我们一生中，总会遇到那么一个人，用自己的智慧之光、精神之光，照亮我们人生的道路。

我从事企业传记写作、出版已有10多年，在访谈企业家、创业者的时候，我通常会问两个问题：谁对你影响最大？哪本书令你受益匪浅？答案往往是某位标杆企业家及其传记作品。可以说，很多企业家都曾深受成功前辈企业家传记的影响，他们以偶像为标杆，完成自我认知、自我突破、自我进化，在对标中寻找坐标，在蜕变中加速成长。

人们常说，选择比努力更重要，而选择正确与否取决于认知。决定人生命运的关键选择就那么几次，大多数人不具备做出关键抉择的正确认知，然后要花很多年为当初的错误决定买单。对于创业者、管理者来说，阅读成功企业家传记是形成方法论、构建学习力、完成认知跃迁的最佳捷径，越早越好。

无论个人还是企业，不同的个体、组织有不同的基因和命运。对于个人来说，要有思想、灵魂，才能活得明白，取得成功。对于企业而言，要有愿景、使命、价值观，才能做大做强，基业长青。

世间万物，皆有"灵魂"。每个企业出生时都有"灵魂"，但发展壮大以后就容易被忽视。企业的灵魂人物是创始人，他给企业创造的最大财富是企业家精神；管理的核心是管理愿景、使命、价值观，我们通常概括为企业文化。有远见的企业家重视"灵魂"，其中效率最高、成本最低的方式是写作企业家传记和企业史，前者重塑企业家精神，后者提炼企业文化，以此找到企业复兴之路。

"立德、立功、立言"，这是儒家追求，也是人生大道。在过去 10 年间，我所创办的润商文化秉承"以史明道，以道润商"的使命，汇聚一大批专家学者、财经作家、媒体精英，专注于企业传记定制出版和传播服务，为标杆企业立传。我们为华润、招商局金融、戴尔中国、用友、卓尔、光威等数十家著名企业提供知识服务，策划出版过全球商业史系列、世界财富家族系列、中国著名企业家传记系列等近百部具有影响力的作品，还将部分优秀作品版权输出海外，堪称最了解中国本土企业实践和理论模型的知识服务机构之一。

正是出于重塑企业家精神、构建商业文明的专业研究精神和时代使命感、责任感，当我提出策划出版"中国标杆企业家传记"丛书的倡议之后，得到团结出版社的大力支持。2019 年初，我们启动"中国标杆企业家传记"丛书的学术研究和出版工程。

为了高标准、高品质打造精品，我们聚集业内知名财经作家组建研究团队，进行专题研究和创作，陆续出版了李嘉诚、任正非、马云、雷军、董明珠、彭蕾等企业家传记作品，面世后深受读者欢迎，一版再版。2020 年，我们继续完成王兴、张一鸣、黄峥、周鸿祎、曹德旺、段永平等企业家传记作品，为企业家立言，为企业立命，为中国商业立标杆。

一直以来，我们致力于为有思想的企业提升价值，为有价值的企业传播思想。作为中国商业观察者、记录者、传播者，我们将聚焦于更多标杆企业、行业龙头、区域领导品牌、高成长型创新公司等有价值的企业，将"中国标杆企业家传记"丛书不断完善，重塑企业家精神，传播企业品牌价值，推动中国商业进步。

通过"中国著名企业家传记"丛书的调查研究和出版工程，我们意在为更多企业家、创业者提供前行的智慧和力量，为读者在喧嚣浮华的时代打开一扇希望之窗：

在这个美好时代，每个人都可以通过奋斗和努力，成为想成为的那个自己。

"中国著名企业家传记"丛书主编

陈润

2020 年 9 月 12 日

# 永不言败的连环创业者

这个世界青睐两种人,一种是已经成功的人,一种是在成功道路上奔跑的人。他们都是为改变命运永不言败的人。

2020年7月7日,美团点评股价上涨到191元港币,市值11180亿港元(约1442亿美元)。不知不觉间,美团已成为中国上市互联网公司中市值仅次于阿里巴巴、腾讯的排名第三的巨头。1979年出生的王兴刚过不惑之年,就带领成立仅十年的美团取得卓越成就,当人们遥望美团千亿美金市值的远景时,又会不约而同地将目光聚焦到王兴身上。很多人感叹王兴太成功了,太幸运了。但其实他是一个最倒霉的连续创业者。诚如著名投资人徐新女士所言:王兴是从死人堆里爬出来的创业者。

2004年,王兴从美国辍学,怀揣着蓬勃的野心踏上创业之路。然而,等待他的是接二连三的失败:第一个项目——创办多多友网站,失败了;接着创办游子图网站,失败了;创办校内网,资金链断裂,不得不卖掉了;创办饭否,用户刚突破百万就被迫关停了;创办海内网,也没做成。一心想做社交网站的王兴,可谓屡战屡败。

后来,转型做生活服务,他终于成功。可美团的成功之路却是一条比前期失败更惨烈的浴血征途。

王兴前瞻性地意识到美国 Groupon 网站大有可为，也抓住了团购的先机，但抓住风口并不意味着立马就能创业成功——风口越大，竞争越大，很快美团便陷入"千团大战"。虽然叫"千团大战"，但实际上当时市面上有 5300 多家公司争抢团购这块蛋糕。别人背靠大树好乘凉，但美团穷到晒账户以证明自己没有破产。最惨的是，面对恶意挖墙脚，王兴却无能为力。竞争对手疯狂挖人，长三角团队不稳，王兴自己订票只带着手机和钱包打飞的杀过去，动之以情、晓之以理后，依然无济于事，上海团队还是被人家连锅端。面对暴击，王兴能做的，就是玩命地坚持。他说，美团在千团大战中胜出并度过资本寒冬的重要原因是：每天前进 30 公里。

经过千团大战，美团坐上了团购第一的宝座，还没有品尝到"王者荣耀"的感觉，移动互联网大潮来了，曾经拼个你死我活的团购业瞬间变成"昙花一现"的互联网淘汰品。还没来得及喘息的美团，只好秣马厉兵，砥砺前行。由于在移动端的提前布局，美团率先在"本地生活服务"领域打开了一扇新世界的大门——猫眼电影一炮而红，酒旅事业风生水起，外卖业务声名鹊起。一切看起来要异军崛起的样子。"可怜蜂蝶频入网，多在高飞得意时"，美团在这个时候引来了最剽悍的竞争，昔日躲在背后指挥小兵和美团博杀的互联网巨头，开始亲自下场"手撕"美团了。

王兴和美团铁军被迫枕戈待旦，志枭逆虏。轰轰烈烈的外卖大战从最初的群雄逐鹿到饿了么、美团外卖、百度外卖"三国杀"，最后因为阿里集团的介入，演变成了美团外卖和饿了么的绝杀。双方竞争最激烈的时候，美团每单补贴 2 元，对方就贴补 3 元；等美团贴补 3 元，对方贴到 5 元……节节升高。

著名银行家和金融家勃纳德·巴鲁奇说过："你并不需要熄灭别人的灯光以使自己更明亮。"面对围追堵截，王兴没有釜底抽薪，死磕到底，他选择"错位竞争"，不断开拓和尝试更多的新业务，让对手摸不清边界。美团杀入网约车、共享单车、全球民宿、同城配送、互联网金融、线下新零售等领域，王兴相信只要平台足够大，业务足够多，留得青山在，不怕不盈利。美团的无边界扩张，代价是什么？半个互联网都成了美团的敌人。对手明火执仗地打压不说，还背后放冷箭。美团遍地开花的时候，谣言四起，"每月亏损 6 亿、吓得华尔街投资人都不敢投了"等试图阻断美团上市的传言来了。为了搞垮王兴和美团，看不见的对手甚至雇用水军发每篇 200 元的黑稿。即便美团上市了，依然挡不住流言蜚语，美团最后用赢利数字堵住了谣言之口。

《诸葛亮兵法》第十五章讲到诸葛亮领兵作战的指挥艺术："善理者不师，善师者不陈，善陈者不战，善战者不败，善败者不亡。"王兴可谓"五善代表"。回顾十八年创业路，他一路走来，筚路蓝缕，九死一生。很多人因此称王兴为"斗战胜佛""打不死的小强"。知名媒体人程苓峰曾这样评价王兴："你得有足够大的福报，才会在壮年生一场重病，遭一场濒死的大难。你得有足够大的福报，才会挨上师一顿打，大部分人弱不禁风，上师只能对他们笑脸呵护。"

但再坚强的斗士，再有涵养的上师，也会有普通人的一面。失败的时候王兴也哭过，"团队宣布'卖掉校内网'的那天，在一家餐馆，所有人都没说话，喝着闷酒，眼泪一滴一滴往下掉"。但王兴注定不是普通人。普通人经历失败之后，为了逃避挫败感，不愿意直面失败，还会找到许多堂而皇之的借口以快速翻篇。屡战屡败的王兴选择屡败屡战。他直视失败，化失败为经验，最终变失败为成功的垫脚石。"既往不念，纵情向前"的他，最终成为和 BAT 平起平坐的人。

王兴的创业故事之所以被人津津乐道，一个根本的原因在于，他一路经历起起伏伏却始终不安于现状，挫败连连却依然坚持不停前进，探索新的高度和边界。王兴身上散发出来的百折不挠的精神、"动心忍性，增益其所不能"的韧劲、"谋人不如谋己，胜人不如胜己"的境界，对于新时代的创业者来说，无疑具有榜样的力量。

# 目  录

## 第四章　以慢克快，突围千团大战

## 第五章　从粗放管理圈地到管理标准规划

## 第六章　应时而动，在移动互联网中蜕变

## 第七章 在外卖大战中死磕到底

## 第八章 直接和马云叫板

## 第九章 无边界的扩张之路

## 第十章 回击质疑的最好方法就是证明自己

## 第十一章 成为互联网世界的恒星

## 附录

第一章

# 无创业，不青春

"我不是把创业本身当作一个特别的事情，这只是我选择的生活方式。我没有考虑过如果没有创业会怎么样的问题。创业像是被闪电击中的感觉，非干不可。"

# "从不安分"的清华"学霸"

著名天使投资人徐小平亲眼见证了多家创业公司的失败，他说："我每一个项目投的时候，都会想'又是一个 Facebook'，结果却往往变成'又是非死不可'。"为此，在寻找创业项目时，他会格外看重"创业者的基因"。那么，创业者的基因又是怎样排列组合的呢？对此，王兴的答案是：首先是"从不安分"。

25 岁之前的王兴，是典型的"别人家的孩子"：从小成绩优秀，被保送到清华大学电子工程系无线电专业就读，毕业后获得奖学金前往美国深造。这是无数人羡慕不得的"天选之路"。聪明、机智、低调、爱思考、爱钻研……是老师和同学对他的一致印象。但这些寻常的字眼远不足以揭示王兴的真正特点，只有他自己清楚，一直以来自己的内心是多么"不安分"。

1979 年 2 月，王兴出生于革命老区福建龙岩，从小在崇山峻岭间生活。直到 18 岁去北京上大学，王兴才第一次见识到太阳从平原落下时红霞满天的壮美。耐人寻味的是，龙岩虽然被群山包围，但似乎一点也不封闭，因为从这里走出了"互联网下半场"的两颗璀璨明星——王兴和他的好友张一鸣。

王兴少年时代即拥有开阔的视野，这归功于他的家庭——一个书香门第。其祖父是龙岩二中教导主任，龙岩歌舞团编剧；其祖母是厦门大学毕业生，师从厦门大学老校长、著名经济学家、《资本论》中文版译者王亚南。家庭出身问题导致王兴的父亲王苗错失了上学、参军、招干的机会，但"书香"家风并没有因此中断。王兴的父亲相信"知识就是力量"，酷爱读书，也喜欢买书，所以王兴和他的姐姐，从小就博览群书。王兴的姐姐大他两岁，是一位不折不扣的超级学霸，从龙岩一中考入清华电子工程系，后来去美国留学，而后成为一名硅谷软件工程师。

姐姐的路，原本是王兴的人生模板，也是父亲的夙愿。王兴一路追随着姐姐来到美国，突然放弃了这个"脚本"，看似意外，其实是性格使然。

王兴和一心爱学习的姐姐不同，他从小就表现出很"野"的一面。身体瘦弱的他一点儿也不好惹，为了争做孩子王，和人打架是家常便饭。王兴自己也很骄傲地说过："小时候我非常瘦弱，但战斗力很强。"这种好斗、不服输的性格，成为他后来创业屡败屡战的"秘密武器"。

王兴从小对世界充满好奇。除了打架，王兴最喜欢干的一件危险事是逃课爬火车。有一次老师实在受不了，问他："你为什么就非得这么惹是生非呢？"王兴却一本正经地回答："老师，其实我们在研究蒸汽机呢。"

王兴并不是在胡说八道。他和小伙伴对科技是发自肺腑地感兴趣。为了搞清楚无线电是怎么回事，他们一起拆了很多录音机和收音机。当然他们还是弄不明白的，于是他们阅读比尔·盖茨、迈克尔·戴尔的书。依然没有弄明白的他，最后去读了清华大学无线电系。

王兴的"古怪"本性到清华大学也没有改变。开学第一天的自我介绍，王兴一句"天下兴亡，匹夫有责"，瞬间让同学们对他"刮目相看"：当大家课上讨论"温水煮青蛙时"的青蛙时间，他却在谈论"煮青蛙的人"，思维完全不在一个频道。

在学习上，他也和别人格格不入。王兴对专业课毫无兴趣，每天不是玩游戏，就是琢磨跟专业不相干的 Linux。结果可想而知——学习成绩"吊车尾"。据他的下铺兄弟——后来一起创业成为美团副总裁的王慧文爆料，王兴成绩排倒数第五，王慧文排倒数第三，付栋平倒数第一。就是这三个倒数的清华"差生"，后来一起创造了美团。

比起专业课，王兴对社团活动更加感兴趣。大一期间，他参加了清华学生艺术团舞蹈队，跳过一支"黄土黄"的民族舞蹈：表演的时候赤裸上身，胸前绑一个胸鼓，穿一条粗布裤子，粗犷有范。王兴似乎在用行动证明，清华人并不都是木讷乏味的理工男。

大二的时候，王兴加入清华科技创业者协会，并成为这个社团的活跃分子。他人生第一次有了创业的念头。

就是这个小社团搞出了一件大事情——第一届清华创业计划大赛在 1998 年 5 月诞生了。这是创业计划大赛第一次走进中国大学校园，成为当年社会各界关注的焦点之一，包括中央电视台在内的 60 家主流媒体对大赛进行了采访报道。而王兴当时就是负责大赛推广的人员之一，其主要工作是到处发海报，他的最高记录是一天发出去 4000多份海报，给科技创业者协会立下了大功。这个协会后来走出了百合网创始人慕岩和清科集团创始人倪正东。这次创业计划大赛则让王兴意识到，原来创业是技术创新与风险投资相结合的产物。

参加科技创业者协会的经历，让王兴对创业产生了极大的兴趣，但对于创业具体要做什么，王兴一直到大四也没想出个头绪。

所谓"念念不忘，必有回响"，跟随姐姐的步伐出国之后，在大洋彼岸互联网的冲击下，王兴的创业梦彻底觉醒了。早在 1995 年，由于有亲戚在龙岩永定邮电局工作，王兴通过这层关系和自己的小伙伴第一次"用指尖触摸到了世界"，在晚上看到了最新的 NBA 新闻，互联网的神奇魅力在他心中埋下了一粒种子。2001 年他到了美国特拉华大学之后，这粒种子快速生根发芽，驱使着王兴迈向创业之路。

回首清华岁月，王兴后来曾坦言，清华大学对他最直接的影响并不是专业课，而是前辈们做事立足的高度和"自强不息、厚德载物"的清华精神。

王兴虽然有些小叛逆，但他身上保留着清华人低调务实的精神。作为理工科特色鲜明的国内顶尖学府，清华培养的创业者普遍低调务实。清科集团创始人倪正东总结过："清华人做事很踏实，不太虚；想法比较简单，但目标比较明确；比较抱团。"王兴后来的创业经历充分验证了这一点。他的合作伙伴对他的评价是：聪明认真，说话不长篇大论，思维跳跃，奇怪的想法层出不穷，为人实在，不太会忽悠。

有一个细节可以看出美团企业流淌的清华文化基因：2018 年 9 月 20 日，美团在港交所成功上市当天，外界媒体争相报道，热闹沸腾，美团企业内部却安静如昔。唯一的变化是，办公区域里增加了一张"长期有耐心"的海报。王兴并没有发表慷慨激昂的上市庆贺讲话，而是群发了一封邮件："更大责任，更多耐心。"

后来，在一次演讲中，王兴说：

> "多数人为了逃避真正的思考，愿意做任何事情，这其实是很多年轻人的常态，他们盲目地自信，以为可以用肢体上的勤奋来掩盖思想上的懒惰，以至于终日瞎忙，陷入了低成长的陷阱。人生最大的悲哀，莫过于把一辈子的聪明都消耗在肢体勤奋上。殊不知，没有深度的思考，所有的勤奋都是徒劳的。"

王兴不安分的背后是不断地思考，在很多关键抉择上，他是为了保持思考的敏锐性，而宁愿放弃很多事。

有句话影响很多人走上创业之路：人生当为一件大事而来。在这件确定的大事来临之前，创业者需要经历一段漫长的等待期。而正如大文豪屠格涅夫所说："等待的方法有两种：一种是什么事也不做——空等，一种是一边等一边把事业向前推动。"真正视创业为宿命的人是不可能空等的。王兴就是这样的人，想好了就去做，"不犹豫不后悔"，哪怕撞破头，也不愿辜负一颗"不安分"的心。

# 父亲烙下的商业基因

微博上曾发起一个热议话题："原生家庭能不能决定人的一生。"网友讨论后得出结论："原生家庭也许不能决定人的一生，但能影响人的一生。"这点上，王兴有着切身的体会。

前面讲了，王兴的祖父在特殊时期自杀了，他的父亲王苗因为出身问题，一生与上学、参军、招干等机会无缘。王苗一度在老家以种田维持生计，地里刨食，收入有限，未来一眼就能看到头，但王苗并不甘心于此。

1978 年 11 月，安徽省凤阳县小岗村实行"分田到户，自负盈亏"的家庭联产承包责任制（大包干），此后，中国改革的大幕拉开了。1979 年 7 月 15 日，中央正式批准广东、福建两省在对外经济活动中实行特殊政策、灵活措施，迈开了改革开放的历史性脚步，对外开放成为中国的一项基本国策，社会主义市场经济体制正式启动。这一年，王兴出生了。为了多挣点钱，王苗从此踏上了经商之路。

1980 年 1 月 1 日，邓小平在全国政协新年茶话会上针对"把经济搞上去"提出了四点要求，允许自谋职业解决就业压力，鼓励个体开饭店、小卖部、酒吧间等。不久，深圳、珠海、汕头、厦门四个经济特区批准设立。当北方还在为"姓社姓资"争论不休的时候，广东、福建两省的商业风气暗暗形成，很多嗅觉灵敏的人纷纷开始做起了生意。

王苗就是其中一员。当时还是泥瓦工的他，趁机承包工程，摇身一变做起了包工头。承包的工程越来越大，有了资金，他就投资开办了矿场。他很快就成为当地有名的"万元户"。但毕竟当时社会商业风气刚刚兴起，矿场因为各种原因被迫停工了。

1992年，邓小平视察武汉、深圳、珠海、上海等地，沿路发表一系列有关改革开放的重要讲话，随之市场经济大跨步发展。王苗敏感地意识到：商业的春天来了。他拿出自己积累的300万元，投资了一个年产10万吨的小水泥厂。水泥厂的业务摸熟后，他就投资了6个亿，和人合伙在龙岩市永定县建起了一家年产200万吨的现代化水泥厂，王苗占股40%。目前，这家水泥厂已经成了福建省最大的水泥厂之一，每年的销售额接近10亿元。

知名商业作家李志刚曾经去王兴老家访问过王苗，王苗开着他的宝马载着李志刚去水泥厂参观，路上要穿过五六处隧道、跨越几处桥梁，当时王苗就很自豪地说："福建省大部分隧道桥梁，所用的水泥都是我的工厂生产的。"另外，王苗依大马山建造的800平米别墅，也侧面验证了他生意的成功。[1]

从农民到建筑小工到泥瓦匠人，从承包工程到开矿场到开小水泥厂再到开大水泥厂，伴随着父亲的事业发展过程，王兴也在成长。他见证了父亲是如何从社会最底层爬出来，从无到有、从有到多，从多到强，一步步不断攀升的过程。父亲不甘于命运、勇于攀登的商业精神，深深影响了王兴。

说起福建人，人们很容易想到那首闽南语歌曲《爱拼才会赢》，"三分天注定，七分靠打拼"。福建人多地少，为了生计，多数人会

---

[1]《九败一胜：美团创始人王兴创业十年》，李志刚，北京联合出版公司2014年9月

选择离乡背井走向世界。"闽"字，被福建人解释为"门里虫"——宅在家里会变成一条虫，必须走出去打拼才会成为龙。所以，一心追求商业文明的福建人遍布全世界的每个角落。而王苗选择了另外一条路：扎根本土，成为当地的一条龙。方向不一样，但内心的躁动和拼搏的初衷是一样的。

"只要抓住时代机遇，勤于思考，加上忍耐力，就一定能做出一番事业。"王苗的这一执念，冥冥中对于王兴后来回国创业产生了很大影响。打拼不一定要在外面的世界，只要摸准时代的脉搏，在故土何尝没有发展之路。

王苗从农民到水泥厂董事长的逆袭，也让王兴从小就认识到一个残酷现实：即便是时代赋予了机会，做事业从来就不可能一帆风顺，必须有足够的耐心，才能赢得最终的胜利。王兴后来创业，七年之间做死了十几个项目，但他还能坚持继续创业，其中一个重要的原因就在于父亲的正面影响。而作为过来人，王苗从来不干涉王兴的创业，而是坚定支持自己的儿子独立创业，做他"守得云开见月明"的强大后盾。如果不是王苗，王兴可能失败一两次就没有资本翻身了。王兴在创业的关键时期，曾经跟父亲借了50万去发工资。儿子用老子的钱，原本是顺理成章，不过，王兴对此却是慎之又慎，因为他明白，父亲的钱都是辛苦打拼而来的。

另外，王苗低调的品行也潜移默化地影响到了王兴之后的创业风格。"土豪"王苗完全没有沾染"暴发户的恶习"，他从不打麻将，也不讲究吃穿，对于奢侈生活一直都不是很感兴趣，格外重视孩子的读书和学习。对此，王兴说：

　　"在来北京读大学之前，我没有出过福建省。在去美国读研究生之前，我也没有出过国。是家里的书、学校图书馆的书、市图书馆的书、同学们借给我的书、爸爸奶奶订的报纸杂志、电脑以及互联网让我看到了更大的世界。"

王兴从小在充满书香气的家庭氛围下长大，读书做事都非常努力向上。

受父亲的影响，王兴没有像一般的富二代那样，养成大手大脚花钱的习惯，相反，他花钱很节省。在美国留学时，学校旁边的理发店，理一次头发要 30 美元，他觉得太贵了，于是就自己买了理发工具，自己给自己理发，他不觉得这是一件很苦的事儿，而是觉得这是一件自然而然的事儿，他还把自己理发的照片发给父母看。正是因为这种花钱习惯，回国创业时，王兴的第一笔创业资金就是国外读书时省下来的奖学金，不用向父亲张口，就能解决现实中钱的问题，就能去做自己想做的事儿，王兴因此觉得很有成就感。

成就感是人生最兴奋的一种体验，这是父亲带给王兴的最大影响。王兴中学时，跟大部分调皮的男孩一样，喜欢玩游戏，例如《刺杀希特勒》《沙丘》《魔堡 2》《三国》二代到五代。上大学之后，他就很少玩游戏了。在生活这个大游戏场里，什么最刺激？王兴下意识里选择了创业。

创业的时候，王兴身上也随处可见父亲的影子。在美团，为了方便和他人交流，王兴和高管团队一直都没有自己的独立办公室，而是与普通员工坐在一起。出差时，王兴一度只住经济型酒店，坐飞机也只乘经济舱，为了不占用工作时间，高管们开会也常安排在周末。

人是环境的产物，环境的好坏会影响一个人的行为和思想，富二代出身的王兴没有染上叛逆、奢侈等坏毛病，反而走了一条乖顺、节俭、无所畏惧的道路。

中断博士学业，踏上创业路，书香门第和富二代的出身，让王兴更加关注精神世界的延展。在王兴的生活中，有三样东西不能少——图书、电影和游戏。而最能体现"精神贵族"一面的是，他对科技改变世界的信仰。

2001年，从清华硕士毕业后，王兴以优异的成绩，拿了全额奖学金到美国去学习世界顶尖的计算机科技。王兴去的是美国特拉华大学，攻读电子与计算机工程系博士学位。

特拉华大学历史悠久，是美国最古老的一流公立大学之一，也是美国第一所提供海外学习项目的学校。大多数中国人对哈佛大学、耶鲁大学、哥伦比亚大学、普林斯顿大学等美国常青藤盟校耳熟能详，但对"公立常青藤大学"知之甚少。公立常青藤大学，顾名思义就是以"公立学校的价格提供常春藤盟校的教育"。特拉华大学作为著名的"公立常青藤"院校而享有盛誉，根据2018年排名，它在全美国排第81名，在公立大学中排名前28名。

说实在的，从国内顶尖学府出来的王兴，对于特拉华大学是不太满意的。毕竟去私立常青藤大学是很多清华学子的梦想，就算去不了这些炙手可热的名校，至少可以去读一个二流大学炙手可热的专业。遗憾的是，电子与计算机工程并不在特拉华大学最厉害的专业之列。这点让王兴一直耿耿于怀。

不过，从现实角度看，读完特拉华大学博士，毕业后像姐姐一样，在国外有个体面工作，稳定地待在美国，这是完全不成问题的。特拉华州不仅是美国"第一州"，还是美国仅有的三个免税州之一。因为享有免税政策，世界500强企业几乎都在这里设立办公室，超过三分之一的金融上市公司是在特拉华州注册成立的。基于此得天独厚的条件，特拉华大学成为最好就业的学校之一，据说97%的本科生或研究生毕业后在 6 个月内能够找到不错的工作。[1]

一切表明，像姐姐一样留下来，是一件顺理成章的事情。然而，2003 年圣诞节，王兴还没读完博士，就选择了回国。放弃唾手可得的"小确幸"，在很多人看来不可思议，但对王兴来说，是命中注定的事情。

王兴是个有野心的人，从一件小事就可以看出来。在后来的一次采访中，他说："我有一件斜纹布的蓝白格子衬衫，1998 年左右在北京双安商场买的，后来一直陪伴我出国留学，再回国创业。那是一个本土小品牌，叫'比利牛仔'，商标是一个印第安酋长的头像，当年的广告词给我印象深刻：Don't let them steal your dream（不要让人偷走你的梦想）。"

可以说，王兴 2003 年之前的人生，都是被推着走的，父亲的期望、姐姐的榜样示范，成为他前进的最大动力。像所有的中国学生一样，王兴一直被父母、老师教育，不断地被他们告知应该怎么样，不应该怎么样。父母和老师的价值判断，左右着我们的价值判断。好好学习、天天向上，读最好的大学，出国深造，像姐姐一样在美国有一份体面的工作，王兴一直是沿着父母的期待一路走过来的。

美国的留学生涯，为王兴打开了一扇通向世界的大门，一切都是那么新鲜。在高手如云的清华大学，学习竞争压力很大，王兴在清华的时光可谓郁郁不得志。但在美国，束缚减少了，自由增多了，王兴可以花更多的时间去思考自己究竟想要什么样的生活。

从北京到美国，故乡渐行渐远，梦想却渐行渐近。王兴越想越清楚：毕业后留在美国工作并不是自己的梦想。在美国拥有一份不错的工作看似体面，实际上个中酸楚大家都很清楚。华裔在美国生活，始

---

[1]探秘拜登的母校——美国特拉华大学：在公立大学接受常青藤盟校教育，《留学》2016 年第 5 期，王阳、周晓琪

终在主流社会之外。美国互联网热，硅谷创业热，热闹都是别人的，留下来他只能做一个看热闹的人。

关于这一点，就连王兴的清华前辈、曾经在麻省理工学院如鱼得水的搜狐掌门人张朝阳也坦言道："在美国的时候，我是很不满意的，因为在那里，外人始终融不进去。那时候中国人是很落魄的，很亚文化。到餐馆里服务员都不爱搭理你，更别提女孩子了。当时很多留学生都麻木了，只想着在这里成个家，有个小事业，庸庸碌碌地过一辈子，但我不想这样。"

不被主流社会重视的尴尬，张朝阳接受不了，从小就不差钱的王兴，当然更接受不了。在美利坚做庸众，这绝不是王兴想要的生活。中断博士学业，可以视作王兴梦想觉醒的标志。而这一举动，看似鲁莽，实则"蓄谋"已久。

在短暂的留学过程中，王兴并没有把重心全放在学业上，事实上，正如他的好哥们和创业伙伴王慧文所言："我和王兴都是搞不定博士才创业的，做博士就是要在学术上领导世界，我们之所以放弃，就是没有领导人类的能力。我们觉得，能够跟上领导人类的人的思想就不错了。"也就是说，做一个学术人，根本不在王兴的兴趣之列。

那么，王兴的关注点在什么上面？毫无疑问是互联网。在美国期间，王兴目睹了美国互联网公司和在线社交充满活力的成长，他强烈地意识到互联网不仅仅是一种技术，更是关乎人类发展的生活方式。一开始，他为技术而来，慢慢地，他不这么想了。技术只是手段，而且它永无止境，更重要的是如何应用。

当时有人这么比喻：互联网好像一道光，照亮了一代中国人的光荣与梦想。把美国的互联网技术理念，传递到中国。这事儿前辈们都干过，张朝阳从美国归来创立"中国的雅虎"，马云从美国看到了"中国的亚马逊"，李彦宏创办了"中国的谷歌"。

"把美国成熟的模式，应用到中国巨大的市场，然后迅速起家，前辈们可以做到，我为什么不能？"王兴无数次问自己。他缺的只是一个机会。

就在 2003 年，王兴看到了那道属于自己的光。

2003 年 3 月，美国一家叫作 Friendster 的网站在加利福利亚州上线，在推出之后很快走红。在高峰时期，这个社交网络的用户人数曾超过 1 亿人。Friendster 是全球公认的 SNS(社交网络服务)鼻祖，比 MySpace 早了一年，比 Facebook 早两年。

Friendster 大获成功，在全球范围内掀起了 SNS 网站热潮，也引发大批的模仿者。2003 年 11 月，王兴在水木清华 BBS 看到了一个本土模仿者——Unzone。Unzone 的开发者正是清华大学科技创业协会第一任会长、百合网联合创始人慕岩。

机不可失，时不再来。一个千载难逢的商业机会竟然要被人捷足先登。王兴无法淡定了，于是就有了退学回国的任性决定。王兴说：

> "我不是把创业本身当作一个特别的事情，这只是我选择的生活方式。我没有考虑过如果没有创业会怎么样的问题。创业像是被闪电击中的感觉，非干不可。"

2003 年圣诞节，王兴向美国导师请了一个长假，回国创业。临行之前，他写邮件给自己的好朋友王慧文，描述了当时美国 SNS 的发展情况和前景，作了充分的创业动员工作。为梦想燃烧的激情展露无遗："美国这边 SNS 很火，慕岩在国内已经搞了一个，我们要抓紧！"

大哲学家苏格拉底说过："世界上最快乐的事，莫过于为理想而奋斗。"梦想是人心上的太阳，它能照亮生活中的每一步路。小学时，我们的理想都比较大，曾梦想改变世界。中学时，我们开始调整目标，决定先改变我们的祖国。上了大学，我们再次修正理想，决意为亲密的家人而活。走上工作岗位后，我们才发现，首先要改变的是自己，理想转变为做最好的自己。过不了几年，又发现做自己也是一件奢侈的事情，于是绝口不再提及理想。人越大，觉得理想越荒唐。这就是一般人的理想演化曲线图。然而，王兴并不是一般人，他的梦想很坚定——创业。

# "机会永远有，尤其在中国"

正所谓，"理想很丰满，现实很骨感"。2003年王兴归国创业之际，正赶上中国互联网第一次危机和"非典"事件带来的全民恐慌。

中国第一次互联网热潮，是由新浪、搜狐、网易三大门户网站开创的，由此带动了一大批中国互联网公司的兴起。1999年末至2000年初，许多新上市的公司千方百计地想同网络挂钩。当时的中国疯狂了，不管是搞地产的，还是卖百货的，不管是生产电子的，还是开夜总会的，纷纷办起了自己的网站。

过度的繁荣背后往往跟着危机。自2000年4月起，互联网股票开始持续大跌。一夕之间，人们慌了手脚：互联网冬天来了。一方面越来越多的人在使用网络，另一方面越来越多的互联网公司在赔钱与倒闭。

2003年，是中国互联网彻骨寒冷的一年。率先在纳斯达克上市的新浪、搜狐、网易，受互联网泡沫破灭的冲击，股价纷纷跌至1美元以下。而那些没能在泡沫破灭前上市的互联网小公司，日子愈发难过。比如，已经成立五年的腾讯，因为支付不起每月给中国电信的费用，四处找人投资。创始人马化腾找到张朝阳，希望后者以100万元买下腾讯。但搜狐正泥菩萨过河——自身难保，张朝阳哪有心思收购别人？

危机很可怕，但危机也意味着新生机会。所谓的互联网寒冬，其实更多是行业去粕存精的洗牌过程。纵观中国互联网发展史,每一次危机,摧垮行业巨头的同时,也让很多名不见经传的小公司破格上位。

当时另一家成立四年的互联网小公司——阿里巴巴,之前因为一直找不到赚钱方向而度日艰难,而 2003 年全国范围爆发的"非典",突然让它嗅到了商机。"非典"高峰时期,学校全面停课,商业场所和娱乐场所停止营业,全民足不出户的局面,让阿里巴巴脱颖而出。"非典"出乎意料地成了中国电子商务兴旺的催化剂。

2003 年 5 月,阿里巴巴一名刚从广州参加广交会的员工疑似感染非典,马云紧急决定全公司"隔离",要保障业务的继续,大家只能在家办公。互联网瞬息万变,在家办公的效果却是未知数,除了非典的压力,第一个切实困难是,大家必须把电脑搬回家——那时候的PC 还是台式机,主机之外,还有硕大显示器。最终,在家办公的阿里人,顶住了压力,客户与流量不仅没有流失,反而暴涨。很多深受"非典"之苦的公司发现,不用出门,坐在电脑前,也可以做生意。"非典"没有击溃阿里巴巴,却让更多人意识到通过网络也能买货、卖货。于是,在 2003 年 5 月 10 日,阿里巴巴正式推出了淘宝网。[1]

商业史上,不少大有成就的公司不是因为整体商业环境的繁荣而崛起,反而是因为经济低迷或萧条而中兴。阿里巴巴验证了这一点,也让王兴在寒冬中回国创业看到了希望。

2003 年 12 月,王兴归国创业。在清华大学读本科的时候,他表现平平,并未展现出什么登高一呼应者云集的领袖特质。他所能找到的创业伙伴是自己的大学同学王慧文和中学同学赖斌强。王慧文和王兴同住一个宿舍,两人都对电子工程专业课没什么兴趣,喜欢在一起

---

[1]《读懂"阿里日":经营的最高境界,是把公司变成家》,中国新闻周刊,
2017 年 05 月 11 日

聊创业与互联网。两个人关系有多好呢？他们人生的第一台电脑是一起合买的。

王慧文在中学时代是标准的学霸，但进入清华之后突然变了，每天沉迷于打游戏和上网，原本在天津读大学的赖斌强每学期会来北京几次，就借宿王慧文的床，因为王慧文晚上不睡觉，通宵打游戏。

爱打游戏的王慧文，有时候觉得游戏做得不够好，就冒出来一个想法：自己学编程做游戏。别人嘲笑他，但王兴似乎很支持他，王兴表示自己高中的时候也想过做程序员，但更想做的事情是创业。正是王兴给王慧文在头脑中植下了创业的种子。

后来，王兴出国了，王慧文到中科院读研究生。读研究生的时候，他就刻意做着创业的准备，逛创业的论坛，读商业相关的书。等到远在美国的王兴再次提起创业的想法，王慧文已经可以深入对谈了。

他们隔空讨论过很多创业想法，最早的计划是做电商，但马上意识到电商面临的三大障碍是信用障碍、支付障碍、物流障碍。王兴怎么也没有想到，阿里巴巴竟然做成了。

他们还计划创业做可穿戴设备，戴在手腕上，不仅可以测试身体的很多信号，如脉搏、血压，还能通信，可以传输信号。这就要求设备有传输系统，还必须做得比较小。由于手总是处于运动状态，因此传感器还得防震动。结果他们发现有三大障碍：第一是没有可靠的传感器，第二是通信障碍，第三是计算能力。然而，几年后苹果和小米都推出了这样的产品。

他们甚至还计划创业做定制 T 恤的网站，这个难度很小，且市场需求很旺。当时很多同学喜欢印有个性化图案的定制 T 恤。然而，当王慧文跑腿做市场调研的时候，一位 T 恤印刷的老板告诉他，印刷厂的产能已经饱和了，盛大游戏定制 T 恤，10 万件起印。这让王兴和王慧文的创业火苗再次被浇灭：难度系数越低的事情，越容易被人做。

中国市场很大，但做生意的人也多，再酷炫的创业想法，也很可能被别人捷足先登。如果总是这么想，就永远没有创业的勇气。

2003年，王兴看到美国互联网已经从泡沫破灭的低谷中走出来了，而当时中国还没有回暖迹象，很多人说做互联网不靠谱。王兴则认为，互联网是有价值、有前途的行业。美国已经明显回暖，国内虽然还没有迹象，但是国内互联网回暖的话，对于什么资源都没有、编程也不精通的王兴而言，可就没有什么希望了。所以王兴不敢再干等下去了。

"有些事情，等你完全想明白了再去做，早就没有机会了。"王兴鼓动另外两个小伙子：

> "机会永远有，尤其在中国。越是形势不好，越是勇猛精进的时候。你的资源，你的实力，都比不过人家，原来都是跟着别人后面跑，现在不趁着别人休息的时候加把劲赶上去，你什么时候还有机会赶上？形势不好，就是最好的机会。"

王兴的言外之意就是，SNS很火，大有搞头，我们面临的是前所未有的大好机会，先干了再说，至于具体怎么做，慢慢总会摸索到突破口。

2004年3月，王兴、王慧文和赖斌强，在清华大学附近的海丰园租了一套130平方米的房间开始创业。在30平方米左右的客厅里摆了3张桌子，每人一张桌子，面对面工作。每人一个卧室，睡的是一百多元一张的折叠床。

那些曾经改变时代的人，总以让人大跌眼镜的方式登场。中断大好学业去创业，这事儿对于绝大多数人来说，是敢想不敢做的事情。不得不说，像王兴、王慧文和赖斌强这样，敢于放弃唾手可得的优秀学业，选择从零开始创业，无论如何都值得佩服。

# 王兴有话说：活着是为了什么？

商界人设崩塌的现象一点不比明星人设崩塌少，可圈内人对王兴却一直好评如潮，这是因为王兴的人设不是抽象的东西，而是确切不移的真实，所以永远崩不了。

认识王兴的人，对他的一致评价是：学习能力、思考能力都超强；好奇心没完没了，而且人很有趣；更关键的是，人生境界还高。

1997 年，王兴刚考入清华大学的时候，有人组织同乡会聚餐，按照惯例，除了一起吃饭，还有个例行的节目是新生向老生提问题，而且老生必须回答。于是王兴非常严肃地问大家："你们觉得人生的意义是什么？"

这个问题让所有人呆住了，因为按照"潜规则"，是要问学长一些如何追女生的问题。最后，还是王兴的姐姐出面化解尴尬："这个问题应该边走边想。"

王兴很委屈：他自己说得很认真，却总给人留下"神经病"的印象。

关于生命的意义、活着是为了什么，王兴不是说说而已，这是他一直都在思考和探索的问题。多年以后，王兴依然认为这个问题很有意义："可能你直到终点才会看到答案的东西，从这个角度，就我个人而言，这是一个探索的过程。"

后来在接受媒体采访时，王兴还提到，他时刻都处在适度焦虑中，而看书是一个能够很好缓解焦虑的办法。王兴非常喜欢看历史书和哲学书,这让他视野变得开阔:"看到生命、人类的出现,你会觉得在这么长的时间维度里你碰到的所有事情都是鸡毛蒜皮的事情。"

王兴在微博中不止一次提到杰夫·贝佐斯,他毫不掩饰对杰夫·贝佐斯的敬佩之情。熟悉杰夫·贝佐斯的人都知道,他令人敬佩的地方绝不只是创办了亚马逊这一享誉世界的伟大公司,更在于他的伟大格局。

杰夫·贝佐斯一直有一个梦想,就是想千方百计地将人类送上太空。1999 年,杰夫·贝佐斯与美国一位著名的科幻作家尼尔·斯蒂芬森相约看了场关于小镇青年制造火箭的电影。杰夫·贝佐斯悄悄告诉这位作家,他想创办一家太空公司。作家反问:"那你为什么不开始呢?"一年后,杰夫·贝佐斯就在美国西雅图成立了蓝色起源公司。这个探索宇宙的梦想一直被杰夫·贝佐斯视为秘密,直到 2005 年才公之于众。2018 年 10 月份,美国空军授予蓝色起源 5 亿美元合同,用于支持其开发新格伦火箭。蓝色起源研发的可重复利用的 BE-4 引擎成为公司的明星产品,买家包括了波音公司这样的大咖企业。

曾经也有人问过王兴这样一个问题:"有一艘宇宙飞船要飞向无尽的太空,不一定能回来,你去吗?"王兴毫不犹豫地回答:"我一定去。"

和偶像杰夫·贝佐斯一样,王兴对世界拥有极强的好奇心和探索欲,对改变世界充满野心。当他说"创业对我来说是改变世界的方式,我希望活在一个更希望生活的世界里,但我等不及让别人去打造这个世界",绝对是发自内心的。

当年清华同学沉迷地下摇滚时,王兴说,互联网就是我的摇滚。当昔日同窗都以拿到体面的 offer 而自豪的时候,王兴说,创业才是我生命的意义。

2013 年，王兴挖来了清华大学的后辈，先后在谷歌、百度担任架构师的夏华夏。当时，王兴说了一句袒露内心的话，让夏华夏毫不犹豫地加盟了。王兴望着北京五道口下面熙熙攘攘的人流，对夏华夏也是对自己说："很多做互联网创业的人，很少考虑怎么去帮助这些人。这些普罗大众，这么多的小商家，其实，他们都在努力改变自己的命运。我们美团就要帮助他们，帮助这些普普通通的老百姓。这也是属于我们的机会。"

创业就是平凡人的英雄梦想，哪怕它充满变数。比起变数，王兴更不愿意接受的是做从众羊群中的一员。他说过：

"人云亦云的人，只能是随波逐流。事实究竟是什么样子？别人嘴里的事实是什么样子？你愿意相信的事实是什么样子？在我看来，好多人都只是在为自己的懒惰和无知找借口——就你那小公司，形势好不好又和你有什么关系？浪费机会，远比错失机会更让人刻骨铭心。"

诗人郭小川说："但愿每次回忆，对生活都不感到负疚。"王兴的这一次选择，正是为了过自己真正想要的生活。

选择创业，无疑是王兴的人生转折点之一。让王兴始料未及的是，这个转折点在于，他的人生结束了 20 多年的顺遂，开始了长达 10 年的跌跌撞撞。

第二章

# 初次创业，从最熟悉的开始

　　"游子图"的人群定位失败，让王兴冷静地接受了现实：创业还得从最熟悉的人群开始。三兄弟都才出校园不久，人脉资源欠缺，当下最熟悉的还是学生，与其如此，不如就专门做针对校园用户的网站。这样，网站做起来，后面的互动也有底气一些。

# 夭折的"多多友"&"游子图"

在回国创业之前，王兴在特拉华大学给国内的五个好兄弟发了邮件，叙说了 SNS 的发展前景，最终只有两个人回信并同意跟着他创业，一个是清华同宿舍的王慧文，一个是高中同学赖斌强。

王慧文 1978 年出生，比王兴大一岁，后来，因为两个老王容易混淆，美团人叫王兴"兴哥"，叫王慧文"老王"。当年在清华大学入学的第一天，两人相见恨晚，成了睡上下铺的室友。同住在清华园 26 号楼 619 宿舍的四年间，两人合伙买电脑，轮班打游戏；在娱乐的间隙，讨论最多的就是互联网创业。两个"老王"在大学期间建立的交情，让合伙创业成为很自然的事情。

赖斌强，又比王慧文大一岁，1977 年出生，他和王兴是中学同学，在龙岩一中读书的时候，他们两个人因为计算机这个共同爱好，成了好朋友。赖斌强虽然读的是天津大学，但大学期间经常去清华大学找王兴玩，睡的是王慧文的床铺——王慧文因为经常通宵打游戏，用不到床。三个人的关系，可以用"志同道合"来形容。

2004 年 3 月，三人团队正式开始创业。当时，除了一腔热血和勇气外一无所有，但他们依然无所畏惧。

清华毕业的光环，并没有给创业带来实质性的帮助。王兴和王慧文虽说是互联网创业爱好者，但两个人的编程能力都属于业余水准。

只有赖斌强是计算机专业出身，充当着团队的技术担当。赖斌强2001年毕业于天津大学计算机系，后来就职于北电网络广州研发中心。在创业之前，已经工作两年多，有过一定的编码实战经验。他曾经花了三个月时间，每天改几行代码，就为公司赚了几十万美元。

据说，赖斌强辞去广东的工作，马不停蹄地赶到北京海丰园后，还没落座就热切追问："来，先让我看看你们研发的产品吧！"

结果，两位"老王"淡定地告诉他："我们正在学编程，产品马上就会有。"

两人的自信，让赖斌强深受鼓舞，他撸起袖子就担起前端代码的编程工作，王慧文负责后端代码。而王兴则不再参与编程，负责观察外部世界的产品动态和市场变化，确保研发出来的产品跟上市场需求。

三人团队的创业资金是30万元。王兴凑了一多半，王慧文和赖斌强各出了几万元。王兴的钱并不是从父亲那里借的，而是在国外读博士攒来的。他的奖学金舍不得花，父亲给的生活费也能省则省。在美国理发一次要30美元，王兴觉得太贵了，自己给自己理发。这个传统被他保留了下来。后来美团创业成功，就算楼下有理发店，王兴也坚持让妻子在家给自己剃光头。这是王苗家庭教育的成功所在：王兴虽然是个富二代，却从来不贪图享受。

相比王兴这个"富二代"，王慧文家庭条件就不怎么好。王慧文是大连瓦房店人，2001年清华大学毕业后，王兴去了特拉华大学，王慧文被保送到中科院声学所。王慧文有多缺钱，从一个小插曲就可以看出。清华毕业的时候，一心想赚钱的他，在暑假认识到一位网友，这位网友在论坛发出合伙做网站的邀请，王慧文就差点儿放弃了去声学所读书的机会。读中科院研究生的时候每个月实验室发1400元，王慧文花钱大手大脚，根本就没存到钱。2003年年底，王慧文收到王兴的"集结号"，立马退学。退学的时候账户上只有2000元，王慧文只好找朋友借了六万元。后来，他坦言："我自己也没有想过，手里只有 2000 元就敢跟王兴创业。"从 2003 年到 2006 年，创业 3 年，王慧文前前后后从朋友那里借了 20 万元。因为王慧文为人豪爽，大家都肯借钱给他。[1]

而赖斌强这个人比较保守，他的启动资金完全来自自己的工资。赖斌强当码农的单位属于外企——加拿大最大的通信企业在广州开的分公司，薪水在当时算很高的，所以他存到了一笔钱。

2004 年 3 月，三兄弟踏上了激情燃烧的创业之路。为什么说激情燃烧呢？当时他们在清华大学附近的海丰园小区租下了一套三居室，在客厅摆上 3 张办公桌，卧室摆上 3 张行军床，吃、住、办公一体化。条件简陋就不说了，关键是冷得受不了，房间没有暖气，大家都冻得瑟瑟发抖。王兴还"忽悠"两个好兄弟："这样可以保持头脑清醒地编写代码。"事实上，他们确实是这么做的：反正睡着也冷，三兄弟索性每天晚上干活到大半夜，啥时候太困啥时候睡下；睡到自然醒，如果起来得早就不刷牙洗脸，接着编写代码，码到中午再出去吃午餐，直接省掉早餐。

他们目标明确，奔着 SNS 网络而去。当时哈佛大学心理学教授斯坦利·米尔格拉姆的六度分割理论（Six Degrees of Separation）很盛行，按照这一理论，世界上所有互不相识的人只需要六个中间人就能建立起联系。王兴他们做的第一个项目叫"多多友"，就是基于对六度分割理论的粗浅理解。

"多多友"是模仿美国 FriendStar 建立的典型社交网站，用户注册，公布自己的一些信息或者昵称，就可以结交朋友。"多多友"的设计

---

[1]《九败一胜：美团创始人王兴创业十年》，李志刚，北京联合出版公司 2014 年 9 月

初衷就是通过朋友去认识更多朋友，通过网络去结交想要结交的人。

2004 年 9 月，"多多友"上线。然而，让三个人郁闷的是，并没收到预期效果。和所有初创者一样，因为人群定位不明确，也没有宣传实力，他们找不到第一批用户，"邀请好友加入"看似简单，其实执行起来超出了他们的能力范围。

在"多多友"项目之后，他们又做了第二个项目叫"游子图"。这次人群定位很明确，就是专门服务海外的人员。这个想法来自王兴本人的经历，他在美国读书的时候，发现国外数码照相很发达，他一直想用来做点什么。"游子图"的设计初衷就是让在海外的游子把数码照片发到他们的平台，通过信用卡付费，"游子图"把数码照片冲印出来，然后快递给那些想见远在海外的子女却不怎么会上网的父母。

"游子图"比"多多友"的设计理念先进了一步，就是有了盈利点的想法，可以说很专业了。但遗憾的是，和"多多友"一样，虽然相对聚焦了人群，但依然邀请不到多少用户。首先，通过电子邮箱邀请海外的游子本身就存在难度；其次，好不容易邀请到的用户，并不愿意把自己的照片放到"游子图"网站——中国人比较保守，一般人都不愿意把照片贴到网上。

随后坚持了一年，三个人的创业激情终于被现实浇灭。2005 年 9 月，三兄弟士气低落到极点。明明知道前面有一个金矿，自己挖了那么久都没挖出金子来，这种打击让他们寝食难安。大家都憋着，谁也没有说出散伙的话。直到一件事的发生让他们绷不住了。

三人中条件最差的王慧文，爷爷查出得了癌症，治病需要钱，王慧文借了一笔钱帮爷爷做了手术，虽然手术很成功，但王慧文的危机感来了。团队的信心也动摇了：SNS 到底能不能赚到钱啊？

当时，在国内瞄准 SNS 创业的，除了他们，还有至少 30 家小公司，大家的日子都不好过，共同面临一个无法变现的难题。虽然项目失败了，这群人却对 SNS 的前途毫不怀疑。他们坚信，大趋势无人能抗拒。美国很多网站能一下子火起来，足以说明势不可挡。中国的 SNS 网站一定会起来的。那么问题究竟出在哪里呢？

"菜鸟"是原罪。王兴他们通过午夜梦回的辗转思考，终于从创业的幻想中彻底觉醒：即便站在台风口，也研发出来了好产品，但比起做产品，更重要的是推广。之前他们只看到美国 SNS 网站一夜火爆的景象，而忽略了一个基本的商业事实：再好的产品也需要市场推广。一壶水永远不会自己烧开。创业将近两年，他们一直在按照自己的想法去设计产品，幻想着用户会自发地爱上它们。这对任何创业者来说，都是最要命的想法。好在聪慧的王兴，很快就悟出来了。后来，在一次演讲中，王兴总结道：

> "创业归根到底是要解决问题的，如果你解决问题不够大，你创造价值就不够大。"

客观上来讲，这两个创业项目的夭折，其实与国内大环境不成熟也有关。关于创业，任正非曾说：领先一步是先进，领先三步是先烈。就算站在风口创业，能不能踩对点也很关键。在 SNS 领域，王兴他们领先的可不止三步，不可避免要走些弯路。前面提到，王兴是看好 Friendster 才回国创业，但社交网络鼻祖 Friendster 却很快被挑战者MySpace 挑落马下。在行业不成熟阶段，领先者难逃宿命。

## 聚焦大学校园 SNS

"游子图"的人群定位失败，让王兴冷静地接受了现实：创业还得从最熟悉的人群开始。三兄弟都才出校园不久，人脉资源欠缺，当下最熟悉的还是学生，与其如此，不如就专门做针对校园用户的网站。这样，网站做起来，后面的互动也有底气一些。

服务校园人群，王兴他们是真的有信心。毕竟，王兴在清华大学读书的时候，就已经有过校园推广经验。1999 年陈一舟创办的 ChinaRen 网站，在学校进行推广的时候，王兴也参与过，有过亲身体会。

那么如何打造这样一款产品呢？在美国崛起的 Facebook 为王兴他们带来了"福音"。

Facebook 创立于 2004 年 2 月 4 日，创办人马克·扎克伯格是哈佛大学的学生[1]，所以网站最初只对哈佛大学的学生开放。两个月后，注册扩展到波士顿地区的其他高校，半年后开放给所有的常春藤名校。等到 2004 年年底，全美国大学的学生，都可以注册了，Facebook 的用户数突破 100 万。之后，Facebook 陆续开放给高中和企业单位。2005 年 5 月，Facebook 获得风险投资公司 Accel Partners 合

---

[1]《专访马克扎克伯格：下一个盖茨》，外滩画报，2007 年 01 月 10 日

伙人吉姆·布雷耶 1270 万美元投资。接下来，Facebook 开始走出了美国国门，加拿大、英国、墨西哥、澳大利亚和新西兰的大学纷纷加入了 Facebook。

Facebook 在美国如火如荼的发展，马克·扎克伯格辍学创业的精神，让创业挫败的王兴兄弟再次看到了希望，燃起了斗志。

这期间还发生了一件有趣的事情，"多多友"搁浅了，但之前的用户还是以一周一次的频率访问网站。这让王兴他们很纳闷：明明上面什么都没有更新，他们来看什么呢？很快，他们琢磨出来了：原来，这些用户是被朋友邀请来的，自己也邀请过朋友，每周登录是为了看看朋友在做什么，互相留个言，发个私信。也就是说，熟人社交的价值要比认识陌生人意义更大。这让王兴他们坚定了信心：做一个针对校园人群的基于真实关系的社交网站。

于是，他们决定在"多多友"的基础上进行改版，全面模仿 Facebook，连 UI（用户界面）都是照抄的。他们敢这么做，是因为当时知道 Facebook 的人不多，而且 Facebook 不允许进入中国市场。不过抄袭还是成为了污点，此为后话。

其实，当时最火的 SNS 并不是 Facebook，而是 MySpace。MySpace 成立于 2003 年 9 月，比 Facebook 早了将近一年。MySpace 的早期成功也是依赖年轻群体。他们用 MySpace 分享照片、交流、制作他们自己最棒的个人主页。分享照片是 MySpace 超越 Friendster 的一个重要原因。几乎在 Facebook 获得第一笔风险投资的同时，2005 年 7 月，默多克的新闻集团以 5.8 亿美元现金收购当时 MySpace 的母公司 Intermix Media，MySpace 从而进入了发展快车道。

在线分享照片对于刚经历"游子图"项目失败的王兴他们来说，心有余悸。而 MySpace 成功的一个更重要原因在于，它的创始团队有很强的电子邮件营销和花钱收集用户的背景。而这些正是王兴他们所欠缺的。所以王兴没有选择以 MySpace 为标杆，而选择了以 Facebook 为直接参考对象。

当然，王兴选择对标 Facebook，最看重的是它的真实社交属性所带来的滚雪球发展效应。王兴专门在《环球企业家》发表过一篇文章，谈到 Facebook 的价值，他说：

> "Facebook 最大的魅力和威力正是提供了一个平台——以个人为中心在网上真实全面地展开生活的平台。它先从'真实'入手，然后通过提供开放接口来实现'全面'。真实很重要。比如大型网络游戏也是一个虚拟社区。一个上网的人可以同时用多个虚拟社区，可以相对容易地从一个虚拟社区迁移到另一个虚拟社区，但是多数人可能只会用一个'真实'的社区。"

王兴确实不是一下子就领悟到 Facebook 的独特价值的。早在 2004 年他就听说了 Facebook，但直到 2005 年上半年，才利用当时还没过期的特拉华大学邮箱注册了 Facebook 帐号。进去逛了一圈之后，他依然不觉得它有什么过人之处。直到"游子图"项目令其绝望的时候，王兴才开始正经八百地研究 Facebook，终于发现了 Facebook 的厉害之处。

2005 年 12 月 8 日，模仿 Facebook 的校内网正式上线。不过，为了提高用户活跃度，王兴他们并没有完全复刻 Facebook，而是结合中国的实际情况，增加进去了 Facebook 没有的版块，比如用户可以看到其他学校学生的名字和资料、能看到谁看了自己的页面及校园人气之星等。而这些其实借鉴的是 MySpace 的内容。所以严格来说，校内网是 Facebook 和 MySpace 的结合体。

这一次专注校园细分市场，王兴赌对了。发布三个月来，校内网就吸引了 3 万用户，增长迅速，引领国内 SNS 浪潮。

正所谓"光脚的不怕穿鞋的"，创业早期的最大优势就是试错成本低。几乎九成以上的创业者都是经历一次掉头转向自己熟悉的市场才走向成功的。比如，另外一位做图片出身的互联网创业者傅盛，在意识到做可牛图片不太行的时候，果断地切换到他熟悉的安全市场。后来猎豹浏览器的规模做到比较大的时候，傅盛发现在国内浏览器市场跟 360 竞争，本质上来说没有真正的前途和出路，又果断地切换到海外市场发展。不断试错，不断切换，从而切入自己熟悉的领域，这是所有创业者早期都要经历的过程。只不过花费的时间长短有差，有些悟性好的创业者很快就找到适合自己的方向，有些运气没有那么好的创业者则需要更久的时间才摸索上路。显然，王兴属于前者。

## 重推广甚于产品

之前因为两个项目重视产品而忽视推广，接连失败。这一次，王兴他们吸取教训，将校内网的推广提到了重中之重。借鉴 Facebook 和 MySpace 快速上线校内网，也是为了节约时间，好为推广硬仗做准备。

就是在这个时候，创业团队迎来第四名员工——杨俊。杨俊的加入，为团队注入了强大的线下执行力。

杨俊是王兴和王慧文清华大学的师弟。他是王兴的"粉丝"，在清华大学的时候就很崇拜王兴。和王兴一样，杨俊也是创业爱好者，他先跟另一个清华的创业团队参加清华大学创业大赛，获得了投资，但因为团队内讧而解散。后来他经人介绍，结识了王兴。杨俊很看好 SNS 的项目，所以他效法王兴和王慧文两位前辈，以休学的极端方式加入了校内网的创业团队。

杨俊加入后不久，王兴他们搬了家。原来的海丰园离学校远，不好做推广，既然要到校园大做推广，王星他们干脆搬到了五道口华清嘉园 20 号楼 1806 室。不过和海丰园功能一样，新办公室依然兼有宿舍的功能。

校内网的推广，是朴素而认真的。为了推广，每个人都贡献出了自己的创意，也都冲到一线去执行。

第一次推广的创意来自王兴，是清华电子系学生节门票抽奖活动。

王兴团队从最熟悉的地方切入——电子系是王兴和王慧文的专业，是一个拥有上千人的大系。由于当时的礼堂只能容纳几百人，每逢学生节，一票难求，通常一个寝室 6 人只能分得两张票。针对这个情况，校内网开展了赞助电子系学生节的活动，用 1000 元换来 100 张票，在校内网上做抽奖。在抽奖中要求注册者必须填写邮箱、姓名、专业，上传头像，且信息必须都是真实的。这次活动，为校内网一下子拉来了 800 多位种子用户。

第二次推广的创意来自赖斌强——到教室"放闪"。当时，王兴组织了三十位执行人员，在清华大学晚自习的时候冲进教室，迅速在黑板上写上校内网的宣传语和校内网域名，趁着学生们没有反应过来的时候赶紧跑掉。就是用这么简单粗暴的方式，为校内网又吸引到了 200 多名用户。

第三次推广的创意来自王慧文——租大巴将学生从学校送到火车站。当时因为交通还不发达，很多学生需要半夜去火车站，等到凌晨 3 点上火车。针对大学生的这一痛点，校内网发起凑人头坐大巴赶火车活动。只要清华、北大、人大三所学校的学生，在校内网注册账号，并上传真实头像，填写真实资料、名字、学校、专业，填写哪一天哪个时刻到哪个火车站，同一时刻同一地点的，凑够 50 人，王兴他们就负责组织发车。为了早点儿凑满 50 人，这三所高校的学生口口相传，于是校内网很快增加了八千名用户。而租大巴总共所花的成本不到两万元。

在执行层面，杨俊发挥了自己早期积累的实战优势。他负责贴海报，经常出入北京各大高校校园里，清华、北大、人大煎饼摊上的玻璃，自习室的黑板，宿舍楼的宣传栏，到处都被他贴上了校内网的海报。有一次，杨俊跑到北京航空航天大学贴海报，被楼管给抓住了。北京航空航天大学管理严格，对学生来说校内网的海报设计很走心："你考完试了，是不是该找个地方放松放松？"但对于楼管来说，是挑衅。

这次事件让王兴他们作了一个新决定：联合在校学生一起做推广。杨俊负责招聘，他在每个学校的 BBS 上借同学的账号发帖。招聘来的校园大使，作为他的"下线"，负责该校园的海报招贴、BBS 发帖、QQ 群里发言推广等。

2006 年 3 月，清华大学电机系的一个社团找来了，提出拉三千元赞助拍 DV，在片尾为校内网做广告。王兴给了他们四千元，要求做植入广告。最终，社团拍出来了一个接地气的 DV，上百位校园大使在学校 BBS 上发力推广，效果很好，让校内网的流量涨了一倍，导致服务器总是宕机。

通过富有创意的校园推广，校内网的用户量不断上升。同时，竞争对手也蜂拥而来。同样的校园 SNS，北大的做出了"底片网"，复旦的做出了"饱蠹（dù）"，人大的做出了"eDorm"，北航的做出了"looface"，中山大学的做出了"亿友"……而校内网的主要竞争对手是张帆的占座网和陈一舟的 5Q 网。

张帆原是亿邮的创始人，将自己搭建的邮件系统卖给大专院校，积累了广泛的政府资源和教育资源。这是他们能拿到红杉投资的一个重要原因，占座网走自上而下的路线，跟共青团和校团委联合做活动，网站上还有一些评比明星学生的活动。而校内网以及其他网站走自下而上的民间路线。不过，在讲究平等、开放、自由的互联网时代，民间路线更接地气，容易被接受。

校内网和卖书的电商网站 ChinaPub 联合做活动——一万本书送给爱书的你。ChinaPub 的书大部分是教材，和校内网用户契合。而 5Q 网陈一舟则针对性推出了一个注册 5Q 送鸡腿的营销活动，效果比送书更轰动。而且财大气粗的 5Q 网，在网页设计上也很酷炫，浏览速度很快，给用户带来了很好的体验。

在不断的尝试过程中，王兴对创业的认知越来越成熟，后来回忆起这段经历，他说：

"其实创业者不应该把自己想得过于强大，不是我们改变市场，是市场改变我们，我们每个人作为用户是市场的一部分，这才是根本性的力量。"

在不断尝试后，王兴他们开始有了危机感。虽然校内网的用户活跃度比较高，但要赢过竞争对手，他们不得不面临一个新问题：融资。只有尽可能融到更多的钱，才能巩固自己在校园SNS领域的江湖地位。

## 被红杉资本拒绝

相信很多人都听过这个故事。1998 年，QQ 上线不久，用户数量就突破百万，几何级增长，然而麻烦接踵而至：每月以几何级增长的服务器托管费用也让腾讯不堪承受，养不起 QQ 了。马化腾和他的创业伙伴兼职接了很多私活，但无济于事。马化腾曾数次找到腾讯的房东——深圳赛格集团，也曾找到广东电信，希望 300 万卖掉 QQ，但没有任何人对他的谈话有兴趣。之后，他又北上找到曾经的合作伙伴中北寻呼集团，降价 100 万继续把 QQ 往外卖，但中北的高层笑着拒绝了他。马化腾向银行借钱，银行觉得他在开玩笑；马化腾找投资商谈，投资商一看腾讯根本都没有什么固定资产，连吃饭的工具——电脑都没几台，理也不理。马化腾最终决定咬牙坚持下去。1999 年下半年，在丁磊的建议下，马化腾改了 6 个版本、20 多页的商业计划书，重新开始寻找国外风险投资，最后碰到了 IDG 和盈科数码，融到 400 万美元，腾讯渡过了难关。

王兴早期的经历和马化腾有点相似，但他没有前辈这么幸运。

2006 年，校内网的用户量暴增后，王兴再也没有钱增加服务器和带宽。仅仅校内网获取的百万用户，就花了将近 100 万元。最早的 30 万元启动资金早就花光了，中途王慧文、赖斌强借钱继续投进来，王兴也找他的父亲王苗借了几十万元。王兴还游说清华同学投钱做了小股东。但这些钱远远不够。

就在他们现金流捉襟见肘的时候，红杉资本主动找上门。红杉资本于 1972 年在美国硅谷成立，很有前瞻性地成为苹果、谷歌、甲壳虫、雅虎、领英等创新型公司的第一家投资机构。2005 年 9 月，沈南鹏与红杉资本共同成立了红杉资本中国基金，旨在成为"创业者背后的创业者"。能被红杉资本投资，是很多创业者梦寐以求的事。

那么，红杉资本是如何关注到名不见经传的校内网呢？说起来也是富有戏剧性，由于校内网的用户界面直接复制 Facebook，被人在网上发帖骂他们抄袭，而这篇文章恰好被红杉资本的人看到了。

2006 年年初的一天早晨，王兴接到了红杉资本打来的电话，让他们准备一下商业计划书，到对方办公室谈一谈。当时，还没起床的三人，一下子就像被天上掉下来的馅饼给砸醒了。王兴他们当时都还年轻，谁也不知道商业计划书该怎么写，而且时间紧迫，于是大家也顾不得吃饭了，从网上找了模板，然后简单头脑风暴了一下，凑出来了一页纸的商业计划书。倒霉的是，因为过于紧张，他们下出租车的时候忘记拿了，只好在红杉的会议室临时写了一份。

正式会谈的时候，红杉资本的投资人问王兴"校内网如何盈利""如何推广"这些投融资常见的问题。但三个人实在太年轻了，又第一次融资，竟然连这么基本的问题都没有准备好。在王兴看来，对方既然看上了自己，投钱是板上钉钉的事情，会晤只是走个过场。他们太大意，太狂妄了。

据王兴后来回忆，红杉资本的人问他们"校内网怎么赚钱"的时候，他们一下子懵了，因为此前从来没有好好想过这个问题，所以只是含糊回答："网站跟地理位置有关，可以做广告投放。"这个回答，虽然有些虚，但还不至于离谱。

对于第二个问题："你们打算怎么推广？"他们的答案就显得幼

稚了："学生快放假了，准备做点儿活动吧。"投资人无奈地说："好吧，那你们回去做吧。"

等谈到价钱的时候，王兴他们开出了数百万美元的价格。对方表示开价不低，他们居然回答："再等段时间，我们就更高了。"

讲不出盈利模式却狮子大张口，结果可想而知。校内网自此错失了一大笔资金。更让他们郁闷的是，红杉资本半年后转投校内网的竞争对手占座网 500 万美元。

还是那句话，菜鸟即原罪。那时候的王兴甚至青涩到听不出红杉资本拒绝的话外音。他们把对方的客套话当真了，回去还为二次议价准备了很长一段时间。

据说，红杉资本之所以没有投资校内网，与一个互联网大咖有关系。王兴和红杉资本谈的时候，有个人推门看了他们一眼，这个人就是 360 杀毒软件的创始人周鸿祎。这一眼决定了王兴他们的命运。周鸿祎断定眼前的这个小伙子未来没有前途，他告诉红杉资本总裁沈南鹏，王兴就是一个没有本事而且还非常自大的海龟大学生。沈南鹏听了周鸿祎的评价之后，就没再关注校内网了，并在周鸿祎的建议下投资了校内网的竞争对手占座网。

后来周鸿祎和王兴都回忆并还原了这件事，周鸿祎回忆说，当时自己在红杉中国工作，那天早晨推开门看到王兴第一眼，王兴对他是出奇的冷漠，因此认为他们的态度根本不像是来融资的，这样的团队不接地气，将来一定会失败。

而王兴则说："当时我的团队进了红杉办公室就开始紧张地讨论如何去和红杉资本谈融资，一个人突然进来看了一眼就走了，我们以为他是走错了门。周鸿祎可能非要我们都像对待明星一样地热情去捧，他才会满意。"

是王兴自负还是周鸿祎看走眼，这些都不重要，重要的是王兴他们当时痛失红杉投资而没有因此深刻自省。

后来，王兴去美国和另外一家投资机构谈融资，谈到100万美元的价格，还签下投资意向书。随后，对方到中国考察，拜访了腾讯、千橡等公司。那时候千橡已融资4800万美元，狠砸旗下的5Q网，在人寿大厦豪华写字楼里办公，办公室面积达几千平方米；占座网也有响当当的国家政府机关支持。与竞争对手相比，校内网只有一百多平方米的民居，几张桌子和十几个经验不足的年轻人。

美国的投资人问王兴："你们是不是对这个竞争形势估计得不够？这么多巨头争抢，你们就融这一点儿钱？"他提出多找几家机构联合投资，确保资金跟得上。[1] 王兴的回答是："没必要，100万美元就够了。"他们信心十足，觉得100万美元绝对灭掉对手。就算多年之后，王兴他们还是愤愤不平："这是不争的事实啊，我们绝对有那个实力，可惜他们不信。"

听了王兴的话，毫无底气的投资人回到美国，就撤回了投资意向书。而按照意向书的合约，在双方签订合同前，他们不能再跟别的投资人谈，这没有为后来的融资留出足够多的时间。对方毁约之后，他们的资金链就彻底断了。

在与红杉资本和其他投资方的接触过程中，王兴他们暴露了不成熟的一面。他们对于SNS的前景充满自信，觉得赚钱是必然的，也是无需解释的。但站在投资人的角度，无论一个项目是多么富有前景，创业者也必须想出一套成熟的盈利模式，这样投资人才敢投资。而且，比起项目本身，风险投资更看重创业团队，王兴团队当时的表现让他们实在看不到可投资的价值。

这次融资失败，王兴很受打击，不过，这段经历反而成了他未来

---

[1]《美团王兴，四十不惑》何加盐，2019年5月

腾飞的基石。后来谈起这件事，他忍不住感叹：

> "曾经创业失败，全是因为没有经验。我无法告诉你怎么创业成功，但失败是可以定义的，放弃就等于失败，只要你不放弃，就是在走向成功的路上。"

中国有句老话，风水轮流转。非常有意思的是，5 年后，美团成立，王兴再次上门拜访红杉资本。这一次他准备充分，顺利获得了红杉的投资，也算是"在哪里跌倒，就在哪里爬起"吧。

## 忍痛割爱校内网

2006 年 10 月，五道口华清嘉园旁边的小餐馆里，王兴宣布卖掉校内网。尽管他引用英国前首相温斯顿·丘吉尔的一段著名演讲来鼓励大家：

"This is not the end. It is not even the beginning of the end. But it is, perhaps, the end of the beginning.（这不是结束，甚至不是结束的开始，而可能是开始的结束。）"

但是，一股难以掩饰的悲伤还是在创业团队中蔓延。当晚，王慧文、杨俊、陈亮、赖斌强、付栋平几个人抱头痛哭，在酒精的作用下，三年来一起创业的点点滴滴，越发锥心刺骨。大家越喝越醉，后来不知道怎么回的家。第二天，这个兄弟情深的创业团队就正式散伙了。

校内网卖了 200 万美元，这对于六个 20 多岁的年轻人来说，是一笔不小的财富。可以说，他们是幸运的，很多创业团队辛苦奋斗几年，到头来是竹篮打水一场空，投入的时间、精力、金钱都打了水漂。

从资金回报来看差强人意，但从情感上来说却无法接受。尤其对于王兴这种以创业为人生追求的人来讲，饮恨将自己创办的事业卖与他人，无论如何都是一种巨大的遗憾，好比一个父亲被迫卖掉亲生骨肉一样。

然而，作为创业团队的灵魂人物，王兴不得不做出这个痛苦的决定。当时，王兴他们为校内网四处寻找投资人，都没有结果。就在沮丧的时刻，竞争对手来了。校内网最强大的竞争对手 5Q 网的掌门人、千橡互动（2010 年更名为人人公司）的董事长陈一舟抛来了橄榄枝。

陈一舟与小米科技创始人雷军为大学校友，后来又到美国麻省理工学院和斯坦福大学商学院进修，在互联网创业圈也是一个神一样的存在。就在王兴创业前一年，陈一舟结束了 ChinaRen CEO、搜狐副总裁的职业生涯，开始自主创业。2002 年，他创办千橡互动集团，旗下拥有 DuDu 网、dudu 加速器、猫扑网、uume、魔兽中国、5Q 校园地带等网站。关于为什么要如此多元化发展，陈一舟在接受采访时坦言："互联网上第二波创业者肯定比第一波更难成功，上一波创业时，哪里都是空地，你占一片就可以。已经有几个大城市了，我们只能做游击队，一边找几片相对肥沃的草地，逐渐变成小村庄，再变成城市，一边寻找其他草地。"

校园 SNS 领域，无疑是陈一舟异常注重的"空地"，所以逮住机会收购校内网并不难理解。为了彰显自己的诚意，陈一舟几次加码收购价。

如果是其他公司来收购，王兴他们或许就不会起内讧了。但来自竞争对手的收购，多少让人有点羞耻感。如果校内网比 5Q 网差多了，王兴他们也会欣然接受，但是校内网明明是校园 SNS 的引领者，当时已经拥有一百万用户，PV（page view，页面浏览量）达到了新浪的十分之一，用户活跃度更是 5Q 网望尘莫及的。所以，面对陈一舟的收购，几位合伙人第一次产生意见分歧。后加入的杨俊、陈亮、付栋平都是小股东，属于"怎么着都行"的态度。主要是三位创始人的态度：赖斌强强烈赞成，王慧文强烈反对，作为头羊的王兴居中偏向不卖。

务实的赖斌强后来坦言："这是我和他俩性格不太一样的地方，他俩比较偏执，不考虑退路。我会考虑退路，不想借了几百万，倾家荡产。我不一定要大富大贵，但也不要背一屁股的债创业。卖掉的话，有了资金，我们完全可以重新开始。"

热血方刚的王慧文，一心想把校内网做好。他觉得校内网是个好机会，如果将校内网卖了就再难找到这样的机会，他认为忍一忍做成的希望还是很大的。最主要的是，他对自己一手做起来的产品充满感情，所以强烈反对把校内网卖掉。

王兴同王慧文一样对校内网也有很深的感情，他对 SNS 的未来充满信心。因此，他的内心深处并不愿意卖掉校内网。但出于理智考虑，他不得不卖掉校内网——继续耗下去，高昂的运营成本只会让校内网的结局变得更惨。

2006 年 9 月，陈一舟再次抬高了收购校内网的价码。200 万美元这个巨大的数字，让他们慢慢从分歧走向一致。在经过一个月的情绪消化之后，大家都默默接受了被收购的结果。

2006 年 10 月，王兴当着大家的面打电话给陈一舟，同意卖出校内网。电话那头，陈一舟难掩兴奋地说："赶早不赶晚，赶紧来签下合同吧。"

当天晚上，王兴和王慧文赶到人寿大厦签下了合同。然后，一群人午夜买醉的场面就发生了。

在卖掉校内网之后，王兴等人拿着人生的第一桶金，就各奔东西了。当时房价还不高，王慧文就在北京和大连老家各买了一套房。他本来想留在北京的，但不喜欢北京的干燥，也不能经常吃到新鲜的海鲜。所以，他干脆把该卖的卖，该扔的扔，行李打包寄回家，留下一辆破自行车在华清嘉园的地下室，然后就拉上赖斌强到欧洲、东南亚玩了将近一年。

王兴虽然分到更多的钱，但他还是老老实实地在人人网待了一年。校内网换了东家，但在内心深处，王兴还是想把它做起来的。然而，加入千橡集团之后，并没有他想象中的那么顺畅。千橡虽然融资 4800 万美元，但是架子拉得太大了，又是猫扑，又是分类信息，又是视频网站，又是 SNS，钱花得快，而千橡的大部分现金流来自 SP（Service Provider，移动互联网服务内容应用服务的直接提供者）。2006 年政府加强了对 SP 的管制，掐住了千橡现金流的喉咙，致使千橡大幅度裁员。在千橡度过锁定期之后，王兴也离开了千橡。2007 年 7 月 5 日，王兴正式从校内人人网离职。尽管协议规定，如果王兴多待一年，可以拿到额外的一笔钱，但是他觉得即将要做的事情比这笔钱更重要。

王兴走后的第二年，陈一舟将校内网与 5Q 合并，借此向软银孙正义融资 4.3 亿美元。更让王兴郁闷的是，2011 年 5 月 4 日，改名为人人网的校内网在美国纽交所上市，融资 8.5 亿美元，上市首日市值超过 70 亿美元。当然，此为后话。

校内网对王兴他们来说，肯定是失败的。在距离自己预期还很遥远的阶段，他们不得不中止这段创业。但是，回过头看当初的决定，王兴并不后悔，他有一句金句在网上流传："浪费机会远比错失机会更让人刻骨铭心。"校内网卖掉后上市，未尝不是一个好结局，对他们来说未尝不是一种体面。毕竟如果没有卖掉，结局犹未可知。

就连强烈反对的王慧文，后来也释怀了，有人再问王慧文，如果不卖的话，校内网能不能做得成？王慧文的回答是这样的："这取决于我们遇到什么样的投资商。如果投资商能够在很多地方帮助我们，是可能做成的。如果投完钱就不怎么管，让我们自己随便搞，那就不行，因为我们还不够成熟。"他甚至视此次创业失败为好事，因为失败让他变得冷静和现实起来，为后来的创业奠定了基础。

失败只是成功的暂时搁浅。校内网的遗憾，没有摧毁王兴对创业的信念，反而让他对创业更具有热情了。校内网对于其他合伙人来说有着"第一桶金"的意义，但对于一向不差钱的王兴来说，它只是一次试练而已。校内网让他有了创业必将成功的底气。

# 王兴有话说：好项目为什么融不到钱？

创业者有了一个好项目，并不代表着就一定能够融到资。

校内网是王兴在"多多友""游子图"还有更多失败项目的尝试基础上打造出来的好产品，它推出后的表现也证明了这一点。合乎大趋势，引领潮流，用户活跃度很高，为什么融不到钱而沦落到变卖的地步呢？

王兴后来反省说：

"校内网融资失败，不能将责任归于外界环境，当时也有对手融资成功，我们的失败可能是和投资人沟通有问题，无法让对方对我们有信心。"

青涩不成熟，不会与投资人沟通，还内心骄傲看不清外界环境，这是校内网融资失败的最大原因，也是所有年轻创业者务必警惕的。

2004 年到 2006 年，通过校内网的失败，王兴他们至少吸取到了以下融资经验和教训：

1. 慧眼识英雄的投资人毕竟是极少数的，你必须在投资人面前清晰地表达自己的想法，并证明自己是最好的。事实上，王兴他们认为自己的产品是最好的，并不是毫无依据的，他们研究过市面上所有竞争对手的产品，只是没能清晰地对投资人表达。

2. 团队架构要合理，要让投资人看到专业性和成熟度。王兴和王慧文都是内心骄傲，甚至有些狂妄的人，这本身也没有错，是创业者成功的必备素养之一；但是如果经验不足却表现出骄傲和狂妄，那就会让人印象很差。王兴的团队，最好的只工作了两三年，其他要么辍学加盟，要么是半途转行学编程的，没有技术高手。管理经验为零，市场的运营和推广也没有成熟的体系。

3. 见投资人之前，一定要做充分准备。不见得要写出上百页的商业计划书，但至少头脑中要对项目的现状、前景和盈利模式考虑清楚。千万不要给投资人现场吹牛的印象。

4. 要敬畏对手，切忌自负。即便产品再好，也不要对市场竞争对手掉以轻心，要看清楚竞争现状。

5. 创业永远都差钱，眼前不差钱，不代表接下去不差钱，所以不要轻易拒绝任何投资人，当然也要警惕他们暗藏收购的企图心。不要抵触资本，如果可以，尽可能早地接触资本，降低姿态，作一些妥协。

6. 要想谈到一个好价钱，须与投资方反复沟通。即使签了投资意向书也不可掉以轻心；如果对自己的产品有足够信心，就可以不断地提高融资价码。

第三章

# 二次创业，瞄准趋势方向

　　网络营销是网络经济时代的一种特有的营销理念和营销模式，中国作为仅次于美国的第二大互联网国度，拥有庞大的网民基数，形成了巨大的网络消费群体和网络营销的空间。2006 年随着互联网应用逐渐理性，基于互联网的网络营销也在向多元化的方向发展，网络的日新月异催生了多样化的网络营销模式。开心网无疑是"病毒式营销"的先驱者。

# 做一件有利于社会的事儿

2006 年，博客技术先驱 blogger 创始人埃文·威廉姆斯推出了 Twttr 服务。在最初阶段，这项服务只是用于向好友的手机发送文本信息。随后，Twttr 更名为 Twitter（推特）；2007 年 3 月，推特开始应用于社交网络；2007 年 7 月向公众开放，红遍美国。

推特和博客的重要区别之一是文字简短，发送信息限制在 140 个字符内，用户可以随时随地毫无压力地发送信息，推特因此被形容为"互联网的短信服务"。推特风行的时候，曾拒绝了 Facebook 开出的 5 亿美元收购价。

自校内网 2006 年 10 月卖掉后，王兴一直在默默寻找再次创业的机会。推特的一炮而红，让王兴意识到新的机会来了。一直对社交产品不死心的他，这一次想做一个本土化的推特。

有了想法，王兴第一个想到的自然是两个好哥们——王慧文、赖斌强。他打电话给他们，邀请他们再度联合创业。

正在游山玩水的二人告诉他："还没玩够呢，再玩一段时间，你先搞吧。"

我们无法推断当时正在兴头上的王兴，听到这个答案是什么心情。不过，王兴很快找到了另外一位合伙人——同样敏锐捕捉到推特前景的学弟穆荣均。

王兴是清华 7 字班的（1997 年入学），穆荣均是他学弟，8 字班的（1998 年入学）。在清华读书期间两人并无交集，他们两人是在网上认识。关于两人的相识过程，在陪伴王兴回清华演讲时，穆荣均曾这样说："我们上学那会儿也是 QQ 发展的时候，所以很多网友是异性网友，但是我跟兴哥比较奇特一点，是同性网友。为什么呢？因为当时我跟兴哥有一些相同的兴趣，我们对当时正在发展的开源软件、Linux 这些当时还比较时髦的科技有兴趣。当时我在清华读研究生，兴哥在美国求学，回国以后网友见面，成为现实中的好友。后来我在百度工作两年之后，2007 年跟兴哥一起创立饭否，创立饭否的时候已经认识了四五年。"

2006 年 5 月，校内网因为流量暴增，系统架构吃不消，网页加载很慢，有时候要一分钟才能加载出来，服务器总是坏，王慧文是技术负责人，总是搞不定，过着黑白颠倒的日子。王兴就邀请穆荣均过来帮忙看看。穆荣均手下有位工程师是做百度百科的，它跟校内网一样都是用的数据库系统。穆荣均带着这位工程师来到校内网，他很惊讶，风头强劲的校内网就在一所民房的三居室里，客厅是做运营推广的办公室，其中一间卧室是王慧文、赖斌强、陈亮、付栋平他们的办公室，地上摆着几台服务器，另一间卧室是王兴的办公室兼会议室，剩下的一间卧室就是王慧文他们住的地方。

穆荣均来了之后，就看参数配置文件，一个一个地看。的确是有个参数出了问题——备份用户数据。王慧文为了保险，设置的保存时间间隔特别短，用户访问量一高，频繁保存数据对数据库要求就高，降低了读取速度，网页加载就慢了。穆荣均觉得没有必要，改了这个参数，立马就好了。

当时，王兴很看好这位学弟，但是自己条件艰苦，没敢挖这位学弟，毕竟穆荣均当时在百度工作，收入很不错。

为什么再次创业，王兴敢请穆荣均了呢？因为巧合。

2007 年 3 月，穆荣均发现推特在美国大有爆火的迹象，他给王兴发了一个邮件。王兴顺水推舟回复道："巧了，我也在看这个东西，要不当面聊聊？"

两个人见面聊得很投机，都认为推特大有前途，于是王兴顺势建议："要不咱们一起创业吧？"

当时穆荣均在百度地位很高，还持有股票，能让他放弃安稳的生活去创业，足见王兴的魅力之大。

王兴先是现身说法："我继续待在千橡集团，也会有一大笔钱到手。但对我来说，钱不重要，时间对我很重要。"

言外之意，我们要放弃的东西不相上下，但机会不等人，如果我们不去做这件事，其他人马上就要做了。这个道理，穆荣均也懂，但真正打动他的是王兴的这番话：

> "如果不乱花钱，前面挣的钱足够我花一辈子了，但这不是我想要的人生。当初如果校内网能够撑下去，我会一直做下去。接下去我打算重新做一件事，绝不是为了某一天再把它卖掉，而是要真的做大。我希望做的事有利于社会，有利于合作伙伴，有利于自己。"

穆荣均看到了一个去掉浮躁、内心笃定、目光长远的王兴，增加了一起创业的信心。穆荣均本人也不是一个安于过安稳生活的人，当时他在百度的发展很好，有发展空间，但很多事情他决策不了。关于百度一直都有这样的传言："在腾讯，马化腾有张志东等建言献策的合伙人。在阿里，马云有 30 多个阿里合伙人。而在百度，只有李彦宏和 5 万名员工。在百度，如果李彦宏不作决策，别人也不作决策。"

而且，互联网从信息时代进入社交和交易时代之后，百度不再是唯一的霸主，有能力的穆荣均也不想"老死"在百度。在内心深处，他也想创业，是王兴唤起了他心中的"野兽"。

除了共同的价值观外，王兴还一直在创业团队中传达这样的观念：跟着我有肉吃，并且能做到公平、公正地吃肉。

等到王兴租下办公室，穆荣均终于下了决心。穆荣均的这个决定，让他后来居上，超越了王慧文和赖斌强在王兴心中的地位。美团后来的招股书上明确表述："我们未来的成功很大程度上取决于我们的管理层以及经验丰富及有能力的团队的持续服务。尤其是，我们的联合创始人、执行董事、首席执行官、董事会主席及控股股东王兴，联合创始人、执行董事兼高级副总裁穆荣均，以及联合创始人、执行董事兼高级副总裁王慧文，对我们的文化及战略方向的发展至关重要……管理层持股部分，王兴持股 11.4%，穆荣均持股 2.5%，王慧文持股 0.7%。"穆荣均的持股比例比王慧文还高。

# 廉颇老矣，尚能"饭否"

第二次创业，王兴还是开在了同一个居民小区里——华清嘉园甲13 号楼 2102 室。除了从校内网追随而来的杨俊和付栋平，新加盟的穆荣均，从百度带来了工程师廖凯、郭万怀。郭万怀不是别人，正是日后王兴的妻子，这一段良缘，王兴必定是要感念穆荣均一辈子的。

在王兴眼里，推特这种轻便的模式，可能会重新定义互联网信息传播方式。所以他对新的创业项目寄予了厚望，从一开始取名就煞费苦心。在做校内网的时候，王兴已经体会到域名的重要性，一定要朗朗上口。推特的名字就取得很好，风趣而易于被人记住。推特的原意是一种鸟叫声，创始人埃文·威廉姆斯和杰克·多西在认为鸟叫是短、频、快的，符合网站的内涵，因此取了这个名称。那么，该给自己的项目取个什么脍炙人口的名字呢？

王兴他们翻字典都快翻了一个星期，实在找不到好域名。能想到的要么自己不满意，要么满意的被注册了。这时候，杨俊想到了一个点子，按照声母和韵母排列组合，写了一个程序，在服务器上跑，查域名注册，跑出来的都是双拼组合。团队挑来挑去，最终相中了两个：饭否和在否。这两个都是没有人注册的域名，每年只需要花 60 元的维护费，这对于王兴他们来说再好不过了，虽然第二次创业不再为启动资金发愁，但是节俭的王兴依然不愿意在域名上花一笔大钱。

最后，他们选了"饭否"这个域名，一方面暗含"廉颇老矣，尚能饭否"的典故，另一方面又很接地气，中国人见面打招呼最喜欢说的一句话就是"吃饭了吗"。

团队到位，域名到位，大家说干就干，效率惊人。2007 年 5 月，打着中国版推特旗号的饭否正式上线。

当时中国模仿推特的博客网站有六七家，饭否是其中功能最完备、体验最流畅的网站。因为它有穆荣均这个实力派技术担当。技术出身的穆荣均，性格内向腼腆，活儿好话不多。饭否网的技术，几乎由穆荣均一人扛鼎。据说当时王兴经常用服务器下片，导致饭否经常宕机，每每这时候，穆荣均就哭笑不得。

穆荣均的技术，加上王兴前期积累的人气，项目启动很顺利。和校内网创业不同的是，王兴他们再也不用费心费力地积累饭否的初始用户。秉着自由、开放的精神，饭否网赢得了一些博主、互联网深度用户的青睐。王兴说：

> "创业对我来说是改变世界的方式，我希望活在一个更希望生活的世界里，但我等不及让别人去打造这个世界。"

他对饭否的期待，与其说是一项事业，不如说是心之所向、梦之所向的理想。

与后来的微博相比，饭否简直就是互联网界的清流，是网友梦寐以求的福利产品。我们来对比一下饭否与微博的区别：

首先，饭否不搞身份差异化，不管你多光鲜亮丽，统统不加 V。不针对名人明星进行刻意的运营和凸显，是饭否的一大特色。所有人的饭否页面都长得差不多，所以也方便名人、明星"潜水"畅所欲言。

其次，饭否对广告和垃圾信息进行无情拦截和封杀。穆荣均不愧是百度出身的，对于清爽的界面、简洁的按钮和简单的功能有着异乎寻常的执着，凡是干扰用户体验的，都会被他干掉。这对于网民来说，实在是良心之举。

另外，饭否让人无法"精神分裂"。什么意思呢？有些人喜欢在网上当面一套背后一套，在别人的言论下发表不堪入目的评论，但在自己的主页装圣人君子。饭否的设计让他们无法隐形，因为只要点进一个人的饭否主页，就能看到他在饭否的所有言行。

总之，饭否的这些人性化的设计和追求干净的格调，让很多人大呼上瘾。很多人至今对饭否都有深深的情结，王兴本人和"微信之父"张小龙都被扒皮是饭否的"铁粉"。

王兴平时很少公开露面，接受采访也一向谨言慎行，但在饭否却是一个敢于吐槽、仗义执言的话唠。饭否创立于 2007 年 5 月 12 日，王兴在饭否上的账号从 5 月 13 日开始记录至今，更新了几万条饭否消息。他在饭否上的个人签名这样声明："如果我一整天都没看到、想到，或做过什么值得在饭否上说的事，那这一天就太浑浑噩噩了。"

在饭否，我们似乎可以看到另外一个王兴。做老板的他，可以像个较真的孩子一样推敲各种名词，"又双叒叕"这四个字，王兴不仅要知道第三个字念 ruò，还研究了第四个字居然有四种读音：zhuó、yǐ、lì、jué。他为了搞明白"砍、劈、剁、削、片、刺、捅、切、割、挑、剜、拍、插、撬、剖、格、挡、刮、雕、刻"等用刀动作的区别，可以煞费苦心地做功课。

饭否更是记录了他对于商业社会的种种观察和毒舌挤兑，通用电气、福特、大摩、高盛、微软、谷歌、阿里巴巴、联想、小米等公司都被他吐槽过。让我们品味一下王兴的犀利：

> 彭蕾说阿里巴巴是 1999.9.9 那天领的营业执照，今天正好满十二年。这说明阿里从一开始就很会造势。

一个毒舌朋友说，小米只是屌丝经济，苹果才是粉丝经济。

什么东西搞得柯达破产？数码相机。世界上第一台数码相机是谁造出来的？柯达的工程师在 1975 年造出来的，烤面包器一样大，只能拍黑白，10 万像素。因为担心冲击胶卷业务，柯达没有推出数码相机，结果就被别人革了自己的命。[1]

除了王兴，在饭否上潜水多年的微信创始人张小龙也被大家"起底"。张小龙曾说过："微博是个穿衣服的地方，饭否是个脱衣服的地方。"2016 年，张小龙尘封已久的饭否账号突然被扒了出来。这个叫 @gzallen 的饭否用户最后一条饭否发表于 2012 年 4 月 9 日，那时上线一年多的微信刚实现用户数破 1 亿。在 2012 年 3 月 30 日那天，@gzallen 发了一条饭否回应另一个用户说，"@viviyo 你改变了一亿人的一些赶脚"；而第二天发的另一条是，"多少艰苦不可告人"。2012 年 4 月，张小龙离开了饭否网，他发表过的 2359 条饭否消息依然还在。

饭否网似乎有一种魔力，一旦你用上它，你就是忍不住在这里碎碎念不停。正如张小龙所揭示的那样，你可以在这里无拘无束地畅所欲言做自己。

有一句俗语：产品就是人品。从饭否网，我们能看到很多王兴的影子，王兴的性格很像是天生的自我驱动型创业者，他喜欢兴奋与挑战，不断追求增加能力和个人权力，喜欢新思想，留心一切可能性，这注定了他的发展道路多变，也充满了可能。

---

[1]《饭否上的王兴：一位话痨眼中的商业图鉴》，腾讯新闻财约你，2018 年 9 月

## 海内网兵败开心网

　　饭否网尽管有很讨好的设计，但是在社交网站在国内还没有流行起来的大环境下，一开始增长缓慢，更赚不到钱，所以王兴他们有点儿等不及了。

　　2007 年 9 月，王兴开始考虑做面向白领的 SNS 网站，到底是在饭否网的基础上改，增加图片、音乐等功能，还是重新做一个新网站，对此内部有一些争议，最后投票决定重新做一个新网站。

　　2007 年 11 月，新网站——海内网正式上线。海内网这个名字取"海内存知己，天涯若比邻"的寓意。为了拿下这个域名，王兴这一次花了 10 万元，从侧面我们可以看到王兴对于做 SNS 网站的执念。显然，海内网是为校内网的挫败雪耻的。海内网创办初衷就是希望能够像校内网那样快速发展到 100 万用户。

　　海内网上线后，部分媒体指责王兴这是背信弃义，一离开陈一舟转身就做了一个竞争产品。对此，很少接受媒体采访的王兴还特意发声："我离开千橡的时候，跟千橡没有任何非竞争条款的限制的，这是很严肃的事实。"

　　也就是说，他与陈一舟之间从来就没有过不能做社交网的协议或约定。与校内网相比，海内网面向的用户更高端一些，针对比较成熟的职业人士，满足其与老朋友保持联络，同时结识新朋友的需求，而校内网只针对大学生用户，两家网站的用户重叠率并不高，从这个角度来看，二者确实不存在什么竞争关系。

海内网其实更像是校内网的升级版。作为一个真人网络，海内网提供个人空间、迷你博客、相册、群组、电台以及电影评论等服务。不过，不管是从 UI 还是从功能及模式上看，它基本上还是与初期的 Facebook 类似，和校内网很像。但相对校内网来说，海内网界面主色调由暗蓝色变为海蓝色，更加好看而且舒服。AJAX 技术应用更多，用户留言提交后可以直接显示出来，无需刷新页面。从功能上来说，更加便捷实用，海内网可以直接绑定 MSN 以及 Gtalk 帐号，可以将163、yahoo、sina、gmail、hotmail 等邮箱的联系人直接导入，相当方便。

海内网推出后，吸引了不少 IT 大佬，媒体关注度也很高，感觉到威胁的校内网迅速跟进，而同楼网、楼内网等类似网站也涌现了出来，这些足以证明海内网的设计成功。

但是，海内网有个致命问题，互联网业内人士用得多，非专业人士用得少，叫好不叫卖。这其实与王兴早期的定位有关。

在接受站长之家采访的时候，王兴如是说过："我一直认为 SNS 的路非常长，因为它会影响整个信息传播的方式。之前上网一个是获取信息，一个是娱乐，一个是和朋友交流，另一个是商务。我觉得 SNS 会影响这四个方面，商务的话，可能大家听过社会性商务的说法，但具体怎么做还在摸索。娱乐的话有社会化游戏，以前的单机游戏和普通域名的网游不一样的，获取信息方面有一个社会化的方式。我认为 SNS 会很综合地影响人们上网的各种方面。海内网将以个人为中心的，会有获取信息的，各方面都会有一些，但是我们不会完全去做娱乐方面。"

正是这个偏社交轻娱乐的定位，让海内网败给了开心网。如何将小众产品变为大众更易接受的产品呢？这个彻底难倒王兴的问题，被后起之秀开心网通过娱乐路线完美解决了。

程炳皓于 2008 年 3 月推出的开心网，比王兴的海内网晚了一个季度，却以迅雷不及掩耳之势成为 2008 年最火爆的社交网站。开心网的目标人群和海内网是一样的，都是定位于上班族，不过开心网的定位是"帮助更多人开心一点"，娱乐属性指向明确。

相对于海内网，开心网的厉害之处在哪里呢？

首先，同样有 MSN 绑定、邮件邀请，开心网邀请的细节上，比海内有了进一步的延伸，针对用户不同生活圈里的好友，开心网分别提供了不同的邀请代码和链接方式。它旨在引导用户，不管你身边有什么样的人，都可以邀请进来，只要能一起娱乐就好。

而开心网最让海内网望尘莫及的是它完善的"病毒式传播体系"。当年人气最旺的"好友买卖"游戏就是开心网率先推出的。随后，又推出了争车位、买房子、钓鱼、吸乐无穷等风靡一时的互动游戏。开心网里最火的两个游戏"朋友买卖"和"争车位"，都是通过邀请好友注册给予提成的方式推广成功的。很多人疯狂去邀请好友赚取提成，让这些游戏迅速火了起来。当然，开心网开发的小游戏，之所以能火，根本上是满足了用户的深层需求：当时很多用户不想上班，只想借助网络偷个懒。

开心网迅速崛起后，迫于竞争压力，海内网很快就跟风做起了游戏，不料，引入的游戏没有赢过开心网，反而因此丢失了一些老客户。

王兴本人关注社交较多，对网络游戏关注得少，想不出更好的小游戏，团队其实也没有做游戏的经验。有人曾经拉了好几个有注册开心网的 IT 朋友去海内网注册，但最后这些人都选择继续把开心网作为主阵营，说明开心网对 IT 用户的粘性更强。

网络营销是网络经济时代的一种特有的营销理念和营销模式，中国作为仅次于美国的第二大互联网国度，拥有庞大的网民基数，形成了巨大的网络消费群体和网络营销的空间。2006 年随着互联网应用逐渐理性，基于互联网的网络营销也在向多元化的方向发展，网络的日新月异催生了多样化的网络营销模式。开心网无疑是"病毒式营销"的先驱者。事实上，开心网抢占先机后，别人就很难把市场抢回来了。同时期倒霉的不止海内网这一个"前辈"，360 圈、占座、校内网和蚂蚁网都抵挡不住开心网的来势汹汹。

在开心网的冲击之下，海内网的影响力下降得很快。与此同时，另一个给王兴带来心理暴击的事情发生了：他一手创立、后来卖给陈一舟的校内网获得了软银 3.4 亿美元的融资，垄断了七成大学生用户。

王兴说：

> "一个人，他只有对未来有更多的信心，才会对现在有更多的耐心。"

虽然受到了连番打击，但王兴从没想过放弃自己，更没想过放弃未来。

好消息是，就在王兴即将陷入谷底的时候，饭否网开始反弹了。

# 饭否网被关闭事件

幸亏王兴团队当时的决定是重新做一个海内网，而不是把饭否网"改造"成一个新网站。虽然一年没有管饭否，饭否网成长还不错。一个大环境是，推特在全球越来越火，热潮传到了国内，很多时尚的国人开始用起了推特。

王兴觉得，微博客的春天来了。于是他决定重新拾起饭否网，把精力从海内网转到了饭否网的产品更迭上。为了让饭否网使用更便捷、更人性化，王兴团队下了一番功夫。

2009 年 6 月，饭否网用户突破 100 万，也迎来第一个付费用户——惠普公司，网站开始获得第一笔收入。与此同时，有不少名人如陈丹青、艾未未、梁文道、连岳、陈晓卿、和菜头等以普通用户的身份活跃其中，为中国网民提供了一个近距离接触专家和偶像的机会，带动了饭否的快速成长。

但在获得惠普付费之前，公司入不敷出，一个月要亏损十来万元。有段时间，王兴是拿自己的钱填进去，勉强维持公司正常运转。经营虽然困难，但王兴吸取了教训，没钱的事只让合伙人知道，一线员工并不知情。

好在饭否增长势头喜人。一开始大家使用饭否只是在记录流水账，想到了一句话写下来，看到好看的东西上传个照片。后来，饭否一下子变成了信息源，出了什么新闻了，第一时间搜饭否，就能发现百花齐放的评论。比如，湖北巴东邓玉娇事件、石首事件等，这些事件在饭否上的传播速度很快，很多媒体撰稿报道这些事件的时候，也会提到饭否，毕竟很多第一消息源来自饭否。每一次事件的发生都是饭否增长的一个阶梯。

饭否当时有多受欢迎，我们从一个网友的记录中可以看出：

> "'刷饭'对于许多用户来说已是日常，午夜'刷饭'、起床'刷饭'、上班'刷饭'、吃饭'刷饭'是习以为常的动作，不管生活多么匆忙，'刷饭'的手总是停不下来。好像饭否是繁忙都市中的一个村庄，这个村庄的住民有着独自的慢生活节奏，不管现实中的他们是什么样，'饭'上的他们往往无所事事、迷糊随和。"

重内容轻形式的产品形态，使饭否内部言论活跃，因此也捧红了一些草根网红。四川女生"如小果"在饭否靠精辟话语走红，大学毕业在北京奥美找到了工作。当时横跨相声界和广告界的东东枪，是饭否关注度第一人，他的粉丝一度超过 1.6 万人。对东东枪来说，饭否是他的灵感来源。为做广告文案，每天要花很多时间去了解现在大家都在想什么，去饭否翻上几十页偷窥近 200 个好友在想什么就能了解个大概。"苹果流冰"则是饭否第一大话痨，发布过 13 万多条消息，其性别为男但自称是女，真人无人见过，传说一般的存在。他平均每天在线 14 小时，一边和人聊天，一边忙着转载别人的话，偶尔还来几个段子，顺便对大小时事进行全天候不间断地播报。饭否所支持的发送消息的方式，"苹果流冰"几乎无所不用 ——网页、桌面应用程序爱饭、Gtalk、hellotxt、手机……他经常两分钟不到就用繁体字发送一条消息。

用户大量涌入，海量的 UGC（User Generated Content，也就是用户生成内容）让饭否迅速崛起，也让饭否光速关闭。2009 年 7 月 8 日，因为对敏感言论管理不规范，网站突然接到关停整顿的通知。这距离王兴兴奋地感叹"挺好，惠普投广告了，VC 找来了"才不到一个月的时间。

突遭变故，王兴一方面四处寻找关系，另一方面让团队做出大量删帖、限制敏感关键字、暂停搜索等措施。

"我们已经做了大家都能想到的事情。"

王兴如此感叹，但无力回天。

关停期间，《第一财经周刊》的记者阿拉蕾多次采访王兴。王兴当时和阿拉蕾说了很多过程中曲折的细节。

阿拉蕾问王兴，现在网站最大的问题是什么？

王兴说："最大的问题就是饭否不存在！！！我们的产品不存在了！！！"[1]

王兴他们曾经试图用百度贴吧及豆瓣小组的形式为饭否用户提供一个临时集散地。但在不久之后，饭否团队博客遭关闭，百度饭否贴吧遭关闭，百度百科饭否词条被删除，豆瓣小组饭否"饭否官方""饭否观光团""饭否话痨圈"等相关小组被解散。

2010 年 11 月 25 日，关停 505 天后，饭否回来了。这不是简单地解开一个 IP，饭否搬了机房，还获得了中国经济网的投资。中国经济网是《经济日报》主办的经济信息门户网站，看起来如虎添翼，奈何

---

[1]《饭否消失 200 天祭》，和菜头、豆瓣"爱饭否"小组，2010 年 1 月

时过境迁，昔日辉煌已无可挽回。

就在饭否关闭一个月之后，新浪微博成立。接着，各大门户巨头——网易、腾讯、搜狐等也推出各自的微博服务，其中新浪微博成为发展最快也是如今最成熟的一家。饭否关闭初期，饭否用户大量涌入推特，后来微博大潮开始，又分流到各家微博。王兴团队给老用户发来"开饭了"的邮件，当时正值新浪微博火爆的急速上升期。所以有人说，饭否的关停是新浪微博得以迅速发展的契机之一。

时至今日，饭否也被业内人视作微博的鼻祖。枪打出头鸟，微博作为新兴事物，相关管理部门很谨慎，出台了最严厉的监管措施。说起被关闭，当时倒霉的不止饭否一家，与其类似的叽歪、嘀咕等网站遭遇了同样的命运。即使说到被后来者占位，饭否网也不是最惨的。56网曾是中国最大的视频网站，但是在四川大地震后，一位女性网友为了吸引关注，破口大骂灾民，这种恶劣行为激怒了所有人，56网因此被关三个月，从此一蹶不振，成就了后来的优酷网。

饭否的创业经历成为王兴人生的一个分水岭。从此之后，王兴不得不放弃他一直热衷的社交网创业。六年后的 2016 年 3 月 4 日，对饭否念念不忘的王兴发起再造运动，也仅仅在老用户粉丝圈内引起狂热反响而已。

令人感慨的是，饭否网惨遭厄运，但团队却没有因此散伙，在饭否被关闭后，只走了两个人，其中一个就是今日头条的创始人张一鸣。

2008 年，25 岁的张一鸣以技术合伙人的身份加入海内网和饭否，与龙岩老乡王兴共事。在饭否，张一鸣做了很多挖掘饭否信息的实验，他参照基于推特的信息挖掘应用，在饭否上，找到推特上的信息及相对应的人群，进行分析，然后再在饭否上做大量信息挖掘应用——类似今天"今日头条"的服务。正是这段时期，张一鸣完全掌握了信息分发的打法，并意识到"技术没那么重要"，"模型很重要，信息构架很重要……信息结构的改变带来另外一种信息的流通方式"。张一鸣离开饭否后，去了垂直房产搜索引擎九九房担任 CEO，把自己的这些感悟实践了一番，随后创办了今日头条。

　　基于这段共事经历，王兴和张一鸣之间的关系变得很亲密，在公开场合，双方均给予对方很高的评价，王兴称："一鸣非常理性，我不够专注，会关注一些纯粹凭爱好驱动的、其实跟公司业务没关系的事情，他似乎更少一些。"而张一鸣这样评价王兴："王兴这个人好奇心强，阅读面广，对各种奇怪的问题感兴趣，社交稍微少一点。对他最大的印象就是好奇心、求知欲非常旺盛。"

## 对标 Groupon，找到新方向

经过前期的磨炼，饭否网的挫败并没有让王兴丧失信心。相反，这个时候王兴的表现，让团队看到了一个更加成熟的领袖，也坚定了追随的信心。毫无挫折感是不可能的，但此时的王兴已经不再沉沦于情绪之中，他已然养成了向前看的思维习惯。

王兴很欣赏一句话：

> "我无法告诉你怎么获得成功，但失败是可以被定义的，你放弃之后就是失败了，如果你还没有放弃，那么你就还没有失败，就走在成功的路上。"

即便在饭否备受打击的时期，王兴也能坚持看各种网站，看各种产品。他习惯每天开上几十个浏览器窗口，不断地看，不断地研究。最终，他再次发现了新方向。

2008 年 11 月，安德鲁·梅森在芝加哥推出 Groupon 网站（中文名为"高朋"网），这个网站的名字由"group（团体）"和"coupon（优惠券）"组合而来。

Groupon 并不是一个纯粹的电子商务网站，它以网友团购为经营卖点，每天只推一款折扣产品、每人每天限拍一次，这样网友登录网站后，就不需要在眼花缭乱的商品中寻找自己想找的信息。传统的团购网站提供的商品折扣非常低，有些只有 97 折、98 折，但 Groupon 的折扣比较大。通过较大折扣和互为推荐购买返还一定金额等方式，Groupon 短时间内获取了海量用户，并以每月 200 万用户稳定激增。对于商户而言，Groupon 面向的是小商家或服务提供商，一般这些企业无力支付巨额的纸媒广告费，也没有找到自我展示的在线广告平台。餐馆、发廊、文化活动中心以及其他小商家都试图吸引新的客户，Groupon 正好提供了这样一个平台。它的用户自发形成二次传播的促动行为，也深受商户好评。

2009 年 10 月，Groupon 融资 3000 万美元，在科技企业成群的硅谷一跃成为明日新星，安德鲁·梅森开始考虑国际化的问题，而他要面对的是数量激增的山寨公司，在欧洲、在加拿大，以及在中国。

Groupon 的出现，让王兴萌生了新希望：既然社交网站做不起来，何不试试商务网站呢？当时，商务网站领域，阿里巴巴一家独大。

做类似 Groupon 网站的念头一旦划过，王兴就陷入了新的亢奋，他和团队讨论了起来，结果越讨论越觉得大有可为。在王兴看来：互联网营销的发展模式，第一阶段是门户网站，盈利模式是展示广告，目标客户是能够投放昂贵广告的大企业。第二阶段是搜索引擎，服务中小型企业，只要你有几万块钱就能买关键词，做广告，一下子将投放门槛降低了很多，精准度也提高了很多。第三阶段就是团购，通过交易来对消费者进行更精准的推广，服务的商家都是本地的小型企业。这构成了金字塔，塔基是团购服务的商家，塔尖是门户服务的商家，中间是搜索引擎服务的商家。团购的盈利模式就是减少商家的广告投入，把这部分让利出来，让消费者占到一部分利，团购网站也可以分享到一部分利润。

之前创业一直对盈利模式没有想法，脚踩西瓜皮——走到哪里是哪里，这一次，王兴显然是谋定而后动。同样走的是 Copy 美国路线，但这一次王兴想得很清楚，关于 Groupon 为什么火，团队要怎么做，他都胸有成竹。正因为如此，饭否网团队才没有散伙，大家都非常认可王兴的构想，觉得接下去的路子异常清晰。

其实，Groupon 出来的时候，FourSquare 也很火。Foursquare 是一家基于用户地理位置信息的手机服务网站，并鼓励手机用户同他人分享自己当前所在地理位置等信息。与其他老式网站不同，Foursquare 用户界面主要针对手机而设计，以方便手机用户使用。Foursquare 模式出现之后，把传统互联网和移动互联网进行了很好的融合。按照官方的说法，Foursquare 模式 50% 是地理信息记录的工具，30% 是社交分享的工具，20% 是游戏工具。Foursquare2009 年 3 月在美国上线，六个月之后进行了第一轮天使融资。到 2010 年 4 月，Foursquare 的用户突破 100 万。

Groupon 和 FourSquare 都很火，接下去创业究竟对标谁呢？王兴团队还真做过一段割舍。王兴认为，FourSquare 更接近极客的行为，用户觉得新鲜，不过 FourSquare 好像成了这块地的地主，并没有什么长远的价值，是一股新鲜的风；Groupon 团购让消费者拿到了实惠，商家拿到了客流，是能够持续运转的生态系统。所以他选择对标 Groupon 团购。

2009 年 12 月，抱着试试看的态度，王兴团队确定做美团网。美团的寓意是"美好团圆"。他们为此还开了一个小小的年会，讨论"假如这个公司明天就不存在了，大家会怎么样"。期间，王兴动容了，哭了起来，同事们也跟着哭了，颇有点孤注一掷的架势。

团队士气调动起来，效率立竿见影。网站做得很快，2010 年 2 月已经做好准备了，考虑到春节期间可能因为用户回家导致热度下降，一直推迟到 3 月 4 日才正式上线。

虽然对标 Groupon，但美团并非完全复制 Groupon 模式。Groupon 模式是商家第一、消费者第二，在商家身上获取价值，Groupon 通常向商家提取 30%~50% 的佣金。美团模式追求的是消费者第一、商家第二，在消费者身上获取价值，毛利低，因此需要依靠大量消费者购买来维持。追求高毛利的 Groupon，采取的是粗放式管理，大手笔雇用麦肯锡及一些投行的人，动辄进行住宅、名车、豪华旅行抽奖活动，每开设一个新站就要送出数十台 iPad、iPhone。而王兴构想的美团模式，追求低成本高效率，在他看来，道理很简单，由俭入奢易，由奢入俭难，成本太高是很难降下来的，这样的高速成长，危机四伏。

正是看到了 Groupon 的软肋，美团创立一年后，面对 Groupon 入华并与腾讯成立合资公司，王兴表现坦然："这一切并没有那么可怕，中国团购网站大可不必过于紧张，Groupon 还不够份量成为强劲对手，仅凭美团一己之力也完全可以单挑。我们有足够的信心去与 Groupon 抗衡。"

美团网是中国第一家团购网站，王兴再次成为敢于吃螃蟹的第一人。这一次，王兴完成了一次蜕变，从一个单纯、稚嫩的创业人转变为具备商业头脑的企业家，他对互联网创业有了更深刻的理解。团购这种和传统餐饮业结合的互联网产品形态，让王兴开始突破传统的互联网思维的禁锢，更多地用商业的眼光去看待问题，开始更深层次地思考商业的本质。从创业做美团之后，王兴在各种公众场合的演讲已经基本没有太多互联网方面的分享，基本都是对商业的思考。那时候，他最常说的一句话是："互联网改变一切，凡是一切没有被互联网改变的行业都会被互联网改变。"

# 王兴有话说：冲浪为什么反被浪杀?

饭否关掉后，搜狗公司 CEO、清华大学计算机系 96 级毕业生、王兴的学长王小川发了一条微博："我觉得中文互联网应该弄一个'王兴效应'，就是王兴同学要做哪一类型的网站，这一类型的网站就要火，而且离后续跟进者胜出就不远了。王兴做校内，成就了开心网；做饭否，成就了新浪微博；这次做团购，不知道会成就谁。当然，不排除成就他自己。"

王兴具备全球性眼光，善于发现具有巨大潜力的新事物，这是他的长项，也是他的短处。王兴早期创业总是看准浪头，踩到了点子上，可惜没能踩稳。如果校内网不卖，200 万美元就变 3.4 亿美元了；如果饭否不关，恐怕没新浪什么事儿了……明明顺应了大势，却以落败收场。很多人解释称：王兴是模仿者，而非创造者。

对此，王兴说：

"颠覆性创新固然重要，但选择判断也很重要。创业主要是看你给什么用户提供什么服务，这才是最核心的价值，至于是不是原创，可能并不重要。"

毕业于清华大学的王兴，他内心深处是非常骄傲的，他也想做原创者，但在某种程度上说，商业环境并未提供诞生开创性创新的肥沃土壤。

王兴说过："国内的 SNS 做得有好有坏，但离 Facebook 差距太远了。一方面，国内有 QQ，抢占了不少市场；另一方面，我们与美国整体差距挺大的。做一个顶级公司，不是一个人、也不是一个团队能搞定的。从 IBM、微软、Google 到 Facebook，是四代顶尖 IT 公司。做到这个程度，不是个人和团队的努力，是综合国力和社会水平的体现。差距是全方位的，如果我做，我也做不到 Facebook 那级别。像百度在中国很牛，但和 Google 不是一个量级的。我想活在一个更好的世界里，每个人都是这样想的。但我们注定在这个世界里，不可能在别的世界里，所以我们做好事情，改变世界，对我们自己是有好处的。"

选择模仿创新，与其说是想走捷径，不如说是认清现实后的无奈之举。时不待人，新事物的兴起，根本不会给你太多颠覆性创新的时间，正如王兴所言：

> "传统行业创业好比登山，互联网创业好比冲浪。山总在那里，你总有机会。虽然浪是一个接着一个，但错过了这波浪，此行就永远没机会了。"

模仿国外的模式就等于没有创新吗？对此王兴的回答是："率先模仿也是创新。别把创新跟模仿完全对立，拿微信来说，微信是成功吗？很多人都会说是。微信是创新吗？很多人认为也是。微信是模仿吗？它毫无疑问模仿了很多东西。它模仿了 whatapp、kik，语言又模仿了 talk bok，学了很多东西，但它做得很好，知道该学什么，不该学什么，哪边该改，哪边不该改，最后融会贯通，做了一款符合中国国情的产品，而且青出于蓝胜于蓝。"

创新跟自然界的变异一样，多数是会失败的。在王兴看来，自己创办社交网站接连失败，冲浪反被浪杀，属于正常现象。他拿乔布斯为例："大家认为乔布斯是一个很注重创新的人，但苹果手机一代的多点触控技术是买来的。王兴在美国读书的时候就接触过多点触控技术，但这项技术到了乔布斯手里，才成了一个改变世界的东西。很多东西你早接触不代表什么，而是要能看到这背后的可能性，这个需要很敏锐，也需要承受很多的失败，不停地尝试，不停地失败，再加上一点点运气才有可能成功。"[1]

同样是做国内第一个模仿者，为什么美团就成功了呢？饭否网被强行关闭的时候，王兴就反思过："我们从来没有意识到自己是在做媒体。"也就是说，虽然在模仿推特，但王兴他们对饭否这个产品的本质都没有认清。不是模仿出了问题，而是认知不到位。创办美团，王兴对团购已然洞穿，找到了深耕细作的方向，终于"模仿致胜"。

[1]《王兴的思维方式》，波士堂，2013 年 5 月

第四章

# 以慢克快，突围千团大战

美团网不做什么、做什么、重点做什么，他在大方向上早就想好了，而且始终没有犯错。他的远见和战略洞察力，是美团网最终在千团大战中胜出的重要因素。基于前面创业失败的教训，王兴形成了一个认知：行业竞争不激烈，犯错只是跑慢一点儿；竞争极度激烈，犯错就会死，不犯错就是成功。

# 第一次把盈利模式想清楚

2010年春节过后，在搜狐网络大厦对面的居民区清华嘉园13号楼805室，王兴和其他14个年轻人上线了一个团购网站——美团。

美团的第一单叫作梵雅葡萄酒品尝餐。美团官网已经没有了这次活动的内容，但豆瓣网上至今还保留着此活动详情：

＞每人可品尝共4种不同酒品：两种干红、一种干白和一种冰酒。

＞以上4种葡萄酒可以从来自世界名产地的20多种酒品中自由选择，从中体验不同葡萄品种、不同产区葡萄酒的各异滋味。

＞专业品酒师将详细讲解品酒的相关知识、礼仪等，带你走进如醉如痴的葡萄酒世界。

＞梵雅红酒体验坊是北京首家引进国外葡萄酒小桶精酿先进工艺和红酒DIY经营模式的体验坊，曾被媒体多次报道[1]。

虽然最终只成交不足80份，销售额只有区区4000元，但王兴他们都很兴奋，他说：

"前面的校内、海外和饭否网，都没有这么近距离接触过消费者。做团购一开始就能见到钱，还是很有趣的。"

---

[1] 豆瓣小组，https://www.douban.com/group/topic/10137532/

美团网是中国第一家大规模推广的团购网站，上线之后就引爆了行业。3月15日，徐茂栋的窝窝团上线；3月18日，吴波的拉手网上线；当月上线的还有，杜一楠的24券网和任春雷的团宝网。接下来的一年时间，中华大地上，如雨后春笋般涌现了数千家团购网站。团购一时间成为互联网最火爆的创业项目。因为门槛低，这些团购网站激烈竞争的程度不亚于前几年的视频行业竞争。就连腾讯、新浪、搜狐、人人网等互联网巨头，也经不住诱惑，纷纷投入到"千团大战"之中。

在这场激烈的行业竞争中，王兴没有先发优势。他过往的创业经验并没有派上多大用场，因为校内网、海外网、饭否网，都属于互联网"轻"公司，十来个人的团队足以做出支撑百万用户的网站；团队基本是理工科男，思维方式也相似，沟通起来也比较容易。而团购网不一样，它需要一个人数众多的线下团队与商家打交道，而且他们分布于天南地北。如何立即见到现金流？如何快速开站？如何制订销售方案？如何管理地推团队？这对王兴来说，都是重重考验。

美团之所以能在"千团大战"获得一席之地，一个重要的原因在于王兴一开始的割舍。美团网不做什么、做什么、重点做什么，他在大方向上早就想好了，而且始终没有犯错。他的远见和战略洞察力，是美团网最终在千团大战中胜出的重要因素。基于前面创业失败的教训，王兴形成了一个认知：行业竞争不激烈，犯错只是跑慢一点儿；竞争极度激烈，犯错就会死，不犯错就是成功。

竞争对手多把精力放在了实物团购上，但王兴对美团网的定位是"本地生活服务商"。所谓"本地生活服务"，就是我们日常线下消费的 KTV、影院、餐饮、美发等。这些领域的团购单子毛利低，因为竞争关系价格也提不上去，做起来吃力不讨好。但王兴认为，这样做反而相对安全。因为做实物团购，新网站很难在短期内形成选品、价格、物流等体验优势，一旦淘宝网出手，新网站就很危险了。事实上，淘宝确实很快就开设了"聚划算"这一团购频道，瞬间碾压不少实物团购网站。王兴很有自知之明，他清楚自建仓储、自己配送是美团网短期内做不了的，所以干脆不做。

那么王兴为什么对服务商家有信心呢？显然，他从马云那里悟到了创业精髓。1999年，马云想明白了一件事：中小型企业才是阿里巴巴的未来。当时eBay、亚马逊等欧美电子商务，都在瞄准20%的大企业，竭尽所能为其服务，马云却喊出了这样的口号，"做数不清的中小企业的解救者""让天下没有难做的生意"，从此专注于为中小企业服务，成就了阿里巴巴传奇。

王兴似乎借鉴了马云的经验，他瞄准了小商家。王兴做过研究，本地商家数量非常多，按照国家统计局的统计，其数量高达700万家，而这些本地商家都面临推广难题。而门户网站帮不了它们，搜索引擎也帮不了它们，搜索引擎虽然是按点击付费，但是这么多本地商家可能根本连网站都没有，点击量也就没有意义。他们不关心展示，不关心点击，他们关心有多少客人到他们店里消费，他们关心交易。所以他们希望有一种互联网推广方式能够直接帮助带来交易，完全按照效果付费。王兴认为，这恰恰是他们所擅长的。美团开创性设计出了"按照效果来付费"的推广模式。

美团把精美的照片文案呈现在网站首页上面，几百万美团会员如果对这个消费感兴趣，当场线上支付，之后得到一条短信，里面有密码，之后去参加消费的时候不需要再掏钱，因为在网络上付过钱了。他们只需要在消费之后把短信里的密码给商家，就相当于付钱了，商家凭这条短信来跟美团网结算。根据实际消费来交钱，这比展示付费、点击付费效果好得多，所以很多商家乐意付费。

一百多年前，美国默克制药的缔造者乔治·默克说过："应永远铭记，我们旨在救人，不在求利。如果记住这一点，我们绝不会没有利润，记得越清楚，利润越大。"商业的本质是为什么人解决什么问题，而不是简单地追求利润。可以说，美团的成功首先在于定位和商业模式设计。王兴的自信正来自于此。他曾在分享时说过：

> "我可以非常诚实地说，我衷心地认为团购的模式是人们有史以来最优美的商业模式之一。
>
> 有这么多玩家，淘宝、门户网站去做，美团网如何去定位？我觉得美团网的本质其实跟淘宝有点儿像，聚合买家和卖家的需求，所有电子商务本质都是低成本、高效率。美团网商业模式与门户按展示付费的广告模式和搜索引擎按点击付费的模式比，它的效果更直接，对商家来讲效率更高，短期可以有各种各样的花招，但是长期来看生产力决定生产关系，效率高的商业模式一定会胜出，我相信对这些多数本地商家，处在金字塔塔基的这些商家来讲，美团网这种商业模式比门户展示付费和搜索引擎按点击付费更适合他们的需求。所以长期来看，更好的商业模式会胜出。"[1]

美团网前市场总监左潇是 Groupon 中国区的第一名员工，2011年年初，他从 Groupon 辞职去了美团网。左潇做出这样选择的原因是，他觉得王兴对团购的本质理解最深刻。团购帮商家宣传，节省下来的广告成本，一部分让利给消费者，一部分是商家的，剩下的就是自己的利益，这是赚钱的根本方式，而很多人没像王兴那样想清楚。

---

[1]《团购是超完美的商业模式》，美团网上线一周年发布会王兴讲话

## 消费者第一，商家第二

美团曾经举办一个"29 元团购价值 50 元的 DQ 冰雪皇后现金券"活动，该券使用范围包括上海、江苏、浙江、安徽、河南、湖北、湖南等地，上海买家可以在网站指定的 6 家分店进行兑换。

活动当天，共有 12003 名团友抢单。但是，商家 DQ 上海适达餐饮管理有限公司当天突然在官网公告活动无效，严正声明"未与其他任何第三方合作团购，团购类网站、美食类网站、购物类网站的个人、组织所发布的关于团购'DQ 冰雪皇后现金券及产品券'活动信息均与我公司无关"。这事迅速在微博上传播开来，舆论哗然。消费者和媒体都纷纷打电话询问。

美团网一下子傻眼了，他们本来跟 DQ 签有合同，事情发生后紧急跟 DQ 沟通，DQ 提出，要求另签合同，前面签的合同撕毁，按照新合同履行。但这对美团网来说是很大的伤害，撕毁前面的合同，就是死无对证了，在媒体和消费者看来就是没有合同就上单子，美团网的诚信将大大降低。

沟通僵持在这里。随着消费者不满的声音越来越大，美团网干脆直接公布了合作协议，媒体再去询问 DQ，DQ 称协议是假的。美团只好出示了向 DQ 支付 100 万元预付款证明。

接下来，为了保障消费者利益，美团网返给所有花费 29 元购买了 DQ 代金券的消费者现金，每人 50 元，让消费者直接拿钱去 DQ 购买，相当于美团网补足差价，兑现对消费者的承诺：你花 29 元就能吃到价值 50 元的 DQ 冰激凌。然后，美团网起诉 DQ，最终获得赔偿，并树立了诚信名誉。

美团能在市场上处于领先地位的另外一个很重要的因素就是，在创业之初王兴确立了如是信念："消费者第一，商家第二，员工第三，股东第四，王兴第五。"

在王兴看来，消费者的最大诉求是能有一个好的服务体验。而在消费者的服务体验里面，商家的服务是一部分，在前期能不能过滤出好的商家，能不能实时监控自己的服务质量，出现问题的时候能不能帮消费者去及时有效地解决问题，这些一直以来都是美团重视的经营核心。在任何环节出现了问题之后，美团一定是尽百分百努力去帮消费者解决问题，这样把控的结果就是美团的投诉率比其他竞争对手低很多。在全媒体时代的社会，每个人都有发言权，每个人都能影响身边的很多人，良好的口碑效应给美团带来了良好的业绩。

2011 年 3 月 4 日下午，在美团网上线一周年发布会上，王兴如是说："在过去一年时间里，我们美团网可以骄傲地宣布，我们为用户共节省 8.4 亿元，因为我们为消费者争取到的折扣非常大，5 折以下，甚至 2 折。"

消费者来团购网站消费，说到底就是"来占便宜"。对于消费者来讲好处非常明显，美团网除了给消费者提供非常好的精品消费指南，告诉他们在这个城市里面有哪些吃喝玩乐的地方之外，最重要的就是为其争取到了非常深度的折扣。为了满足消费者的折扣"刚性需求"，美团必须想方设法说服商家。那么，美团是如何做到的呢？

举个例子，当初美团成都店拿下银滩鲍鱼这家店的团购，销售人员死缠烂打的精神起到了关键作用。银滩鲍鱼在成都金沙、桐梓林、航空路开了三家分店。当时，大众以为鲍鱼火锅是高端消费，不敢去吃。事实上，鲍鱼日常98元一斤，特价的时候78元一斤，很多消费者是能够承受这个价位的。美团的销售人员建议银滩鲍鱼把宣传做起来，银滩鲍鱼的老板动心了。

接着，美团销售人员又建议："300多元一单，这个价格没有吸引力。如果等到卖不好再降价，别人会觉得银滩鲍鱼不靠谱。最好一开始就定个合理的价格。"银滩鲍鱼的老板同意降价到200元以上，美团的销售人员继续砍价，砍到老板生气了，直接喊他"滚蛋"。

美团的销售人员并不走，一直笑着在老板身边绕来绕去的，老板去哪儿他就去哪儿。后来老板受不了了，说："行吧，行吧，就198元，不谈了，赶紧签合同你走人。"

合同签下来之后，因为担心银滩鲍鱼在菜品上"做小动作"，美团的销售人员再次发挥了死缠烂打的精神，不断"纠缠"对方更换菜单方案，最终18个菜定价198元，第一天卖了700多份，第二天卖了1000多份，第三天是近2000份，畅销到银滩鲍鱼的老板喊停。

美团一开始在渠道上远不及拉手网、窝窝团、24券网、团宝网等同期竞争对手，他们就是坚守"消费者第一，商家第二"的价值排序，在与KTV、电影院、美发店、美食店商家软磨硬泡中为消费者争取超低价，反超同行。

关于王兴赢下千团大战的原因，著名投资人徐新女士一针见血地指出："千团大战时，那时行业里普遍虚报数据，但是王兴的竞争对手跟我说王兴不会这样。为了抢单，各家都把原价抬高，然后使劲打折，但是美团坚持一定要真实的原价。每个订单都有中央管理，卡得特别紧。除了真心对用户好，就是找到了'三高三低'这个生意的本质。高品质、高效率、高科技和低客单、低成本、低毛利，做到这几点，别人就进不来了。有一句话是对手说的，我很认同：毛利不能太高，太高我就有机会去打你。王兴就赢在'三高三低'这个定位上，千团大战他就赢了，他看到了别人没看到的东西，虽然那个模式他是学习人家，但之后他超越了。"

对此，王兴深以为傲，他说：

"我们始终坚持客户第一，始终在思考以什么方式更好地服务美团网的客户。"

在对待消费者的态度上，美团和竞争对手最大的区别是，对手更关注"量"，美团更关注"质"。按照王兴的说法："我们最终要让每一个参加美团网团购的人满意。"所以，美团在国内首创了短信反馈的机制。

参加美团网团购的流程是这样：消费者在网上直接付钱，然后收到一条短信，里面有美团券的密码。实际上在整个消费流程中，消费者应该会收到三条短信，发送美团券密码只是一条。消费者拿到密码券去商家消费之后，商家会验证，对或不对会有一个结果。如果是成功的话，会有短信通知说"您已成功消费这张美团券"，这是第二条。两个小时之后还会有第三条，估计消费者已经完成这次消费体验之后，会再给他发一条短信，请消费者对这一次的消费体验进行评价，1～5分，5分是满分，代表非常满意，4分代表满意，3分是一般，2分是不满意，1分是很不满意。通过这种方式，美团网可以非常快地收集到消费者对消费体验的反馈，就会知道哪个商家做得好，哪个商家做得不好。同时消费者除了给1～5分评分之外，还经常写文字评价，这样美团可以知道商家在哪些方面做得不好。美团把反馈收集起来，反馈给商家，帮助他们改进服务，让消费者更加满意，提高整体业务能力。

　　美团开创的这套流程，后来被同行快速跟进，成为了团购行业的标准流程。让每一个有网络支付能力的用户，在美团网享受到团购的便利和好处，来一个留一个，通过口碑来吸引更多的用户加入。美团的这一逆向操作，以慢克快，让竞争对手望尘莫及。

## 过期不消费退款

2011 年是实物团购发展迅猛的一年，像化妆品、服装的团购，毛利高，很多团购网站将精力放在了实物团购上，一度将服务晾在了一边。比起实物团购，王兴更看重服务创新。

"在 2011 年 3 月 31 号之前，所有过期的余额，我们会全额返还，百分之百返还，让之前所有信任美团网，参加美团网团购，到后面不管因为什么原因没有去的会员放心。他以为是损失的，其实没有损失。大家只要参加美团网团购绝对可以放心，我们在 3 月 31 号之前，会把所有余额百分之百返还。这个功能已经上线了，大家可以登录美团网，然后在每个团购项目后面点击退款，就可以全额返还。我们实行的种种措施就是希望消费者尽可能放心，消除消费者选择美团网的后顾之忧。" 2011 年 3 月 4 日美团网一周年新闻发布会上，王兴公布了这个行业颠覆性政策，"这个措施的代价其实蛮大。根据我们目前的统计，在 3 月 31 号之前，我们要返还给消费者的钱至少有一千多万，但我们认为是值得的。因为美团网是一个诚信的网站，我们相信团购是一个好的模式，美团网给消费者提供好的服务，我们不需要赚过期未消费的钱，所以我们愿意全额返还，让大家没有任何后顾之忧，可以更放松地、更信任地来参加这个团购。"

团购行业兴起后，有这么一个潜规则：消费者在团购网站上购买了某项服务产品，但没有在期限内去店里消费，这笔钱就沉积下来，成为团购网站的一项销售收入。不要小看这项过期未消费收入，随着用户愈来愈多，积沙成塔，这是一笔非常可观的利润，一度占各团购网站销售金额的 5%~10%。各家团购网站一直对此守口如瓶。

2011 年，王慧文放弃淘房网创业，重新回到王兴麾下，加入美团网。担任副总裁职务，负责美团网的市场和产品相关工作。一次，他参加行业会议的时候，刚自我介绍说自己是美团网的。玛萨玛索（Masa Maso）服装品牌 CEO 孙弘就当着一群人的面半开玩笑地说："你们美团网不靠谱啊，我有次在美团网上买了一次服务，但是太忙了，没时间去楼下餐厅消费，一过期这笔钱就没了。"

说者无意，听者有心。这事儿，王慧文立马记在心中，回到公司就展开了内部讨论：过期钱就没了，原本想要省钱反而变成了浪费，消费者难免会抱怨。这笔躺在团购网站账上的钱，究竟属于谁？美团？消费者？商家？

按照美团网"消费者第一，商家第二"的价值观，大家觉得应该退给消费者。于是，他们计划在 2011 年 3 月 4 日美团网一周年新闻发布会上公布"过期未消费包退"政策。这一政策在团购行业尚属全球首次，涉及 1000 万元巨额的返款也尚无前例，势必会引发行业地震，媒体会很感兴趣，认为这将会成为一次影响巨大的话题营销事件。

这个政策听起来很简单，但需要相应的技术实现手段。因为临时决定，赶在新闻发布会上现场演示这个功能，留给工程师开发的时间其实很短。直到发布会开始，还没有研发出来。

王慧文与负责技术开发的穆荣均约定，如果事情搞定了，就发个短信通知他，他再给台上的王兴做手势。

王兴在新闻发布会台上讲到一半的时候，台下捏着手机的王慧文终于收到了短信：搞定。王慧文向王兴比画了一下手势，王兴在台上对着一群记者说："我们过期未消费包退，你们现在打开手机，但凡有美团网过期未消费的，都可以看到短信提示。"

现场的美团网员工们欢呼起来，而记者们并没什么强烈反响。王慧文和市场总监谭晨辉悄悄商量：怎么不如我们想象中的反应大呢？我们做了这么大的牺牲，做了这么高风亮节的事，为什么记者没什么反应？

市场总监谭晨辉就去和记者朋友攀谈，得到的反馈是，记者没听懂。记者可能不团购，或者没遇到过期的问题，不了解这是痛苦的事。事实上，只有少数团购的用户才会遇到过期未消费的问题。因此，外界对这个政策的重要性没有切身感受，只有团购网站的人才知道他们是割让了多么大的利益。

这个新闻发布会显然办砸了。接下来的三天，王兴他们将记者邀请到位于远中悦来的美团网办公室，跟记者解释为什么要做过期未消费包退。第一天是平面媒体的记者，第二天是网络媒体的记者，第三天是博客博主、知名写手。CCTV2采访了王兴，"美团网自揭行业内幕"的话题彻底炒热起来。[1]

美团网这一举措很快遭遇竞争对手大肆抹黑，网络上出现一位自称"美团网前员工"的网友大肆造谣，四处发帖，抹黑美团网，称此项服务的出台不仅不会被其他团购网站认同，反而是"把公司往火坑里带"的行为。虽然遭遇同行恶意诋毁，但王兴坚信，"过期包退"是用户所需要所拥护的，是有利于中国团购行业健康发展的，所以无论如何，美团一定将"过期包退"坚决执行到底。

随后，美团网又丰富完善了"过期未消费包退"政策，形成了一

[1] 《团购骗局调查》节目王兴访谈，CCTV2频道《经济半小时》，2011 年 3 月 19 日

套完善的"三保险"服务体系，让美团网在消费者心中的美誉度大大
提升。根据"三保险"，用户参与团购之后，首先有 7 天的冷静期，
7 天之内可以无条件退款；如果消费者在消费期间因商家拒绝提供服
务等原因无法兑现团购，那么美团网将在第一时间向用户先行赔付；
如果错过了团购有效期没有产生消费，用户同样可以申请办理"过期
退"退款业务。

团购实际是严重的同质化竞争，你有的商家我也有，团购价格也
差不多。真正造成差异化的地方，都是细微的地方，比如页面响应速
度是不是更快一点儿，购买流程是不是更流畅一点儿，购买体验是不
是更有保障一点儿。美团网第一个推出"过期未消费包退"政策，执
行得也非常彻底，用户体验很好，品牌形象很快树立了起来。竞争对
手见抹黑诋毁无效，纷纷跟进，也相继推出了"过期未消费包退"政策。

王兴曾经说过这样一句话：

"真的极度渴望成功的人其实并不多，愿付非凡代价的人就
更少了。当年的革命、改革能成功，就是组织起了这部分人。"

当今社会，人人都在提创新，很多领域都在提倡工匠精神，其实，
所谓的创新、所谓的工匠精神就是比别人多做一点点，为客户多想一
点点而已。王兴做到了，也就脱颖而出了。

## 坚持拒绝贿赂商家

在一次采访中，王兴说：

> "创业人分为天派和地派，之前我一直被认为属于天派，创业美团之后很多人认为我是在向地派转。其实，我一向喜欢跳出问题回答问题，我觉得并不是只有天派和地派，可能还有一个人派。老祖宗说天时不如地利，地利不如人和。我觉得对于创业来说，时机很重要，资源很重要，但是更重要的是团队。"

团队在美团的发展过程中起了决定性的作用。

而团购当时又属于新兴事物，要让线下商家接受与认可，需要一段时间。怎么办？

王兴清楚自己没有这个实力，于是他邀请杨锦方加入美团网。杨锦方是清华大学科技创业者协会第二任会长，有过三年创业经历，后在甲骨文研究所工作了六年。杨锦方觉得王兴的心态很难得，他说："想要做大事的人，最忌讳的就是躺在过去的事情上。我们周围的朋友都是北大清华毕业的，上学的时候脑袋上有光环，顶着光环不愿意放弃的人，通常后面没什么出息。他心态很好，没觉得自己是校内网创始人就是个人物，就是想着如何把事情做成，避免哪些错误。"于是杨锦芳答应了王兴的邀请，在 2010 年 3 月 10 日加入美团网，负责销售。

当时美团网的团队只有十几个人，他们把主要精力用在产品打磨、用户体验和商家服务方案上，所以拓客速度很慢，每天一单，一个月下来才 30 单。按照"消费者第一、商家第二"的价值观，单子筛选很严格，每隔几天就开一次选单会，讨论哪些单不能上，哪些单可以上。筛选也没什么标准，全凭感觉，本来进单就少，很多单子还被刷掉了。

2010 年 4 月，杨锦方从北京带人到上海组建团队，开直营站。在上海人生地不熟，为了省钱，杨锦方选了便宜地方——三教九流聚集地中远两湾城开设办公室，但这样的条件，招人十分困难。从北京带过去的人，又能力不足以担任分站负责人，杨锦方只好在上海找新负责人。如果按照上海的速度开站，一年只能开 6 个直营店，太慢了。于是，美团改走代理路线。

2010 年 5 月，西安、武汉的代理商发展起来。6 月，在百度做代理商体系的邓仁健加入美团网，承担一部分发展代理商的任务。从宝洁跳槽到美团网的翟光龙，到广州发展代理商，8 月，广州站上线。同一个月，无锡、杭州站上线。

代理模式虽然开站快，但是代理商素质良莠不齐，还是直营站更易于管理，杨锦方就提出了代理转直营的方案。2010 年 9 月，天津站上线，这是继上海之后美团网的第二个直营分站。在天津，嘀嗒团做得不错，美团网花费了两个月时间超过嘀嗒团。虽然有所进展，但和竞争对手相比，美团网在开站拓展上依然很慢。2010 年 10 月开始，拉手网流量超过了美团网。拉手网创始人吴波决定投资大量资金，快速做大市场规模。美团切实感到了威胁。正在此时，王兴做了一个重要的决定：任命杨锦方为美团销售团队的总负责人。之前，杨锦方、杨俊、翟光龙、邓仁建四个人负责各大区销售，分别向王兴汇报。如今，杨方代替王兴主管销售团队一切事务。

杨锦方上马之后，美团网开展冬季攻势，一抓代理转直营，二抓加速开站。2010 年年底，31 个代理商同意美团网收回分站做直营。到 2011 年 2 月，美团网开站 20 多个，覆盖了重要的省会城市，到 3 月底又上线 40 个城市，到 5 月美团网分站数量达到 100 个。

和自己比，美团的开站速度是提升了，但是和竞争对手比，美团还算保守。同行拉手、窝窝团、24 券、团宝等同期开了 150-300 个城市。

美团本来可以开更多城市的，是什么让它选择非激进路线呢？是诚信、正直的价值取向。

王兴将契约精神灌注在企业文化中，他任命的杨锦方在销售团队内部反复强调激情、诚信、敬业、消费者第一。美团网传递给销售团队的价值取向是，不能靠用钱的手段，而要靠团队能力获得商家，强调持续提升自己的专业能力，提升团队的凝聚力和执行力，去拿下想要的结果，强调绩效导向，绩效好就获得认可，受别人尊重。

美团网有一条红线无论如何碰不得：不允许向商家行贿。而当时很多团购网站都在通过行贿抢夺商家，美团也因此丢掉了不少商家。美团网某员工回忆起千团大战最混乱的时期说道："我们不行贿，因为这样，我们失去许多商家。不过没关系，我们再靠好方案和销售额把他们再抢回来！"

为了守住价值观，杨锦方做了一项重要而艰巨的工作：大浪淘沙，把合适的人留下来，把有"投机"想法的人统统送走。到 2011 年 12 月底，美团销售团队的城市经理基本上换了一遍。

2010 年年底，王慧文加入了美团。卖掉校内网后，王慧文和赖斌强一起周游世界一年，后来王兴和穆荣均、杨俊等创建了饭否和海内网的时候，王慧文和赖斌强、陈亮创办了二手房网站——淘房网。2010 年年底，王慧文的淘房网发展遇阻，原本他希望王兴能提供一些建议，却反倒接受了王兴的邀请，带着淘房网团队一起加入了美团网。

王慧文来了，并没有帮助美团网"提速"，反而强化了"边算账边开城市"的理念。他和王兴一样，主张适度稳健扩张，宁缺毋滥。

某日，敏感的王兴突然对王慧文说，觉得情况不太对。他们讨论发现，龙岩、马鞍山、玉林和赤峰开错了。但是更棘手的问题是，开错了的要不要关？最后，他们决定还是关掉这 4 个城市。

关掉已经开通的城市，并不是一个容易的决定。投资人质疑怎么办？团队士气怎么办？而且当时美团还在融资，还有新闻稿说美团资金链断了，开始关城市了，团队要完蛋了，但是美团都扛过来了。

正如管理大师彼得·德鲁克所言："成长是如此脆弱。如果所有的企业每年都以 10% 的速度增长，很快就会耗尽整个世界的资源，而且长时期保持高速增长也不是一种健康现象，它使得企业极为脆弱；如果不能适当地予以管理，它所造成的紧张、弱点以及隐藏的问题，一有风吹草动，就会酿成重大危机。"这就是美团和对手们的差别所在：他们认为"做正确的事"远比"做容易的事"重要，所以他们宁可慢一点，再慢一点。美团相信，一城一地的得失没那么重要，一个不乱来的公司才能在商业竞争里跑得更长远。在面对巨大诱惑的关键时刻有坚守，别人才会在关键时刻信任你。这个道理理解起来不难，但做起来很难。不过，一旦你守住了正确的价值观和规则，就真的会赢得别人的尊重。

车多多 CEO 郑伟后来如是感叹："美团出来的员工都长得一个样，价值观正、执行能力强。"

# 广告大战中的旁观者

2011年上半年团购行业广告大战爆发。各大团购网站一致认为想要在竞争中胜出，必须要靠资本的力量，通过融资获得一大笔钱，然后拿广告和补贴赢取用户，等市场占有率高了再融更多的钱进来。

2010年6月，上线不到3月的拉手网完成了A轮的三笔融资，金额累计达500万美元，公司估值1亿元人民币；2010年12月，拉手网获得B轮风险投资，融资金额为5000万美元；2011年4月，拉手网获得C轮风险投资，融资金额为1.11亿美元。公开的数据显示，拉手网三轮融资共计1.6亿美元。

2010年6月23日正式上线的糯米网，根本就不需要融资。糯米网属于千橡互动集团，和人人网、猫扑网等同属一级部门。人人网是最大的SNS社交网站，猫扑是中国第一大娱乐互动门户。而糯米网被千橡集团视为整个集团在电子商务方面的重要尝试，不设投入预算上限，不给盈利压力，目的就是不惜一切代价战胜对手。

曾因抢注了"Groupon.cn"域名而声名鹊起的团宝网，一开始就不缺资金。其创始人任春雷曾因参加2006年首届CCTV《赢在中国》全球创业大赛并获得第四名，而引起业界关注，后来就读中欧EMBA，积累和扩展了人脉。任春雷成立团宝网时，他的多名EMBA同学参与了投资。据任春雷透露："在2010年4月20日完成第一轮融资 220 万美元。""在 2010 年 12 月获得第二轮融资，金额大概是二、三亿元人民币。"

按照公开资料，大众点评网于 2006 年 1 月获得红杉资本 200 万美元 A 轮投资；于 2007 年 5 月获得红杉资本和谷歌风投 2500 万美元 B 轮投资；于 2011 年 4 月获得红杉资本、启明创投、挚信资本、光速安振中国 1 亿美元 C 轮投资。

这些团购先行者融来的钱干什么了？糯米投入两亿广告，大众点评投放 3 亿至 4 亿广告，团宝网则投放 5.5 亿广告。当时，在央视、湖南卫视、江苏卫视、全国地铁、分众传媒、公交车体等媒体，在北京地铁、杭州街头、广州的公交车站台，团购的广告无处不在。

美团网是唯一一家没有参加线下团购广告大战的。一个客观的现实是，美团网在资金上处于劣势。直到 2010 年年底，美团才获得红杉资本第一笔 1200 万美元的投资，比其他竞争对手晚了很多。

当然，最根本的是，王兴不看好砸广告的做法。校内网的失败，让王兴吸取了教训，一定要给自己留下充足的资金，对现金流要有足够的重视。在他看来，烧钱很危险，把钱烧完了没什么效果，公司也就完了。他还预见了用短期的廉价收买长期顾客忠诚度的风险，如果只靠补贴，用户只会不断在各平台间切换，寻找最划算的一家。

但王兴的合作伙伴似乎对此并不认同。当时美团 10 个销售有 4 个去了糯米团，离开的销售还带走了美团跟万达谈好的单子。也不能怪这些销售员，他们去商家谈合作，一进电梯全是拉手网广告，谈着很吃力，不仅商家怀疑美团没钱，连销售员自己也怀疑。除了主动出走的，还有被挖走的，窝窝团就找猎头公司挖走了美团网广州、上海的城市经理，美团公关总监那时每天都接到猎头的电话。

那些不舍得离开的团队成员则找了阿里巴巴电子商务网站前总裁关明生请教，得到的答案是对商家端再多的广告投放不如有执行力的线下队伍，而对于消费者端用户来说，阿里的经验是线上的广告性价比要远远大于线下广告。经过关明生的指点，大家终于接受了王兴"砸广告没用"的判断。

王兴虽然顶住了压力和诱惑，但他必须给大家指出不靠广告胜出的明路。王兴给出的答案是通过口碑传播、通过社交媒体来传播。

王兴的底气在于，美团网的会员70%是通过朋友介绍加入的。"我们和其他团购网站差别很大，找什么样的商家、提交什么方案、使用什么样的方式呈现。就像你写文章、写字一样，但文字的组合是不一样的。"

虽然线下没有砸广告，但美团在线上投放了广告。因为王兴觉得线上的广告效果是可以评估的。王兴的个性是不怕花钱，但心里要有数，必须衡量出效果。他不管别人怎么做，自己有一套判断的标准。美团网找来陈敏鸣负责美团网的在线营销，每位用户来自哪个渠道，一次消费情况、二次消费情况是怎样的，渠道性价比如何都算得清楚，若要削减营销费用，立马知道该砍掉哪个渠道。当时王慧文负责市场部，他说："我们把在线投放的钱算清楚，不是每个同行都能算清楚，没有算清楚这笔账的同行基本就会在这个环节上被淘汰了。"

在其他团购网站打广告的同时，美团网在开发系统，各种IT管理系统、财务系统，招各种技术人才以及高管，建设团队。王兴把精力花在这些上，决定了后续美团网为什么比别人走得更稳，花钱更少，效率更高。当销售员去和商家谈单时，美团网的技术支持为他们助力很多。比如说，美团网的页面打开速度快，功能齐全，半自动结账，有延长在线时长的功能，在线走合作签约流程的效率也很高。

王兴说过这样一句话：

"很多创业者过分依赖资本，觉得资本能解决一切问题，但创业者得明白，疯狂烧钱不理性，竞争不会持续太久。"

王兴跳出了大多数竞争者的惯性思维，很多人以为输赢完全取决于谁能募集到更多的钱，比竞争对手撑得更久。虽然融资也很重要，但用户黏性更重要。事实证明，王兴的早期判断是准确的。很多一度干得轰轰烈烈的团购网站都偃旗息鼓了。仅仅一年多时间，团购网站数量从最高时超过6000家降至不到一半，幸存者中一部分在苟延残喘。比如砸钱最多的团宝网，在2012年春节，钱已花光，濒临倒闭。团宝网的最大股东已经决定放弃。讨薪的员工和要债的商家纷纷找上门。为了续命，任春雷倾尽积蓄，抵押房产。而美团的主要竞争对手窝窝团和拉手网也在2011年大幅裁员。陷入广告战的公司几乎从未赚到过钱，反而导致推广费用大幅上涨，投资人看不到效果就不愿意再投钱了，没有资金支撑的团购公司因此撑不下去，整个行业进入了寒冬。这也印证了王兴一开始的判断。

在哀鸿遍野中，美团反其道行之，在团购寒冬之际出手，加速了圈地计划，几个月后成为行业第一。2011年7月7日，在其他玩家都融不到资的时候，美团B轮5000万美元到账。一向低调的王兴，特意召开新闻发布会，当众公示了账户上的6200万美元，现场照片一度在互联网上疯狂传播，美团的江湖地位立马传开了。到2012年年初，美团网已经稳坐行业第一的位置。

创业有时候比拼的是谁犯的错误更少，用更少的钱活得更久。美团之所以实现弯道超车，很大一方面原因是没有参与疯狂烧钱的线下广告战，保存了资金实力，把资源放在了调整与改进产品上，降低获客及留客成本，并优化复杂的后端系统平台。谨慎控制运营成本，美团网成为运营最健康的团购网站之一。而在精细化运营的背后是王兴对团购本质的深刻理解。

# 王兴有话说：脱颖而出靠什么？

王兴前面的创业经历证明，第一个吃螃蟹的人，未必最后就能成为第一。然而，耐人寻味的是，无论是校内网、海外网还是饭否网创业，竞争程度都不及美团创业。而这一次王兴为什么能在千团大战中脱颖而出呢？概括起来，至少有如下五大因素：

1. 远见。

王兴是一个能看到行业背后冰冷残酷规律、有雄奇战略思维的人，在行业内被称为"小马云"。受益于多年在互联网上的浸淫，也受益于他的独立思考能力，王兴在看问题和想问题的深度上远超一般人。想得比别人更深，看得比别人更远，在战略决策的选择判断上和其他人不一样。王兴很早就看明白了团购行业的本质，所以同样是做团购，在具体的经营中，王兴总是有着不一样的见解。

2. 耐心。

王兴有一句很出名的话：

"对未来有更多的信心，对现在有更多的耐心。"

基于对"团购的模式是人们有史以来最优美的商业模式之一"的自信，虽然多次创立失败了，王兴并没觉得是"卑贱地活着"，他坚信"互联网改变一切，没被互联网改变的行业都会被改变"。因为前几次创业都太着急了，创立美团王兴表现出了前所未有的理智与沉稳。在想清楚了盈利模式之后，美图没有急于攻城略地，没有走疯狂融资疯狂砸钱的普遍"快"打法，而是选了"广积粮缓称王"的发展路径。王兴笃定，这是一个马拉松式的竞赛，不是短跑，坚持做正确的事情非常重要。

3. 专注。

一方面，当时团购网站座次没有定下的时候，纷纷拿到巨额融资的老板都忘乎所以，开始奢侈的享受人生或者四处演讲，唯独王兴能静下心来，和普通员工一起坐在一个大开间里，工作不休。另一方面，美团抵抗住了压力和诱惑，在别人都在烧钱、走捷径的时候，美团没有凑热闹，不做预付，不做包销，不打广告战。

4. 团队。

知乎创始人周源说过一件事："第一次创业的时候，王兴和张亮来我公司，王兴看到我的书柜就跑过去看书，然后发现一堆印了我名字，职位却不同的名片。他转头问我，你为什么有这么多不同的名片？我尴笑，当时公司就几个人，我说为了见不同的人方便啊。他回复我说，这不可能，你应该把这些合适职位的人都招到。"王兴在创业美团的时候，就是这么做的。比起前两次亲力亲为奔跑在一线，这次创业王兴更像是一个领袖，他招到了弥补自身短板、能解决问题的合伙人。

5. 执行力。

"互联网普及最早是从受教育程度最高的人群入手，随着时间的推移，互联网普及会逐渐下沉，在人群上会下沉，越往下越接近本地，越接近线下，整个大的趋势是如此的。美团网做的事情就是一个非常好的线上线下结合的事情。"线上很强，线下也强，是美团相较前两次创业最大的不同，也是其胜出的关键因素。第三次创业，王兴是真的两脚落地，深入市场了，在这个过程中，团队所表现出来的强大执行力，连竞争对手都很佩服。而靠两条腿跑出来的市场，通常是最牢靠的。

第五章

# 从粗放管理圈地到管理标准规划

即便美团开到 100 个城市的时候，也不是行业规模最大的，同时期拉手网和窝窝网扩张更快。当王兴意识到管理混乱所蕴藏的危机，并有心踩刹车的时候，身边很多人都担心：如果此时停止扩张，会不会彻底被对手甩开？

# 主动告别"野蛮成长"

　　《论语》中讲到过一个这样的故事：孔子的弟子子夏（本名卜商）在一个叫莒父的地方当官，有一天他来向孔子问政。孔子告诉他："无欲速，无见小利。欲速，则不达，见小利，则大事不成。"什么意思？百年大计，不要急功近利，不要想着很快就能拿到成果，也不要为小利花费太多心力，要顾全大局。子夏听后，不再一味贪图求快，等他慢下来后，各项事情更加顺利了。

　　几乎所有的创业公司都要经历一段不计代价疯狂发展的"野蛮成长"历史，创业者也都知道"欲速不达"的道理，但只有少数创业者会在高速成长中主动减速。王兴就是这少数派中的一员。

　　2011 年 5 月，美团网全国分站数量达到 100 个，王兴感觉到了"井喷"的快感。他兴奋地预测："2012 年是最后一年第二产业 GDP 高于第三产业。经济越发达，第三产业比重越大，中国在这方面还有很大的空间，大时代和我们干的事情是契合的。"

　　美团疯狂扩张的同时，团队人员数量也跟着翻倍，很快就从最初的不足二十人发展到了两千余人。这意味着，王兴的管理水平将面临严峻挑战。毕竟，前面的创业，他都是带着一帮极客兄弟在"裸奔"，大家都是"同类项"，谈不上什么管理。一下子膨胀起来的美团团队，让王兴一度不知所措。

2011 年某天凌晨两三点，美团市场总监左潇看到王兴急急忙忙地从会议室里出来，满头大汗。左潇问王兴是什么问题让他乱了方寸，王兴告诉他："从 200 人到 500 人再到 1000 人，这是三道槛，我们一下子跳过这些槛，肯定有后遗症的。那么快是不扎实的，回头得做很多功课。"

王兴的担心并非杞人忧天。自从杨锦方被任命为销售团队总负责人之后，美团网展开冬季攻势，一方面到处加速开站，一方面大肆招兵买马。因为管理人员紧缺，当时美团网内部一片混乱。乱到什么程度呢？校内网卖掉之后，杨俊继续跟随王兴创业，成为饭否网的股东之一。饭否网被关停之后，杨俊举家搬至日本。美团急缺人才的时候，王兴又把"4 号员工"杨俊从日本劝了回来。为了说服杨俊，王兴还专门飞到日本去。杨俊以前在校内网负责推广，管理校园大使。在日本软银工作的时候，他也从事扩张工作。本来一心在美团本部做高管的杨俊，不得不在 2011 年 4 月到深圳做城市经理。当时负责深圳的城市经理是广州人，工作地点在深圳，每晚却要回广州过夜，根本没法保证自己必要的时候就在工作岗位上，员工经常联系不上他。因为管理太乱，深圳团队几近崩溃。杨俊被派去堵枪眼，代理了 3 个月的深圳城市经理。

即便美团开到 100 个城市的时候，也不是行业规模最大的，同时期拉手网和窝窝网扩张更快。当王兴意识到管理混乱所蕴藏的危机，并有心踩刹车的时候，身边很多人都担心：如果此时停止扩张，会不会彻底被对手甩开？王兴说：

> "我不太担心现有的竞争对手。我在思考，如果要革命，我希望是自己革自己的命。"

王兴想起了孔子的古训，欲速则不达。校内网败于现金流，饭否网败于不懂政治，王兴生怕美团网败于管理。为此，始终战战兢兢、如履薄冰的王兴开始大量阅读管理学方面的书。

一个同事曾经推荐王兴看民间奇书《素书》。《素书》是秦末黄石公的著作，传说黄石公三试张良，才把这本书传授给了张良。张良凭借这本书，帮助刘邦拿下了江山。王兴反复看了几遍《素书》，他忍不住感叹："看得我浑身直冒冷汗，里面总结的好多管理错误我都犯了。"

除了国学经典，王兴还读了很多西方管理学，英特尔前 CEO 安迪·格鲁夫、亚马逊创始人贝索斯、脸书的创始人马克·扎克伯格成为他间接研究学习的对象。美团墙上贴着"要么牛 ×，要么滚蛋"的标语，就是翻译自脸书的企业口号"go big，or go home"。

死读书不如不读书，王兴是个学以致用的能手。学到方法论，他会立即用于公司管理之中。比如，关于组织变革有一个经典的 RACI 模型：

R = Responsible，负责执行任务的角色，具体负责操控项目、解决问题。

A = Accountable，对任务负全责的角色，只有经其同意或签署之后，项目才能得以进行。

C = Consulted，在任务实施前或中提供指定性意见的人员。

I = Informed，及时被通知结果的人员，不必向其咨询、征求意见。

王兴很喜欢这个模型，就经常在美团内部会议中活学活用：这个事情谁来 R？谁负责 A？向谁 C？ I 向谁？

王兴不仅自己学习，还送书给管理层，逼迫大家也读书。为了检查大家的读书情况，他还专门召开研读会，在研读会上，他会活学活用："这件事可以用《领导力梯队》第三章第二节有关某某问题的解决方法来处理。"

书读得多了，王兴甚至开悟到贯通东西的地步。对于《大学》这句"修身、齐家、治国、平天下"，王兴有了自己的独到见解[1]：

> 孔子是两千多年前的创业者，他从鲁国起家，有自己一套 idea，然后有一套 business plan，他希望怎么治国，但他需要获得支持，在本地没有得到支持他就到处游走，去募资，去获取资源，希望能够把他的 idea 变成现实去改变世界，这是孔子一生的故事。
>
> 现代创业者要反过来。"平天下"对创业者的解读就是，彻底占领、垄断目标市场。
>
> 如何"平天下"呢？需要"治国"，这里"国"的意思，是你的整个企业。"治国"就是要像阿里巴巴、小米一样设计并治理好跟企业相关的生态系统。
>
> 要怎么"治国"呢？需要"齐家"。对创业者而言，家就是你的直接下属，因为不管公司规模多大，CEO 能直接管的人都是有限的，也就七个左右。"齐家"一是要配齐团队，二是 regulate，即规律监管团队。把身边的人带好，让他们很相信你，而且愿意投入。他们一层层地往下影响。这是"齐家"的意思。
>
> 那么你怎么样才能够"齐家"呢？需要"修身"。作为 CEO，你就是公司的支柱，也是公司的天花板，如果你不能不断提升自己，那么整个团队和整个公司是不可能提升的，整个事情也不可能做大。所以 CEO 要吾日三省吾身，不停地反省，不停地学习，不停地想办法提升自己。

---

[1]《创业者的自我修养》，王兴回顾三次创业演讲，2014 年 12 月 6 日

　　由此可见，王兴此时已经从单纯的创业者角色开始主动向领导者角色转变，而且他对于组建合理团队和规范化管理的渴求到了迫在眉睫的程度。

　　一向不喜欢社交的王兴开始尝试走出舒适区，不断地和不同的人聊天，他与BAT的前COO都交流过，这些COO经历过腾讯、阿里巴巴、百度的创业期、高速增长期以及上市期。2011年王兴还抽空到硅谷参观，在脸书公司他听到一句话："好的工程师和差的工程师，差距是10万倍。"脸书大概有五百名工程师，其中十来名工程师管理着图片应用的十万台服务器，而脸书用户每天上传上亿张照片。王兴很有感触："在中国拥有五百名以上工程师的公司太多了，但工作效率没法跟美国比。"

　　在与不同的人接触中，王兴意识到，招聘专业的人对于提高效率实在是太重要了。他对自己的职责做了更加清晰的界定：第一，设定公司目标和总体战略，并确保传达给相关执行者。第二，招募并留住最优秀的人才。第三，确保公司有足够现金。"其他事情都应该找最专业的、最好的人来做。"王兴想通后，美团就有了在线营销副总裁陈敏鸣、财务总监郭强、负责移动的副总裁陈亮、客服总监杨涛、COO干嘉伟的相继加盟。美团以此成为团购行业最早引进职业经理人且较为成功的公司。

　　投资过拉手网的金沙江创投合伙人朱啸虎说过，为什么美团比拉手网做得更好，一个重要的原因就在于美团在引进职业经理人上比较成功。王兴的好兄弟王慧文对此深表赞同："我们在引进职业经理人上比较成功，本质上与王兴的特点有关系，他引导我们更加谨慎。我们的竞争对手，有的一直没有引进得力的职业经理人，有的则是乱引进。引进一个优秀的高管绝对上一个台阶，引进错了就下一个台阶，一进一退差距就拉开了。"

　　吸引专业人士加盟，是美团实现组织变革、提升效率最为关键的一步。王兴为此投入了很大的精力。一般人招聘，找猎头或者圈内人推荐，而王兴采取的是亲自上马、三顾茅庐的方式。功夫不负有心人，最终还真让他钓到了一条条"大鱼"。

## 弥补最后一块短板

优秀人才是企业发展的第一资源，也是撬动企业再上新台阶的杠杆。择天下英才而用之，借助顶级人才所带来的关键经验结束草莽时代，是创业企业跨越式发展的重要手段之一。

谈到人才，王兴说：

> "我始终认为人是最重要的，你是不是有足够好的团队。有足够好的团队，你才会有正确的战略，才会有强的执行力，所以归根到底都是人。"

王兴花重金引进的人才之中，干嘉伟绝对是不可绕开的重量级人物。连团购业的资深玩家、投资人都承认，美团能迅速从千团大战中脱颖而出，与干嘉伟的加盟有很大的关系。干嘉伟的加盟，让美团对庞大的扫街团队开始管理精细化和规范化，迅速甩开竞争对手。

2011 年 7 月，王兴完成第二轮融资，接受了阿里巴巴、北极光等投资机构的 B 轮 5000 万美元融资，而此次融资的操盘手就是干嘉伟。当时，干嘉伟还是阿里巴巴的副总裁，负责阿里巴巴的线下销售团队。根据公开资料显示，阿里巴巴投资美团的尽职调查人正是干嘉伟。

当时正是窝窝团挖人最凶的时候。窝窝团先是把拉手网的华东大区经理挖走，紧接着把目标指向了美团网。窝窝团找的猎头公司非常专业，他们整理了一份文档，美团网各个城市销售队伍的排名一清二楚，然后各个击破，当时美团网广州、上海城市经理都被挖走了。竞争对手的挖墙脚，让王兴烦不胜烦。阿里巴巴的投资人就建议他去请教实战经验丰富的干嘉伟。在杭州阿里巴巴的办公室里，干嘉伟这样告诉王兴："长出来的肉才是自己的肉，在别人身上挖一块肉贴在身上也长不成自己的肉。"这话像是安慰王兴，又像是婉拒王兴。

要打动干嘉伟是一件很困难的事情。当时干嘉伟在阿里巴巴资历深、收入高，家也安在杭州，让他放弃这一切独身北上，等于强人所难。而且，同时间也有窝窝网、拉手网等其他团购网站找上干嘉伟。但干嘉伟一律不愿见面，在他看来，网站在线下烧钱请明星代言打广告，不靠谱。

1969 年出生的干嘉伟，在加入阿里巴巴之前，已经在浙江省燃料总公司（中石油隶属公司）做到了国企副科级干部的位置，但他觉得自己不应该待在夕阳产业，就利用周末的时间去杭州新华书店反复搜寻有关朝阳产业的资料。最终，一篇关于雅虎联合创始人杨致远的采访打动了他，干嘉伟萌发了进入互联网行业的念头。就这样，他加入了当时几乎是杭州唯一一家互联网公司的阿里巴巴，工号 67，开始了他的转行之路。

2000 年干嘉伟加入阿里巴巴的时候，正赶上第一次互联网泡沫，许多公司拼命烧钱打广告，后来这些公司都消失了。所以，当烧钱的团购公司找到干嘉伟的时候，他第一直觉就是："这场景太熟悉了，我就想，又来了，肯定不靠谱。"

王兴为了挖干嘉伟，先后见了六次面，搞笑的是，次次都是干嘉伟请客。一次，王兴特地赶到杭州请干嘉伟夫妻吃饭，干嘉伟很高兴，觉得这哥们儿肯定有人指点过他。结果，到了快结账的时候，王兴因为先前聊天儿不知思绪跑到哪里去了，想问题想得入迷了，服务员站在一边也没有反应，最后还是干嘉伟买单。

历时 5 个月，王兴终于说服干嘉伟加入美团网。干嘉伟说："我不相信一个人赶上好时代就能把事情做起来，我相信事情是一步步干出来的。王兴务实严谨，这一点吸引了我。"

美团真正触动干嘉伟的是 2011 年 9 月美团在杭州召开的一个城市经理交流会，坐在最后一排观摩的他看台上的年轻人情绪高涨，依稀看到了十年前的阿里巴巴人。他感觉这群人做事的方式、基本价值观跟自己很契合，立马就有想要加入的冲动。"我在阿里巴巴十年的这些经验，如果用到这批人身上，应该会很有成就感。"

在阿里巴巴，干嘉伟从一线业务员做起，历任网站运营总监、市场总监、区域经理、大区总经理、副总裁等，终成"阿里巴巴中供铁军"代表人物。如果寻求稳定和安逸，阿里巴巴是非常好的地方，但要寻求挑战、更好的机会、更好的发展，40 岁的干嘉伟认为当下的 O2O 是非常好的机会，而跟美团这样激情、实干、健康的团队一起打拼，是不错的选择。

等到做最后决定时，干嘉伟跟妻子讨论，妻子爽快地表示尊重和支持他，反而搞得干嘉伟自言自语起来："如果不去的话，过几年会不会后悔？"干嘉伟又反复想清楚了三个问题，才做出了最后的决定[1]：

第一，团购这事儿大不大？干嘉伟用"三层四面"分析法认真分析了一番。"四面"是所有生意都可以拆分成客户数、频次、客单价、货币化率。"三层"指市场现状、在线率和市场占有率。干嘉伟后来说："当时我看团购的'四面'，用户数非常大、交易频次高、有一定客

---

[1] 干嘉伟在朋友圈里面对金沙江创投董事总经理朱啸虎的回应，2019 年 4 月

单价。当然，这个行业也存在一个问题，就是之前的货币化率非常低。再看'三层'，市场处于初期，在线率和市场占有率都低，我就觉得那是一个大好的机会。大家都能看到第三产业未来肯定会超过第二产业，而且现在处于很早期。所以，这个事情确实非常大。"

第二，王兴这人以后能不能排到互联网前十？干嘉伟分析，无论看王兴对整个互联网的理解，还是看他的技术出身，这个人都是靠谱的。有多人说王兴屡战屡败的，不吉利，干嘉伟反倒觉得经历过挫折反而是加分项，初出茅庐才不好。而且他相信未来所有的一切都会 IT 化，王兴写过代码、做过产品，很懂用户需求，这种经历决定了他很适合做一个 CEO。他预测：未来中国互联网"拎出十个人"，其中必有王兴。

第三，王兴团队是不是正好缺自己？干嘉伟分析：当时 O2O 比较火，做生意，线上和线下的能力都要有。线上针对消费者的产品驱动技术，王兴团队不能说是中国最强，但团购赛场上 5000 多家完全和他们不在一个档次上；线下针对商家这块，他的加入刚好是互补，如果把创业归为 0 到 100，他擅长的是从 10 到 100。他在阿里巴巴的时候是从一线销售开始做的，一步步成长起来，在销售管理这个领域里沉淀比较多，就像少林长拳，每天练习练到 10 年、20 年，练就的是一身扎实、确定性的功夫，这正是美团需要的。

三个问题都给出了肯定的答案之后，干嘉伟于 2011 年 11 月 16 日正式加盟美团，担任 COO( Chief Operating Officer，首席运营长官 )，负责供应链管理，包括销售部、品控部、编辑部、销售支持部、客服部、商品团购部。

干嘉伟来了之后，美团销售团队更有底气了。同样一句鼓舞人心的话，有成功经验的人说出来的效果与没有成功经验的人说出来是不一样的。总部制定的打法，如果没有信心，执行起来就打折扣。干嘉伟带了十年的销售队伍，大家对他信心十足。

　　管理大师杰克·韦尔奇说过："我们所能做的是把赌注押在我们所选择的人身上。因此，我的全部工作就是选择适当的人。"如果说王兴擅长线上和互联网的方式运作，干嘉伟的加入对于美团来说，就等于弥补了最后的短板。团购行业创业新锐加互联网线下老兵，这样"新老搭配"的互补组合，深受业界广泛好评，年轻创业者的敏锐嗅觉加上行业资深者的经验沉淀，确保了美团在战略方向上足够犀利，在管理上又很成熟。

# 打造高效地推"铁军"

找对人是前提，管好事才是根本。那么，干嘉伟究竟给美团带来了什么质的变化呢？

2012 年是美团网奠定整体优势的一年，年初弯道超车，夺得团购市场第一，年底市场份额达到 30%。如果说美团网的销售团队初期是靠执行力强而奠定了市场份额扩张的基础；那么在团队规模扩大之后，靠干嘉伟加入美团网，用阿里巴巴的管理文化，给美团植入了成熟的直销地面队伍管理方法，把美团团队打造成了一支高效铁军，它这才坐稳了行业第一的宝座。

干嘉伟加入美团不久的某个周六，美团高管爬完山之后又回到办公室商量新的晋升通告，从下午六点讨论到凌晨一点。王兴拆分得很细，一条一条地分析为何要晋升这个人，如何晋升。他不仅要知其然，还要知其所以然。在一个成熟的公司里，晋升通告怎么发，是用脚后跟想也想得到的，不需要 CEO 耗费这么多时间在这上面。干嘉伟说："你得抓大放小，授权给别人管理。如果每件事都按照这种风格来做，你会累死的。"王兴说："五六个小时能讨论好，效率是很高了。美团一开始没有建章立制，直到今天也没有完全成型。"

五六个小时讨论出一个结果，在干嘉伟这种"阿里巴巴中供铁军"出身的人看来，根本就不可能叫效率高。

　　什么是"阿里巴巴中供铁军"？"中供"是中国供应商的简称，"中国供应商"是阿里巴巴 B2B 电子商务平台，成立于 1999 年，是阿里巴巴最早的业务模块。简单地说，"中供铁军"指的是阿里巴巴销售和推广"中国供应商"的地推团队。

　　从 B2B 起家的阿里巴巴，通过挨家挨户接触商家，培育了这支神秘部队。而这支地推团队也塑造了一大批阿里巴巴高管和创业 CEO，除了干嘉伟之外，还有滴滴打车的天使投资人王刚和创始人程维，赶集网 COO 陈国环、原大众点评网 COO 吕广渝、去哪儿网 COO 张强、魔魔达上门推拿创始人王勇。

　　"阿里巴巴中供铁军"的最大特点就是骁勇善战，所向披靡，而这个名号是用"命"拼出来的。阿里巴巴中供铁军的"作战时间"是"611"，早上六点起床，晚上一点睡觉，一周无休。为什么这么拼呢？阿里巴巴中供部门有个不成文的规定，销售系统只在一定时间内给销售员保护固定数量的客户。比如某销售员上海区域可以有 70 个客户，这 70 个客户中，任意一个客户 45 天内必须要拜访一次，如果不拜访，在第 46 天的早上六点左右，这个客户的数据会开放出去，能在一个销售库里保存 45 天的客户，基本都是优质客户，一旦被别人拣走，录入系统库，这个客户也就不再属于最初的销售员了。

　　因此，每天早上六点左右，一大帮阿里巴巴中供铁军就开始虎视眈眈，盯着电脑，准备抢夺 45 天开放客户。一般下午见完客户也要六七点钟了，再坐车回去，路上一小时左右，到公司七八点钟，回去后吃饭录系统，公司规定一天下来见过的客户全部录入系统，录入系统才会统计成拜访量，拜访量低的要被罚款。一般"日清日毕"之后，都到凌晨了。

　　干嘉伟总结说："为什么叫阿里巴巴铁军？我把它定义成三块，铁的目标、铁的纪律、铁的意志。"他来到美团之后，通过八大严格的举措，把"阿里巴巴中供铁军"的"狼性"文化一步步植入到美团。

1. 组织架构的调整

干嘉伟做的第一件事是着手进行销售团队组织架构的调整。推出大区制，分为八个大区，大城市由大区经理直接带城市经理，中小城市则是三层结构：大区经理—区域经理—城市经理。在杨锦方的家里，王兴、干嘉伟、郭万怀、杨锦方四个人敲定了组织架构和负责人选，这解决了管理效率的问题，上传下达，上面的命令能够落实下去，下面的信息也能反映上来。

2. 制定销售管理制度

干嘉伟做的第二件事就是拿出销售管理制度。就像电脑一样，大区制是在硬件上解决最大的管理问题，而销售管理制度则是在软件上解决管理问题。什么是仲裁委员会、什么是不能碰的高压线，条条框框都要制定好。这两件事弄好，美团网的销售基本就上了运营的正轨了。

3. 流程标准化

在业务技能层面，干嘉伟对标准化流程进行拆解和分析，标准化建模完成之后，美团销售人员就不再处于"乱打"状态了。

4. "狂拜访、狂上单"

美团网原来参考 Groupon 形式，一个单子在线时间有限制，只卖7天。干嘉伟来了之后，开始执行"狂拜访、狂上单"战略，增加有效供给。老单子尽可能不下线，能延多长就延多长；新单子则不断增加，越多越好，通过 SKU 爆发性增长，美团与对手拉开了差距。

5. 评选销冠

阿里巴巴从 2001 年 1 月起正式开始评销冠，干嘉伟曾在 7 个月内拿了 6 个全国销冠，1 个全国第二。他获得了由马云亲自颁发的阿里巴巴第一份销冠奖状。到了美团后，干嘉伟的管理逻辑就是找到值得并且可以复制和规模化的销冠，再通过管理把它复制到其他人身上。

### 6. 四降提成

2012 年，美团降了四次提成系数，一个季度降一次。干嘉伟之所以敢如此做，是因为销售出身的他深知，员工直接感受的是提成系数，但最终在乎的是拿到手的钱。只要准确预估业务增长，然后倒推出提成系数降多少，让员工拿到手的钱不减反增，或者经历短暂下滑后随着业绩的增长拿到更多，这样员工的积极性就会提高。为了提成系数降多少，干嘉伟经常和王兴两个人在小会议室里起争执，当然最终还是干嘉伟说了算，通过降低提成系数，间接提升了美团的下单量。

### 7. 统一思想

随着美团线下团队人数的日益增加，干嘉伟发现管理和培训非常重要，"成功不是拼命就可以的，而是用正确的方式去拼命。团队积极正向，但业务上没套路，打不了胜仗。就像杂牌军，你再勇敢，但是没有训练过，冲上去还是白白牺牲。"如何通过培训确保团队的战斗力和高投入产出比呢？干嘉伟的方法是：把团队内部培训做到极致。为此，他亲自上阵给员工上了 99 节培训课，每节培训课都是两个小时起，旨在把团队的每一个人培养得像自己一样卖力、负责任、有使命感，这样他们就能自己去谈客户、去解决问题。培训的效果立竿见影，无论是战斗力还是执行力，美团员工都进入了一个高速成长期，超越了同行的很多企业。

### 8. 回顾总结

在阿里巴巴铁军内部，有一个著名的 Review（回顾、总结）体系[1]。很多公司也有这样的述职流程，但无非是说说业绩，谈谈计划，表表决心。但在阿里巴巴不是，这些只是开了个头。阿里巴巴还

---

[1]《谈谈管理与选择的智慧》，干嘉伟与张鼎在内部投后分享会对话，2019 年 5 月

要问你对价值观的理解：你做了什么事能体现价值观？还要探寻你的团队合作意识：你和团队相处得怎么样？和谁熟，和谁不熟？你帮别人做过什么……这就要求每个人认真地审视自己，认真地感受别人，真正把自己、团队和公司三者联系起来。来到美团以后，干嘉伟把这套 Review 体系内化到了地推团队中。地推团队每天早上拿出半个小时开晨会，晚上回公司，把一天碰到的问题，跟自己的主管经理一个一个去沟通，找到问题所在，探讨解决方案。通过这样打破砂锅问到底的方式，员工从"我知道"到"我真正懂"，日积月累，每次深想一层、多做一步，达到了他人仰望的高度。

通过这八项管理措施，干嘉伟基本上把美团地推团队打造成了像"阿里巴巴中供铁军"一样有"铁的目标、铁的纪律、铁的意志"的正规军了。

回过头来，我们来看看干嘉伟的管理逻辑，其实他是把马云教会他的"借假修真"完美应用到美团。2008 年 11 月，当时干嘉伟负责阿里巴巴的广东大区，马云去广东出差，在深圳马可波罗酒店外面，两人一起吃了个晚饭。马云给他讲了"借假修真"的道理：用愿景、使命、价值观、业务策略、管理体系等虚的假的不存在的东西，推动组织修炼，进而达到企业发展的真实目标。

"按照练武人的话来说，像是打通了任督二脉"，干嘉伟曾这样形容"借假修真"当时给自己的管理水平带来的冲击和提升。在美团，他把"借假修真"用得更加淋漓尽致：通过"假"——标准操作规范，规定员工必须怎么干就怎么干，来实现"真"——人才和组织的发展提升。

显然，这个管理套路深得王兴之心，毕竟王兴本身就是一个热衷思考事物本质、视战略大于战术的人。

# 打太极一样掌控公司

网上有这么一个不知真假的段子：2011 年 3 月，32 岁的王兴在杭州第一次见马云，王兴问马云，"你最强的是什么"，马云反问王兴，"你觉得呢"？王兴笑着说："是战略和忽悠。"马云则很认真地告诉王兴："其实我的强项是管理。"王兴也变得认真起来："我相信。"几个月后，美团顺利拿到阿里巴巴和红杉投资的 5000 万美元融资，王兴的心中也下意识地开始向马云学习掌控公司的能力。

当年校内网四处寻找融资的时候，陈一舟不断向王兴团队开出收购价码。面对财务困境，校内网的三位创始人意见有分歧：赖斌强强烈赞成卖，王慧文强烈反对卖，王兴居中偏向不卖。结果是校内网遗憾卖与千橡集团。

事后多次反思，王兴得出的结论是：作为企业一号人物，他对公司的控制力不够。后来的创业，王兴最关心的是如何更好地掌控公司。尤其是 2012 年美团人数达到 2500 人之后，这种掌控意识就更加强烈了。

王兴给美团挖来了干嘉伟，干嘉伟给美团带来了阿里巴巴的成熟管理，其实这也离不开王兴的充分授权，而敢于充分授权，本身就说明领导人对自己的掌控能力充满自信。

干嘉伟曾开玩笑说，他觉得自己对美团网最大的贡献是敢跟王兴吵架。干嘉伟用线下角度思考,逻辑严密性不如王兴;王兴太讲一二三四,理性足够,但感性不足。干嘉伟在阿里巴巴学到,领导者要对客户、团队负责,不能唯上。他敢于跟王兴吵架也有王兴本人的因素,一是王兴极度理性,二是王兴的道德水准信得过。王兴很少激动,不感情用事,很讲道理,总是客观理性地看问题,排除情绪因素干扰。其实,公司越大,这个品质就越宝贵。

领导者对公司的掌控,绝不是简简单单把权力死死控制在自己手里。任正非说过,最大的权力是思想权。作为创业者,一定要成为公司的精神领袖,大多数创业者都喜欢做冲锋陷阵的英雄,他们喜欢享受明星一样的光彩和虚荣,他们觉得做运筹帷幄的幕后设计师太过冷清,显现不出他的伟大,其贡献容易被人忽视。而聪明的创业者懂得做幕后英雄,为企业发展制定方向、确定、规划使命和愿景,制定战略,树立组织的文化根基,建立价值观。为什么厉害的孙悟空会给唐僧做徒弟?除了唐僧会念"紧箍咒"之外,还因为唐僧知道取经的目的地。真正有掌控力的老板,会给各路人才留有充足的施展空间,就像王兴给干嘉伟的充分授权。

王兴是一个很注重沟通的平易近人型领导。在他看来,沟通很重要:"如果回头看,创业过程中什么地方应该做得更好,我觉得最大的感触还是得加强沟通,就是跟各方面沟通,不管是跟投资人,还是跟同事,还是跟用户,还是跟监管部门,还是跟合作伙伴,所有事情,我觉得加强沟通可以解决很多问题。"[1]

生活中的王兴有点固执,喜欢保持一个固有的风格。2011年5月,一个记者在聊完宏观的电子商务和美团网之后问起王兴本人的消费习惯,他回答:"看到我身上这件衬衫了吗?它有13年的历史。"不过,

---

[1]《王兴的创业观》,极客公园第六期线下访谈报道,2011年4月

生活习惯固化，不代表思想僵化。实际上，王兴是一个很愿意改变自己的人。

他说过：

"我最喜欢的态度是：一边建设，一边建设性的批评。"

王兴这种开放的心态，也许跟他所受的家庭教育有关。他的父亲王苗对儿女的教育一向宽松、民主，充分尊重儿女意见，"我没有摆父亲的架子，从头到尾，民主、平等地和他谈"。王苗曾经希望王兴能做陈景润那样的人，专注科研，希望儿子能读完博士。在王兴卖掉校内网之后，他还问王兴能否到美国继续完成博士学业。"他对我创业与否，不支持也不反对，尊重我的意见。"王兴说。

在创办校内网、饭否、海外网的时候，王兴给人的印象是：绝顶聪明但不善沟通，能做出很酷的产品但不善用资本，是个优秀的产品经理但不太会管理。从创办美团开始，王兴给身边人的普遍印象是开始学习沟通技巧。

以前王兴话太直，不注意分寸，但随着美团团队成员的日渐复杂，随着越来越多个性迥异的人加入美团网，王兴面对的不再是一群极客，他越来越考虑自己说话、行事方式是否能让人接受。

从校内网开始追随他的人发现，王兴跟校内网时期的他完全不一样了，变得更开放了。以前在校内网的时候，对别人的意见，他是礼貌地听，不会接受。现在，他能够听得进去很多反对的意见，如果是有用的，就会接受。

从大学开始王兴就是一个好辩的人，明知自己没有理由也会坚持辩论下去，王慧文就曾经跟他辩到因为没有体力才结束。创业美团之后，王慧文发现王兴越来越不爱争辩了，越来越包容了。包容是什么？

包容对方就是看对方能不能在关键事情上扛起来，不触碰公司底线，在其他小节上有耐心，能忍受。

只有懂得包容的 CEO，才能听到下面人的真实心声，兼听则明，才能有各种奇人异士来帮你做事。年轻气盛且毫无百人以上管理经验的王兴之所以能掌控 2500 人团队，一个重要的原因就在于他洞穿了管理的真相：管理不是控制，而是成就。随着美团的不断壮大，王兴的包容力越来越强，感召力越来越强，作为灵魂人物的气质也越来越强，愿意跟着他干的人也越来越多。

王兴对于公司的掌控，采取的是太极拳法，看似绵柔，实则劲力十足。王兴在管理中充分发挥了自己外表温和、内里坚韧的个性特征，通过避实就虚、借力发力、圆滑柔顺的方式，达到了对美团的曲线控制。

## "秘密武器"提升效率

荀子在《劝学》中语："登高而招，臂非加长也，而见者远；顺风而呼，声非加疾也，而闻者彰。假舆马者，非利足也，而致千里；假舟楫者，非能水也，而绝江河。君子生非异也，善假于物也。"登到高处招手，手臂并没有加长，可是远处的人却能看见；顺着风喊，声音并没有加大，可是听的人却能听得很清楚。借助车马的人，并不是脚走得快，却可以达到千里之外；借助舟船的人，并不善于游泳，却可以横渡江河。一句话，能人和一般人没什么不同，只是善于借助器物罢了。创业也是如此，除了"天时地利人和"之外，最重要的是找到有力"武器"。对于王兴来说，这个"武器"就是 IT 系统。

王兴对团购竞争的看法是：第一阶段，依靠资本进行扩张；第二阶段，依靠商家进行扩张；第三阶段，比拼产品创新和技术创新。

美团有深厚的技术基础。"在美团内部，美团网络指挥中心的墙壁上挂满了数字显示屏，全部都是带有实时订单、交付情况、商家和客户注释的蓝白色地图。同时，一张显示整个中国的地图随着美团在每个省份的业务活动而不断闪现。另一张显示屏则是北京骑手从一个站点到另一个站点的实况转播。人工智能软件帮助确定骑手的行程，在它的帮助下，每位骑手平均每天送货 25 次，高于三年前的 17 次。照此计算，美团日订单完成量突破 2000 万。相比之下，Seamless 所有者、美国领先的 Grubhub Inc. 日订单完成量不超过 50 万份。美团的规模让印度企业 dabbawalas 相形见绌，后者年订单完成量仅为 8000 万盒。"[1]

王兴每天早晨的第一件工作是看前一天的数据，然后与高管开会分析问题，各业务部门的业绩在表格中一目了然。

这种便捷性是王兴长期注重美团 IT 系统升级的结果。互联网产品人的出身让王兴在管理一个拥有大量销售的团购公司时更有心得：

> "越是业务看似千头万绪的时候用数据提升管理效率就显得越发重要，而不少消失在那场泡沫中的团购公司，恰恰是败在了高速扩张过程中管理的失控。"

王兴不认为自己是什么管理奇才，他所做的只是在坚守常识：把账算清楚，才能做决策。王兴承认刚创立美团时，他一直处于焦虑状态，这种焦虑来自心里没底："如果足够了解一线情况，你能把信息相对全面地摆在面前，最后是能做判断的。难就难在你没有足够的时间，没有足够的资源，你必须在信息不够充分的情况下做决策，这时候就不可避免会带来一些焦虑。"

直到 2011 年年中，王兴才有了些许底气，他说："美团网在行业里领先，跑得更快跟信息是有直接关联的。举个例子，2011 年 6 月，我们才弄清美团网到底有多少人，我们做了一年半之后才清楚自己有多少人，这些人是不是真的在工作。城市扩张到 100 个的时候，每天都有人入职，也每天都有人离职，还有吃空饷的。我们的很多对手比

---

[1]《The World's Greatest Delivery Empire（世界最大的外卖帝国）》，美国彭博商业周刊封面报道文章，2019 年 3 月

我们觉悟得更晚，有的到现在还算不清公司有多少人。"

王兴把自己定义为"做 IT 的"，他始终相信科技是第一生产力，即使美团网一开始主要靠两条腿跑生意，他依然相信"IT 的力量"。在一次讲话中，王兴说："在团购这个行业，科技的价值短期体现不出来，但长期来看，多数人低估了这个行业里科技的价值。在线下，你有没有用好的 IT 系统扶持他们，差别很大。商业是竞争，你所看到的是不同互联网公司的竞争，或者不同商业公司的竞争。不过，这个世界上最大最强的竞争是战争，最激烈、赌注最大，输赢就是生死。古代的冷兵器战争，比拼兵马未动粮草先行，比拼给养，第一次世界大战比拼弹药，第二次世界大战就比拼航空母舰了，看起来比拼的东西不一样，但一直比拼的是信息。二战非常重要的事是美军有雷达，日本没有，早十分钟知道就是输赢生死的区别，它不产生任何直接伤害，这就是信息的价值。"[1]

王兴对于信息和数据的执着，直接影响着美团发展的步伐。美团的极速扩张，一个重要的原因就在于 IT 系统在公司的各个部门、岗位、环节得以较早应用。

2013 年 9 月，美团网推出闪电上单，和商家签订合同的流程都能够在线完成，以前是要回公司填写 Excel 表格，连带表格和合同一起传到后台上，效率不高。有了闪电上单，一点"新建"就弹出窗口，上面有各种品类选项，KTV、酒店、电影、洗浴，光餐饮就有火锅、咖啡、自助餐等多个细分分类，只要选择品类，就跳出相应的表格模板。销售人员在上面填写商家名称，还有许多细节，例如几点到几点能使用团购，几日到几日不接待，是否提供车位，有多少车位等，这些都

---

[1]《九败一胜：美团创始人王兴创业十年》，李志刚，北京联合出版公司，2014年9月

能通过智能手机花费 20 分钟完成。

美团还最早引进了 MOMA 系统。MOMA 系统，是美团网手机端资源管理系统，打开它之后很容易发现周围的商家，销售可以通过操作 MOMA 系统，选择自己关注的重点商家，即可在系统里跟进商家。美团网的 MOMA 系统里还有专门用来验证商家的 App，通过它，能看到评价、结款情况，这对销售影响很大。

除了 MOMA 系统，美团网还有 PC 端商家管理系统 CRM，以及 MIS 系统，能够帮助销售对比出市场中己方和竞争对手的状况，例如市场份额的变化、大项目销售量的变化。每个销售跟进商家、任务量的统计，都是有数据的，这能完成对商家信息的搜集，提升拜访商家的效率。

2012 年，美团网成立核心业务系统部，开始做业务流程，包括 CRM、上单流程、结算流程、商家数据中心等。从 2012 年 5 月开始做，到 11 月，编辑、业务、品控等流程效率增加了几倍。

IT 系统的运用，极大地减少了美团网的人力成本。举个例子，美团网一开始结款也慢，因为用人工结算，当商家数量积累多了，工作量会非常庞大，还很容易出错。后来，美团网开发了财务系统，财务部门的压力大大减轻了。2013 年，有次财务部门的人去杭州开会，参加会议的也有一家同行的人。美团网所有财务部加起来 30 人左右，同行那边 70 多人，而美团与同行的交易额比例却是 8：1。

技术创新是解放和发展生产力的决定力量。正是因为埋头做 IT 后台，加快商家的供给，较早地发力移动端，并用科学的方法精密地计算每一笔投入产出，美团有了足够的力量甩开同行。

# 王兴有话说：每天进步一点就可以了

　　回忆从 2010 年到 2013 年的团购生死战，王兴总结美团胜出的原因出人意料：持续改善，每天进步一点点。

　　2011 年年中，王兴应 "C 论坛" 的邀请，结合自己的创业经历，对于持续改善的威力进行了如是论述[1]：

　　"什么是敬业精神？我们可以简单地理解为：把每天的工作做好，做到极致。在这个充分竞争的社会里，员工是否敬业、有多么敬业，将直接决定企业能否成功。以我现在正在做的事情为例，团购是一个成长速度非常快的行业。2010 年 3 月，我们成立了中国第一家团购网站，一年之后，国内团购网站的总数达到了 4015 家。正因为市场空间足够大，所以，团购行业吸引到了最多的投资，吸引到了最优秀的人才。我们如何在众多竞争对手中脱颖而出，始终保持行业第一？最好的办法就是把每天的工作做得更好一些，做到完美，做到极致。这需要敬业精神，需要对工作的热爱，发自内心深处的热爱。

　　"也许有人说，每天的工作很平凡，再努力也不会有多大的改善空间。那么，我列一组数据，可以推算出敬业精神的威力。如果我们的工作，每个月改善 10%，那么一年下来我们能改善多少呢？也就是

---

　　[1]《持续改善的力量》，王兴发表在《环球人物》杂志的文章，2011 年 6 月

1.1 的 12 次方，大约是 3.1。这意味着 1 年内我们改进了 3 倍；如果每月改进 20% 的话，也就是 1.2 的 12 次方，一年大约是 9 倍；那么我们要是每天改进 1% 呢，一年之后是多少呢？就是 365 个 1.01 相乘，一年下来是 38 倍。这个改善是惊人的。1% 看起来好像很小，但是只要能持续，其威力会非常可观。

"百度、腾讯、阿里巴巴这些互联网巨头，都是从创业型公司成长起来的。它们从成立的第一天开始，就有一个特定的方向，然后十年如一日地持续改善。百度做好了搜索框，腾讯做好了聊天工具，阿里巴巴做好了电子商务平台。它们每天都在进步，每天都在巩固领先的优势，积累下来，就非常可怕了。

"我的第一个创业项目是校内网。当时，我们没有资金，没有背景，只有几位清华校友的一腔热情。校内网的成功全靠敬业精神。当时，我们整天都在琢磨怎样把产品设计得让用户更加满意。我们每天改善一些，每天比别人多一分努力，校内网就这么慢慢被接受了。道理很简单。美团网也是如此。我们的融资数量不是最大的，员工人数也不是最多的，为什么市场规模处于领先的位置？因为我们更加努力一些。一天的努力也许没有太大的效果，但如果积累一年，效果就非常明显了。这么多年来，我就是这么一步步走过来的，并不复杂。"

2012 年年会，王兴又以南极探险队为例，进一步总结了美团在千团大战中胜出并度过资本寒冬的原因：每天前进 30 公里。

"在 1911 年 12 月之前，没有哪个地球人到过南极点，所以这是一百年前所有最伟大的探险者、所有最有探险精神的人最想做的事情。而在这个过程中有很有趣的故事，他们的故事和我们将要进行的事情有几分相似，他们的教训、他们的经验对我们来讲有借鉴意义。

最后两个竞争团队，一个是来自挪威的阿蒙森团队，另一个是斯科特团队。阿蒙森团队五个人，斯科特十七个人。他们出发时间是差不多的，两个多月后，阿蒙森团队率先到达了南极点，而斯科特团队他们晚到了一个多月，这意味着什么？这就是成功跟失败的区别。阿蒙森率先到达南极点，并在 21 个月之后顺利地返回了原来的基地，一切都按他们原来的计划进行，因为他们做了非常充分的调研，非常精心的准备，储备了足够的物资，对困难有足够的预料，按计划进行。而斯科特团队不断地有人掉队，不断地碰到困难，最后他们没有任何人生还。"

那么是什么造成这么重大的区别？王兴在总结了双方在资源准备上的差别和雪橇工具使用上的差别之后指出：不管天气好坏，坚持每天前进 30 公里，这才是阿蒙森团队能够不断成功而且生还的最重要原因。

"在一个极限环境下面，你要做到最好，但是你要做到可持续的最好，你就不能太努力，一旦你出汗就非常非常糟糕，一兴奋，出汗了，那么待会儿风一吹就结成冰了。所以任何时候，太激进其实很有可能会带来长期的负面影响。做到这点需要高度严守既定的纪律，在事情容易的时候，在环境顺利的时候，不要得意忘形，坚守纪律，当情况好的时候，似乎容易的时候，前进 30 公里，然后扎营、休息。当天气不好的时候，阿蒙森也坚持带领他的团队，哪怕挪得很慢，也要前进 30 公里，完成这一天的目标。因为本身设的目标是有富余量的，天气不好就慢一点儿，路陡就慢一点儿，但坚持去完成。"

"阿蒙森制订了一个可行的计划，有富余量的计划，虽然他们面对的几乎是一个完全未知的领域和未知的天气，但他们基本按计划执行。相反，斯科特团队，从他们的日志来看，是一个比较随心所欲的团队，天气很好，就走得非常猛，天气不好的时候，就睡在帐篷里，诅咒恶劣的天气，诅咒运气不好，希望尽快天转晴，尽快能够前进。这是很自然的反应，很多人容易有这样的想法，容易的时候多搞点儿，不容易的时候，季节不好、天气不好、市场环境不好，就歇一歇。但事后总结，这两种做法很可能是他们最大的区别。"

"这个故事它跟今天我们所处的环境、我们要干的事情有很多相似之处。我们相信商品的电子商务和服务的电子商务最终规模是差不多的，它的最后规模都是上万亿，我们同样面临一个目标，要去做本地电子商务。所有困难只要我们意识到它，我们相应地去做准备，去克服，都是有可能克服的，最怕的是我们对情况估计不足。我们应该像去探索南极的阿蒙森团队一样，充分利用、学习现有的一切最好的方法，适合我们的方法，对困难有足够的估计，目标清晰，同时制订计划，去坚定地执行。"[1]

[1]《如何度过行业寒冬》，王兴在 2012 年年会内部讲话

第六章

# 应时而动，在移动互联网中蜕变

看清大势，了解规律，然后照着发展趋势去做，那么一切问题都迎刃而解了。做任何事情，都必须在认识和领悟到大势所趋的基础上再做决定。创业也是如此，必须在顺应大势之下进行。

## 移动端默默长大

英特尔公司前董事长兼首席执行官安迪·格鲁夫曾说过："在雾中驾驶时，跟着前面的车的尾灯灯光行路会容易很多。'尾灯'战略的危险在于，一旦赶上并超过了前面的车，就没有尾灯可以导航，失去了找到新方向的信心与能力。做一个追随者是没有前途的。那些早早行动的公司正是将来能够影响工业结构、制定游戏规则的公司，只有早早行动，才有希望争取未来的胜利。[1]"美团不仅是团购行业的先行者，也是移动互联网在本地生活服务应用的先行者。

2018 年 9 月，美团点评上市，让人意外的是，王兴当众感谢了一个和他看上去毫无交集的人——乔布斯。

王兴非常感谢乔布斯带来的这个将移动通信和互联网二者结合起来的移动互联网时代。他说，美团之所以有今天，完全是在智能手机时代到来的前提下才会发生的，而乔布斯是智能手机时代的开创人，是乔布斯打造了这个平台，王兴是站在巨人的肩膀上才有了今天的成就。

移动互联网对团购到底起到了什么影响呢？团购说到底是个流量游戏，正是移动互联网带来的巨大流量诱惑，让团购行业从此产生了

---

[1]《只有偏执狂才能生存》，安迪·格鲁夫著，2014 年 1 月

分野。因为商品团购可以更充分利用流量，所以团购网大多聚焦商品团购，渐渐演变成了电商的一种形态；而美团始终坚守做"本地生活服务"的初心，尽管业务形态不断改变，但这个核心一直不变。

正是移动互联网，拯救了美团的"本地生活服务"。本地生活服务的一个最大特点是区域性比较强，流量浪费严重，随着流量价格攀升，团购盈利堪忧。移动互联网崛起后，加上基于位置的推荐技术，大幅提升了流量的利用率，为"本地生活服务"打开了一扇新世界的大门，从而让美团快马加鞭进入了新时代。可以说，移动互联网对于美团的价值，就好像 SP（Service Provider，指服务提供者）拯救了当年的互联网公司一样。

移动互联网是浪潮，关键是谁能及早抓住，并承受相应的代价。让我们先来看看移动互联网在中国的兴起：2009 年 1 月 7 日，工业和信息化部为中国移动、中国电信和中国联通发放 3 张第三代移动通信 (3G) 牌照，标志着中国正式进入 3G 时代，3G 移动网络建设掀开了中国移动互联网发展新篇章。

随着 3G 移动网络的部署和智能手机的出现，各大互联网公司一窝蜂摸索抢占移动互联网入口的方法。一些大型互联网公司企图推出手机浏览器来抢占移动互联网入口，还有一些互联网公司则是通过与手机制造商合作，在智能手机出厂的时候，就把企业服务应用预安装在手机中。

进入 2012 年之后，由于移动上网需求大增，安卓智能操作系统得到大规模商业化应用，传统功能手机进入了一个全面升级换代期，传统手机厂商纷纷效仿苹果模式，普遍推出了触屏智能手机和手机应用商店，由于触屏智能手机上网浏览方便，移动应用丰富，受到了市场极大欢迎。2012 年至 2013 年，手机操作系统生态圈开始全面发展，各种 APP 创业风起云涌，美团就是在这个时候正式转战移动端。

其实，到 2011 年末，来自手机的订单已经占美团交易额的 5%，而这 5% 归功于美团在手机端的早早布局。王兴很早就看到了移动互联网浪潮是大趋势：团购是切入 O2O 最好的机会，O2O 的未来在于移动端。

在团购同行还在集中资源猛攻 PC 端的时候，王兴就让陈亮负责美团网移动客户端，尽管当时美团严重缺人缺钱。

在这件事上，王兴的态度是：

"其实人们的需求没有什么大的变化，你就认准一件事情做。如果失败了，过三年再试一次；如果还失败了，过六年还试一下；如果还失败了过九年还试一下。"

"有人认为做移动端找外包就行了，自建个团队很贵。而王兴就很有前瞻性，他一开始就要求我们自己做。"陈亮说。

前面提到，陈亮是王兴中学同学，也是校内网的工程师之一。在校内网创业时期，陈亮和其他工程师没日没夜地优化系统，做技术架构升级，换数据库，见证过一天有几十万会员活跃在网站上所产生的威力。而把过去的电脑换成智能手机，要想体验流畅，对于技术的挑战可想而知。

校内网之后，陈亮和王慧文、赖斌强一起创业，2011 年 1 月 15 日重新加入王兴创业团队。加入美团，王兴给陈亮安排的第一件事就是：在美团网上线一周年即 2011 年 3 月 4 日发布移动客户端第一版。

在不到两个月的时间内，陈亮自己组建团队，亲自写代码，最终不辱使命，准时上线了美团网移动客户端安卓版。但接下去的推广成为了更大的难题。

作为新兴品牌，美团网的影响力很弱。当时，陈亮他们找华为终端的人，对方根本不搭理他们；找 91 无线，也一样受到冷遇，91 无线在当时更看重工具类、阅读类的东西。最后，陈亮一咬牙，把仅有的一点儿推广费用在和支付宝的合作上，当时支付宝开出的手续费扣点是很高的。

与支付宝合作，仍然有很大的麻烦：支付宝自己有客户端，美团网用户第一次使用手机支付的时候，要下载安装支付宝的客户端，打断了美团网的支付流程，对美团网不利。

陈亮团队就在美团网 PC 端上打广告，做美团网手机专用的秒杀活动：下载美团网移动客户端，用极其优惠的价格购买商品，例如十几元的自动拖把、乐扣乐扣的杯子等。秒杀活动给美团网移动端带来了几千个用户。

2011 年，美团的移动端业务就是这么艰难操作的，等到了年底，移动端交易额占了美团网全年交易额的 5% 之后，陈亮才开始向王兴申请推广费用，并成功争取到美团网 2012 年 5% 的推广预算。2012 年中，美团网移动端有了爆发性增长，到年底占了美团网全年交易额的 30%。2013 年，王兴给美团网移动端定下的目标是交易额占比超过 50%。

其实，美团网不是最早做移动端的，拉手网做得更早，但美团网移动端胜在陈亮团队的专一。2011 年 7 月阿里巴巴投资美团网前，问美团网有无考虑将移动端和地图结合，或者增加其他功能。陈亮团队顶住了压力和诱惑，集中精力做交易功能。他们在细节上做了很多优化创新，比如退款流程、信息的结构化、标示出最近的商家等，皆在行业开了先河。

用一年多的时间，美团网移动客户端摸索出了一个小闭环：查询—交易—评价。正是这一成果，衍生出不同于团购形态的独立业务，例如猫眼电影、美团酒店和美团外卖，也就是王兴所言的 T 型战略。

## 美团 T 型战略

《孙子兵法》曰："守则不足，攻则有余。"无论战事之争还是商业之争，进攻才是最好的防守。

在 2010 年，团购是新鲜事物，而到了 2012 年，团购已经是平常事物，变成很多用户的日常消费习惯。一方面意味着这件事已经有足够的规模，被普遍接受；另一方面，也意味着它不够创新了。花费三年时间把团购做到几百亿元的市场规模，这个模式发展很快，但有没有更好的模式，让美团跑得更快？

在千团大战尘埃落定之时，王兴开始郑重思考这个问题。他说过这样一句话：

> "重要的不是我们现在什么样，将来变成什么样，大家得接受变化是一个常态。"

2012 年，王兴在内部和盘托出自己的思考决定：美团的 T 型战略——团购是横，垂直领域是竖，团购为入口，垂直领域做美团的护城河。

如何形象地理解这个 T 型战略的意义呢？简单来讲，以团购为主时期，在不同的城市，不同的品类，用一样的模式，一样的流程去扩张。

T型战略实施之后，美团开始打造多个独立的业务单元，各自相对纵深地去发展，业务越做越强。换句话说，美团是要借助T型战略，在完成地盘争夺战的同时，像钉子一样扎进各种垂直领域，以夯实团购老大的地位。

T型战略的提出也是为了更好地服务和"控制"商户。美团一直很重视对商家的"控制"能力，通过自身的高流量换取商家的高折扣是美团赖以生存的玩法。可是，团购行业是一个顾客粘性很低的行业，用户很容易在某项消费完成后不再光顾美团了，为了让他们重复光顾，美团需要供给更多的消费场景。美团从团购的横向平台切入众多垂直领域，就是力图覆盖用户生活的所有典型场景，通过注入更多的消费场景，来提高用户粘性。用户粘性上来，商户留存率提升，同时新客单也会进来。

而T型战略的根本，其实就是将前三年在餐饮中所积累的"互联网+"能力复制到其他垂直服务行业。餐饮与其他垂直行业表面上看差异挺大，但是背后连接所需要的能力是一样的。美团可以用技术为一个餐馆提供从开业选址、收银、外卖、营销运营等全链条的服务，也就可以为其他垂直行业的商家提供类似的服务。这就是王兴提出T型战略的底气所在。

2013年到2015年，美团在团购一"横"之下，增加了酒店、电影、外卖、KTV、景区门票、亲子、婚庆、保洁、丽人等十余项垂直品类。2015年O2O大火之时，甚至接入了美甲、保洁、修锁、汽车洗护等上门服务。这三年里，"T型战略"是美团对外宣传的高频词，也是王兴内部讲话中出现的高频词。

T型战略也遭受到质疑，本地生活服务涵盖各行各业，每一个细分领域都是一个巨大市场，美团的边界在哪里？覆盖那么多，承受得了吗？

有媒体问过王兴这些问题，当时王兴的回答是："一个公司不能把所有的细分都做到，肯定是有所为有所不为。"

按照他的计划，美团会集中精力把吃喝玩乐的高频品类做好，其他细分领域或者通过合作的方式，不管是业务层面还是资本层面的合作都有可能。言下之意，高频的美团自己做，低频的通过入股等方式来做。

"如果拿武器来比较的话，美团像一根大棒，不够锐利，但是它很大，它有很多的可能。现在需要在棒上插针，针插多少、插在什么地方，是美团现在比较重要的事情。"当时一名著名投资人这样形容美团，"当针插得足够多时，这根大棒就变成了狼牙棒。"

T 型战略成效显著。数据显示，2015 年 6 月，美团交易额超过500 亿元，团购市场份额占比超过 62%。这标志着美团从团购入手，大踏步向 O2O 更广的腹地进军和发展，打造了连接人与服务的本地生活服务平台，在综合团购以及各个垂直领域形成较强的竞争壁垒。

2015 年 9 月，美团估值正式突破 100 亿美元大关。"百亿美金"一直被中国互联网行业视为平台型巨头的标志。按照最新中概股的市值，只有腾讯、阿里巴巴、百度、京东、网易 5 家公司的估值在百亿美元以上。当时没上市的，除了小米、滴滴外，就是美团了。这意味着，美团已经昂首进入了中国互联网十强行列。

与此同时，美团的竞争对手从当初的窝窝网、拉手网，变成了BAT 这样的巨头。美团的野蛮生长，是对手们不愿意看到的。一时间，暗流涌动，美团网的负面消息满天飞，以至于公关每天都会看到不同的花样儿。对手越恐惧，说明美团 T 型战略越成功。

面对"强敌"的打压，王兴并不在意，他说："我不太担心现有的竞争对手，因为我们已经证明了自己可以跑得更快。但互联网创新这么多，是不是会有更轻便、更方便的模式来满足需求，这才是美团网需要思考的问题。如果要革命，最好是自己革自己的命。没有人知道革命的第一枪在哪里打响,这才是千亿、百亿规模公司始终面临的危机。"

公关代替不了业务。美团的发展势不可挡,即便是对手最后也承认,美团的 T 型战略很成功。O2O 领域公司没有美团那样的入口级产品,传统的互联网巨头又不具备美团那样的地推能力。

的确,T 型战略的背后是干嘉伟一手打造的地推铁军在持续发力。

比如,美团就在上海抢了大众点评的市场。美团上海的办公室大大小小有十几个,但风格都很一致:简陋的桌椅,到处都是"作战图",不断更新的销售团队的业绩指标。在前台的显眼处还悬挂着两个团队的照片:一个用红色标明"本周业绩最强团队",一个则用黑色突出"本周吊车尾团队"。一踏进这样的办公室,不由得感觉到了作战的紧张气氛,尤其是一抬头就能看到墙上的横幅:上海"新四军"军团。就是在这样的高压政策下,美团超越了对手。之前大众点评在上海的市场份额接近 80%,美团只占不到 20%。一年后,情况发生了逆转。美团上海站的业绩翻倍增长,从原来每年 6000 多万增长到一个多亿。这样的神话在其他地方也在上演。正是"无坚不摧"的团队,让 T 型战略不断落地生根。

然而,T 型战略也带来了一个问题——人员膨胀。团队人数逼近一万人的时候,王兴特意去大润发总部拜访其董事长黄明端。黄明端一度带领大润发打败了众多国内外零售品牌,成为国内零售百货冠军,素有"陆战之王"的称号。

王兴提出自己的困惑:"美团现在已接近一万人了,怎么去管理这样一支庞大的团队呢?"

黄明端的回答却是:"才几千人啊,那你们就没有什么大问题。"

王兴赶紧研究了一番企业到底能扩张到多大。他发现:"全世界最大的企业沃尔玛,大概是 200 万的量级,小一点的像 IBM、华为,达 20 万人。然后 BAT,是三四万人的量级。"王兴这才放心了。

# 猫眼电影独立

干嘉伟曾经说过："美团发展过程中的战略级决策，有三个关键节点：第一是从每日一团到每日多团；第二就是猫眼独立；第三则是美团外卖的成立。"

猫眼电影的独立，是美团实施 T 型战略的第一步。此前，所有垂直业务都通用一套地推团队，但猫眼独立后有了独立的供应链体系和销售团队。此后，酒店、外卖等垂直业务也仿照这一路径，组建各自的供应体系和地推队伍。

万事开头难，猫眼电影也不是胸有成竹的结晶。王兴在演讲[1]中如是说：

> "有人说 CEO 就是一个公司的导演，而商业竞争就是一场最惊心动魄的大戏，只是在这个行业里面我们没有剧本，我们也不能做彩排，我们更不允许 NG。"

猫眼电影原名"美团电影"，由美团网于 2012 年 2 月推出。2013 年 1 月更名为"猫眼电影"。美团网首选电影作为第一个 T 型战

[1]《猫眼是改变的开始》，王兴在第五届北京国际电影节聚光 e 夜上的主题演讲，2015 年 4 月 18 日

略的细分领域，原因在于：电影市场消费频次足够高，用户基数大；电影行业的 IT 化程度比较高，影院必须安装售票系统才能开业；很多用户在美团网上团购电影票。

早在 2011 年 3 月美团推出移动客户端的时候，就针对电影市场推出了专门的客户端。2012 年初，美团网准备做独立的猫眼电影时，内部的反对声音很大：为什么要单独做电影 App？为什么不先在团购 App 里做出来？大家反对的一个现实理由是：在线下安装出票机，一台机器成本一万多元，投资需要数百万元。

徐梧是猫眼电影项目负责人。但徐梧并不是一直跟着王兴创业的人，他是从百度跳槽到美团的，所以一开始很难适应美团文化。他曾经为了要资源支持在内部管理层会议上与人闹僵了。后来，徐梧干脆直接去找王兴。由于找的次数多了，有一次王兴这样回他：

> "真正的企业家精神就是知道自己的目标是什么，想着如何实现目标，不管自己现在拥有什么资源，哪怕手上什么都没有。"

徐梧明白了，自己必须做出来一些东西，用数据和事实来证明项目的可行性。徐梧带着几名工程师每天工作 12 个小时以上，花了一周时间，于 2012 年 1 月 20 日上线了美团网电影，当时命名为 0.9 版，因为公司内部并未完全达成统一意见。面对这个 0.9 版 App，大家都做了妥协，认真讨论和修改，2 月 28 日才发布了 1.0 版。

产品上线之后，需要跟商家谈，徐梧团队需要销售部门配合。美团上海的销售介绍了 CGV（韩国最大的影院公司）给美团网电影，但是 CGV 申报到韩国总部之后，得到的答案是"否决"。随后，徐梧团队自己尝试谈了很多渠道都没有成功。

等到 2012 年 9 月，还是毫无进展，徐梧拿着搜集的电影行业的各种数据，给王兴汇报：

第一，在线选座是未来趋势，不要看现在是团购折扣占主流，上海已经证明这个行业的未来在于在线选座，我们必须做。

第二，出票机、售票系统这些事情做起来很痛苦，但这是完成用户体验必不可少的一环，虽然很累，但我们必须做。

这一次，王兴以力挺回之。但王兴做这个决定显然是不容易的："那时候选座还不被人看好，而电影票团购是非常热情的。甚至有电影院的老板给猫眼的同事发了邮件，说选座是不会成功的，它不受欢迎，选票机又那么放在那里，那么耗电，不如关了吧。但是我们没有放弃，坚持做了下来。"

王兴相信自己的眼光，他不只是态度上认可徐梧，还跟着一起认真研究定位，花了一个多月的时间给美团网电影做定位。他们列举了很多名字，设计了很多 LOGO，最后发现猫眼这个品牌好读、好记，而且没有其他干扰。猫眼最早是王兴提出来的，当时他们提了很多词，老虎、豹子、桃子、西瓜、橙子，但是发现作为品牌的词，一定不要有太过鲜明的定义。例如，百度的品牌就不错，在百度出来之前，使用频次很低，不至于和以前的什么东西混淆，猫眼电影就这么定下来了。

对此，徐梧骄傲地说："我们在 2012 年 11 月的品牌定位，就比其他做垂直电影 O2O 的公司高出一截，拉手是拉手电影，糯米是糯米电影，大众点评电影也没有独立，豆瓣电影，QQ 电影等，我不知道这个行业有无人读出来这个信号，猫眼这样的品牌一打出来，你在将来就可以走得更远。"

猫眼电影独立的事情确定下来之后，徐梧需要解决的第一个问题是出票机。他们没有做过出票机，他们到电影院去看豆瓣网、时光网的出票机，铭牌上会刻着哪家公司做的，他们再找到那家公司的电话，打电话去问。印票纸则是在阿里巴巴上搜索提供类似服务的厂商，电话联络，通过这些办法把事情做起来。

在内部讨论的时候，王兴问："能不能做一个更小的出票机，就像拉卡拉那样的？"徐梧他们又花费时间调研，为什么出票机要做成这么大的？因为打印机和印票纸非常占空间。印票纸是有规格规定的，不能乱来，如果需要很多纸的话，空间就必须大。

在搞定了出票机之后，接下去就是销售问题了。一开始，猫眼团队既有自己的销售，又有团购那边的销售，究竟该由哪边的销售来谈商务合作，并没有扯清楚。在一家大公司里，开辟一块全新的领域，让公司给新资源，本身就是非常艰难的过程。

2012 年 11 月，连续拜访万达、金逸、嘉禾、博纳等主流院线之后，徐梧团队才下决心单独招销售。首先，猫眼要跟影院建立全年的合作，合同一签就是一年，里面涉及技术对接、上上下下的关系梳理等，需要维系好长期关系，对销售的能力要求和团购那边不一样。其次，猫眼电影需要挨家挨户地跟院线谈，必须在当地城市安设人手，跟当地影院保持紧密接触。正式决定下了之后，徐梧从网拍网挖来销售总监担任猫眼的商务总监，组建了独立的销售团队。2013 年，猫眼电影走上了正轨。

好的产品自己会说话。猫眼电影为用户提供了完整的观影服务，从查询，到选座，到交易，到评分，到交流。相当于媒体加电商，能够帮助用户进行消费决策，哪些电影是不错的，是适合自己口味的。加上一定的折扣，很快就占领了市场。2014 年 2 月 22 日，在公司年会上，王兴兴奋地说，美团网的电影已经占了全国总票房的 13%，每八张电影票，就有一张是美团网卖出去的。

2014 年国庆节，猫眼电影更是创造了一个奇迹。猫眼电影联合《心花路放》制片方开展了网络独家预售活动，一周左右的时间便售出了超过 100 万张电影票，收获了大约 4000 万元左右的票房，创造了美团猫眼电影预售的最快纪录。《心花路放》最终票房超过了 11 亿元，成为当年国产电影票房冠军，而近一半的票房是通过猫眼售出的。猫眼电影经过这一战，成为电影行业的关注焦点。之后，徐梧每天都接到很多片方的电话要求合作。不少新片放弃了传统的发行公司，直接找到猫眼进行合作。

短短两年时间，迅速变身行业最大玩家，不得不说，猫眼电影的成功，为美团 T 型战略开了一个好头。

## "西瓜"紧跟而上

如果说 2012 年美团的关键词是"猫眼",那么 2013 年美团的关键词就是"酒店"。美团酒店崛起的速度不亚于电影,进入酒店团购领域短短两年就成为仅次于携程的第二大线上分销商,超过了去哪儿和艺龙。

2012 年 6 月,美团开始介入酒店团购,该项目组有个接地气的名字——"西瓜组"。按照负责人陈亮的说法,"因为是在夏天启动的,大家觉得西瓜是夏天常见的水果,几乎所有人都很喜欢,几封邮件往来,很快就命名为西瓜组。"后来缺了一角、有五颗西瓜籽的西瓜就成为了美团旅行的 Logo。

2013 年开年,"西瓜组"脱胎为酒旅事业群。几个产品经理和两个实习生,就是全部成员。而负责电销的团队则是由各个部门的老员工转岗过来,都没有销售经验,只是经过很短暂的内部培训就直接上岗了。让人意想不到的是,这支毫无经验的小分队竟然在第一个月就签下 120 多家酒店。随后最高峰时期,电销 80 人团队一个月签了 6000 多家酒店。连中供铁军出身的 COO 干嘉伟都忍不住夸奖他们"效率太高"。

陈亮因为前期在移动端的卓越表现,被王兴任命为"西瓜组"的负责人。接到新任务之后,陈亮做了一个决策:从边缘开始切入,专做携程等公司忽视的低端市场——二三线城市客单价 200 元以下的同城住宿。

具体做法上,陈亮说:"携程之前相当于在消费者和商户中间拦了一个坝,美团则因为有了线上的预订把消费者和酒店直接连到了一起。"

携程作为中国老牌 OTA(在线旅行社)的代表,成立于 1999 年,跟 BAT 是同时代的公司,2003 年就已领跑 BAT 赴美上市。艺龙成立于 1999 年,去哪儿成立于 2005 年,同程成立于 2004 年,都是在线酒店预订行业的重要公司。

美团 2013 年进军酒店业务的时候,这些 OTA"老炮儿"根本不把它看在眼里。按照美团高管的说法,"美团酒店很小,人家看不上我们,觉得我们没戏。"可以说,美团就是在携程、艺龙、同程的轻视下"暗度陈仓"发展起来的。

当然,诚如陈亮所言,美团之所以能够在酒店行业分得蛋糕,根本原因在于抓住了移动互联网的风口,满足了新一代用户需求。随着 90 后乃至 00 后开始产生酒店消费需求,伴随移动互联网成长起来的新一代年轻用户们,其消费行为逻辑发生了很大的变化。后起之秀美团酒店和阿里飞猪更好的市场定位满足新一代旅行消费之变,能与新一代用户消费行为一起升级,踏上了增长快车道。

对于新一代年轻用户而言,酒店不再仅仅承载传统意义上的住宿功能,他们都在自我升级,不再是让用户睡个觉这么简单,而是一个生活场景。新一代年轻用户不再只是在出差旅游时才会预订酒店,其休闲度假和本地住宿需求快速增长。

美团抓住了这个大趋势,钻了老牌 OTA 们的"空子"。老牌 OTA 们的成长之路通常是,先做一二线城市的生意,后做三线及以下城市的生意,美团酒店抓住的是三线及以下城市新增的 2000 万用户。

这些用户其实很多是从美团餐饮业务导入的。

美团旅行的优势在于背靠美团团购平台，为用户提供集合了住宿、餐饮、度假、运动等功能为一体的一站式旅游预订服务。打开美团 App，除了"旅游出行"以外，还有"酒店住宿""周边游""机票火车票""景点""温泉"多个入口。这些不同的入口简单明了，在体验感上深得新用户之心。

本质上讲，以携程为代表的 OTA 的逻辑是将旅行社模式搬到互联网上，连接旅客和航司资源，从机票到酒店到跟团游，再到签证、门票等周边旅游服务，其本质和旅行社一样，靠赚取差价、捆绑销售等为生。美团酒店将酒店当作生活服务，连接酒店与用户，先要构筑一个酒店综合生态，再通过适当佣金赚钱。两者在经营模式上的不同，导致它们发展速度上的差异。

2013 年进军酒店业务，2014 年成立专门酒店事业部，2015 年开始切入到酒店预订，在该年成为仅次于携程和艺龙的中国第三大酒店分销商，且酒店团购业务占全国酒店团购市场的七成以上，订单量和浏览量更是超过几大传统 OTA 之和，稳稳坐上了酒店预订第一的位置，上演了后来居上的故事。

携程、艺龙、去哪儿几家 OTA 大战正酣的时候，一不留神让美团酒旅蹿了上来。等美团酒店浮出水面，立即引起了 OTA 的注意。2015 年年初，一场抗"美"战役在去哪儿内部打响。当时，去哪儿 CEO 庄辰超曾明确表示，上市后业务重点之一就是酒店，最终去哪儿的盈利也将从此产生。去哪儿增发融资 8 亿美元，全场五折，线下雇了八千人做兼职捎客，这一疯狂举动之下，美团酒店的数据增长立马放缓。当时美团酒店拿了几百万，在东北市场测试了去哪儿的打法，发现 ROI（投资回报率）太低，不能产生很好的复购，就放弃了烧钱玩法。

后来，携程并购去哪儿，长达一年的并购整合期，给了美团酒店绝好的时机。美团酒店趁着携程发大招之前，及时搭建了数据系统、供应链系统，做好了长期打硬仗的准备。

准备充足的美团酒店再次大放异彩。根据 2018 年 8 月移动互联网大数据监测平台 Trustdata 发布的《2018 年 Q2 中国在线酒店预订行业发展分析报告》显示，第二季度美团酒店的订单量超越了携程 + 去哪儿 + 同程艺龙的三家总和，市场份额已达到 49.8%，已接近半壁江山。

美团酒店是继猫眼电影之后又一次成功深耕垂直领域的典范。关于酒店业务能在短短五年时间内从零起步、成为全中国酒店预定最大平台的更深层原因，王兴说：

"我们是用'吃'这一个最高频的品类，吸引、保留、转化用户，带出了'酒店'这一低频业务。"

通过高频业务带低频业务，并让低频业务捍卫高频业务，这就是美团做垂直业务的秘诀。

## "三驾马车"战略

猫眼电影的独立意味着美团 T 型战略的第一步，它的卖出也意味着美团 T 型战略的结束。

2015 年猫眼电影全年交易额达 156 亿，其中 84 亿来自猫眼参与投资和发行的 30 多部影片。而像《港囧》《美人鱼》等高票房的电影是由光线传媒投资，猫眼电影负责线上发行。2016 年 5 月，光线传媒通过两家公司合计获得猫眼电影 57.4% 的股权，实现对猫眼电影的控股。光线传媒和猫眼电影之前有过合作。

于光线传媒而言，其近年来制作的电影一部比一部卖座，猫眼电影此前的线上发行经验已经证明其实力，光线传媒并购猫眼电影，可以弥补新渠道上的不足，来完善产业链。当时在线电影应用市场份额排名分别为：猫眼＞百度糯米＞微票儿格瓦拉＞淘宝电影。有内容无渠道的光线传媒当然求之不得。

于猫眼电影而言，这是一种自救。在线电影应用市场，猫眼之外，都是财大气粗的 BAT 在撑腰。由于微票儿、淘票票、百度糯米等对手的跟进，猫眼的发展遇到了瓶颈，虽然保持第一位，但市场占有率已经开始下滑。

有人说，王兴的决定是比较聪明的，因为单一的卖电影票业务是很难赚钱的，与电影投资、宣发等相互配合才能获得盈利空间，而美团再成立一家贯通产业链的影业公司可能性为零，在这种情况下卖掉是一个好的选择。

早在2015年5月猫眼从美团独立的时候，王兴在天津一共设立了三家公司，天津猫眼文化传媒有限公司，注册资本5000万；天津猫眼电影发行有限公司，注册资金5000万；天津猫眼信息咨询有限公司，注册资金1200万元。这三家公司的法人都是王兴，业务涵盖在线售票、发行、文娱产品的设计开发制作。布局的核心在于让业务相对单一的猫眼成为一家综合性电影公司。

猫眼电影不能永远做一个卖票的公司，想要触碰电影市场更大的蛋糕，就需要打通整个产业链，深入到电影产业的上游中去，上游则包括电影的前期投资、宣传和发行，甚至电影的制作，这需要背靠一家影视巨头。光线、华谊都是不错的选择，但华谊跟阿里走得近，所以光线成为美团最好的选择。

尽管猫眼电影并入光线传媒是一桩好事，但王兴的T型战略却在内部饱受质疑。而且这之后，美团确实没有再拿出大把人力物力财力，砸出一个具备一定规模的垂直业务线。

除了猫眼电影外，2015年底到2016年美团还陆续关掉了实物电商、O2O上门服务、早餐等业务。这些业务或订单量过低被逐渐边缘化，或客单低投入高难以获利。

与此同时，T字头上的一横也逐渐减弱。从2016年10月起，美团力推"城市合伙人"计划，涉及1200个县市。代理范围包括餐厅团购、推广、支付等业务，收入模式为"团购毛利分成＋考核奖金＋其他产品"。美团官方将这一项目形容为美团"建平台，建生态"战略落地的一部分。但这些县市中，超过半数此前为直营城市，美团的这个举动实际上是把团购的直营城市转为代理城市，数千名基层地推遭变相裁员。

2016 年之后，王兴鲜少谈起 T 型战略，取而代之的是"三驾马车"战略。

2015 年 11 月，美团点评公布了合并后的组织架构调整，成立五大事业群：平台事业群、到店餐饮事业群、到店综合事业群、外卖配送事业群、酒店旅游事业群。之后，历经三次调整，王兴宣布餐饮、酒旅、综合（餐饮之外的本地生活服务）三驾马车形成。

在这三大业务架构中，原到店餐饮事业群、外卖配送事业群和餐饮生态平台层级被取消，统一归进餐饮平台，餐饮平台负责人由美团老将王慧文担任总裁；酒旅事业群与原美团平台合并，成立平台及酒旅事业群，由原酒旅事业群陈亮担任总裁；综合事业群和点评平台合并，成立点评平台及综合事业群，由新加盟的张川（原 58 集团执行副总裁）任总裁。

"三驾马车布局背后主要目的是希望除了能够做深业务之外，也要做强平台，只有更加独立地探索行业的上下游，才有可能真的把一个行业扎得比较深。"陈亮说。

从 T 型战略到三驾马车战略的转变，从根本上是为了进一步打通"商户—平台—用户"的价值链，美团平台及酒旅事业群将在本地吃喝玩乐消费场景覆盖的基础上，利用酒旅业务和美团平台的协同优势，加强"他乡是故乡"的异地生活方式场景，进而实现对用户在异地吃喝玩乐消费场景的全面价值提升。

"三驾马车"战略实施后，美团公司的使命正式变为"要让每个人吃得更好，活得更好 (We help people Eat Better, Live Better)"。

Eat Better——餐饮是我们的重中之重，餐饮平台成立半年以来，进一步明确了我们做深做透大餐饮的战略布局，将从营销、配送、IT 系统、供应链等多角度全方位服务餐饮行业。

Live Better——我们要创造的价值不仅是让人们吃得更好，还要为人们的生活创造更多的价值，让人们日常生活的方方面面变得更好，让人们的旅行生活变得更好。[1]

"失败并不可耻"，这是流传于美国硅谷的一句名言。美国硅谷风险投资家在评估科技人员技术项目的科技含量和预期收益时，总会对曾经失败过的科技人员给予加分待遇，原因是你失败过，就意味着你创新过；你失败过，你成功的可能性就更大，而没有失败则意味着你没有坦然面对失败的勇气，也就无缘享受创新带来的喜悦。

美国 3M 公司也有一个异曲同工之妙的口号是：为了发现王子，你必须与无数个青蛙接吻。"接吻青蛙"经常意味着失败，但 3M 公司把失败和走进死胡同作为创新工作的一部分。其哲学是：如果你不想犯错误，那么什么也别干。

对于 T 型战略，王兴的态度可以用他在 2016 年年会上的一句话来总结：

"既往不念，纵情向前！"

这句话后来也成为王兴的口头禅。

企业家的本质特性是什么？如果要用一个词语来表示的话，应该是执着——对未来不确定性的坚持。王兴就是这么一个喜欢"向前看"的偏执狂。"三驾马车"战略的提出，就是他"纵情向前"的宣言。

---

[1] 王兴内部发言，2016 年年会

# 王兴有话说：顺应时代是最舒服的

《黄帝阴符经》曰："观天之道，执天之行，尽矣。"大致意思是说，看清大势，了解规律，然后照着发展趋势去做，那么一切问题都迎刃而解了。做任何事情，都必须在认识和领悟到大势所趋的基础上再做决定。创业也是如此，必须在顺应大势之下进行。

作为连续创业者，王兴不止一次感叹过：

> "创业顺应这个时代是最舒服的，顺势而为。"

王兴认为，是时势造英雄，做什么事要跟大势相顺。前面的创业让王兴变得理性且成熟，创业美团，他更加注重顺势而为。

1. 以团购为入口是顺应潮流之举。

从 1999 年到 2009 年，中国互联网用户已经养成了在网上购买实物的习惯，于是王兴判断下一个十年该是将线下的吃喝玩乐放到网上来卖，时机到了。因为在实物电商方面，自知不可能再造一个淘宝或者京东，所以选择了做本地生活服务的电商。

"美团要把本地生活以最高效率最低成本、保质保量地搬到网上，这是赢的基础，和 2003 年的淘宝一样。淘宝靠小卖家自己搬，但本地生活要靠训练有素的直销队伍搬，很多公司不懂或不屑于做这么累的活，所以给了美团机会。"

2. 推行 T 型战略、去团购化也是顺应潮流之举。

管理学上有一个"温水煮青蛙"效应，讲的是这样一个现象：将青蛙投入已经煮沸的开水中时，青蛙因受不了突如其来的高温刺激立即奋力从开水中跳出来得以成功逃生。而当把青蛙先放入装着冷水的容器中，然后再加热，结果就不一样了。青蛙反倒因为开始时水温的舒适而在水中悠然自得。直至发现无法忍受高温时，已经心有余而力不足了，结果自然是在逐渐升温的热水中被烫死。

现实中，很多企业总是犯着类似的错误，因为对形势变化不敏感，当需要做出创新变革的时候，毫无行动。在看到同行取得新突破之后，才发现为时已晚。

经过千团大战之后，美团坐上了团购第一的宝座，看似无后顾之忧，其实不然。2012 年移动互联网开始在中国大火，2013 年 O2O 成为年度最火的词汇，在这种情况下，美团没有死守团购，而是做了勇敢的尝试，通过深耕垂直化领域，来激活自己。

3. 结束 T 型战略也是顺应潮流之举。

人是环境之子，企业也是如此。经营环境的每一次改变，对企业的发展都是一次巨大的考验。行业的每一次巨变，都是一次洗牌的清洗运动。任何一种优势，都不足以支持一个企业持久性停滞不前。

T 型战略立竿见影，猫眼电影、美团酒店，包括后面要详细讲到的美团外卖的崛起，为美团扩大了品牌影响力，也为美团处处树敌。不仅各垂直领域的同行开始打压美团，连互联网巨头也开始进入团购市场，2013 年年底，百度全资收购糯米网，并改名"百度糯米"，正式进军团购行业；2014 年年初，腾讯完成对大众点评网的战略投资，持股 20%，由此大众点评网正式接入微信和手机 QQ。

对于巨头进入团购市场，王兴的看法是：毫无疑问，大家对

O2O 这个大市场看好。但是 O2O 这个事情我们要做好。Online、Offline 两个都要强,只擅长 Online 产品的对手并不可怕。所以他给美团网 2014 年年会的主题定为"危·机":机会来自一个数万亿规模的 O2O 市场;危险不只是来自巨头的加入,还有潜藏在水面下的未知,甚至后者猛于前者。

2016 年之后,"三驾马车战略"取代"T 型战略",不是因为对手的关系,而是王兴"成长比成功重要"的信仰使然。如果说"T 型战略"是为了做大,那么"三驾马车战略"就是为了做强。

由此可见,美团的每一次战略调整,既是"趋"势之举,更是"驱"势之举。当转型和变革成为必然的时候,主动求变远胜于被迫改变。很多一流公司的成长路径告诉我们,一个企业如果没有创新远见,就像茫茫大海中失去方向感的船只,甚至随时可能会触礁身亡。

第七章

# 在外卖大战中死磕到底

　　未来美团的重点是不断降低餐饮外卖的成本，以增加盈利。他始终相信外卖市场的规模足够大，大到容纳一两家甚至几家大的企业。外卖行业还处于增长阶段，最终大家都会受益于这个行业的增长。美团要做的是不断提升自己的服务和效率，确保美团ROI是健康的。

# 买不到那就自己干

美团实施"三驾马车"战略之后，树敌并没有减少，反而让垂直业务处于更加激烈的竞争之中，尤其是外卖业务。

外卖和团购的区别是什么？简单来说，团购是把线上的用户引导到线下消费，而外卖则是把线下的消费者带到线上下单。团购强调"折扣"，会打乱商户价格体系；外卖落地到"服务"，照顾商户利益。

2012年年底，借助猫眼电影这个垂直项目，美团实现盈亏平衡后，王慧文主动提出要去做新业务——外卖。

王慧文有两个很客观的理由：一方面，O2O的热潮即将爆发，做O2O一定要优先考虑规模最大的行业，在这个规模最大的行业里面再选需求。餐饮是当下最大的行业，用户存在硬需求——吃饭不出门的"懒"的需求；另一方面，做餐饮外卖的时机已经成熟，外卖行业2000年初就有团队和公司在做，但由于当时用户和商户的互联网意识还不够强，这件事一直没做好。团购的发展培育了用户和商户的意识，让外卖这件事变得靠谱起来。

还有一个主观原因，王慧文没有说。王兴用人，在注重结果的同时，其实也在鼓励高层之间"赛马"。王慧文是最早跟王兴一起创业的人，中途离开，再加入美团的时候，干嘉伟和穆荣均已经替代他"二号人物"的位置，加上他的旧部下陈亮主管移动和酒旅业务，远超同行，业绩惊人。在这种情况下，王慧文迫切需要做出点什么，来证明自己还是那个可以一言不合就跟王兴拍桌子的人。

然而，伟大的想法在开始阶段多以荒谬或者不可思议的面孔呈现给不理解它的人。当时王慧文在美团内部搞了个外卖产品分享群，但没有几个人听进去，大家打心眼里觉得这事儿不靠谱。有一个人例外，那就是王兴。王兴看到了 O2O 万亿市场的前景，他很支持王慧文这个大胆的想法。

当时，外卖还是"饿了么"的独角戏。2008 年，1985 年出生、正在上海交大读研究生的张旭豪，因为打网络游戏总是吃不上食堂的饭，就产生了自己做外卖的念头。他联合几个大学同学，靠着十几万的启动资金，一起创办了"饿了么"平台。

"饿了么"最开始只在上海交大校园做推广，采用的是"电话接单＋订单配送"从餐馆赚取微薄抽成的简单运作方式。据说第一份订单就是张旭豪亲自送出去的。后来在"饿了么"上海办公室的前台对面，还放着张旭豪当年骑过的那辆旧电动车。

作为一帮在宿舍创业的大学生，张旭豪团队当时根本没想到自己踩到了一个大风口。好在当时也没有大的竞争对手，王兴还在为海内网的关闭惆怅，大众点评的张涛正在准备 IOS 和 Android 客户端上线，拉手网吴波还没有正式做团购。

张旭豪团队抓住这段蓝海时期，在一片平静中，用年轻人特有的聪明和热情让"饿了么"在一年时间，几乎占领了上海整个校园市场。当时，有很多大学生效仿张旭豪创业，遗憾的是，不少跟风团队在未扩张到另一个校区之前解散了。其中只有一家叫"小叶子当家"的外卖公司，做得比"饿了么"规模还大，甚至拿到了投资，但很快就被"饿了么"竞争出局。

在这个门槛低、失败率高的领域，"饿了么"能够脱颖而出，与张旭豪这个创始人有直接关系。张旭豪的出身和王兴有点儿像，虽然张旭豪的父亲张志平没有王兴的父亲王苗那么有钱，但家底也还是可以的，他一度把做生意赚的钱分借给很多人。张旭豪初中的时候，就开始替父亲出面收债。在收债过程中，小小年纪的张旭豪看多了生意人的各种面孔，建立起了大多数中国人都不具备的金钱观。

等到高中的时候，张志平因为担心张旭豪考不上大学，专门开了一家眼镜店并取名为"旭豪眼镜店"，给张旭豪留好了人生后路。谁知道，张旭豪也像王兴一样成了学霸，先是考上同济大学，然后又去上海交大读研究生。父母对这个结果很满意，但张旭豪和王兴一样不满足"看得见的坦途"，选择挑战创业。

张旭豪骨子里和王兴一样，都希望凭借自己的闯劲儿成就一番属于自己的事业，所以一旦选择创业，就特别卖命。"饿了么"的母公司叫"拉扎斯网络科技（上海）有限公司"，"拉扎斯"在梵语中的意思就是"激情"。张旭豪借此言志：创业就是永葆激情，永不服输！

当王兴、张涛、吴波等忙着千团大战的时候，孤独的张旭豪在野心勃勃的发展中遇到了瓶颈。没人涉足外卖领域，就意味着这还是一个不被人看好的行业，不被投资人看好，"饿了么"在攻城略地的时候就捉襟见肘。

张旭豪一方面极尽省钱之能事，一方面则四处奔走寻找投资人。

2011 年"饿了么"进军北京市场时，看到满大街的三轮快递车，就动了免费打广告的主意，他们游说三轮车主："我们帮你把整车设计包装一下，你只要在你的快递名字和电话号码下面放一个'饿了么'的广告就行。"用同样的方式，又谈下了不少路边修鞋摊子。就这样，没花多少广告费，"订外卖上饿了么"的广告就在北京四处可见了。

张旭豪靠着节约，熬来了第一位投资人——金沙江创投的朱啸虎，他慧眼独具，给"饿了么"投了 100 万美元，"饿了么"得以扩张到

12 座城市。正当张旭豪准备大展宏图的时候，美团来了。

2013 年初，王兴正式将外卖列为 T 型战略的一个垂直业务。王兴做这个决定，并非只听了王慧文的"毛遂自荐"。当时美团负责技术监控的团队，发现"饿了么"日过千单的"证据"，王兴为外卖如此高频所震惊。当他又听到"饿了么"团队不过是一群初出茅庐的大学生时，立马动了收购的念头。毕竟，这是一个烧钱的项目，一时半会儿赚不到钱，而大学生又很缺钱，说不定等着套现呢。

2013 年 7 月，王兴派王慧文去上海约见张旭豪。然而，超乎王兴的意料，张旭豪并非目光短浅的创业者，他一口拒绝了王慧文。

张旭豪笑起来斯斯文文，讲起话来客客气气，但内心和王兴一样坚韧。有媒体曾经当面称张旭豪会成为下一个王兴，但张旭豪却很不领情地回答："我就已经成为张旭豪了，为什么还要成为王兴？"

在公司内部，张旭豪更是说一不二。从一些细节就可以看出。他曾经给中层支招："把傻子清理掉，业务问题就解决了。"对于违规行为，"就是要罚，罚一百万两百万就没人再做了。"他甚至这样形容"饿了么"销售团队："就是比较欠抽，需要用鞭子抽。"种种迹象表明，张旭豪为人强势而不甘居人下。

最重要的是，张旭豪对自己创立的"饿了么"寄予厚望，他曾经对技术合伙人陈强说过："饿了么"的愿景就要做餐饮界淘宝网，不是为了赚一点钱，而是要做大，要改变餐饮行业。

这个说法后来被经纬投资人张颖印证了。张颖投资"饿了么"B轮时，问过张旭豪最终想要什么，张旭豪回答："我就想着独立发展，最终有一天能去敲钟、能去上市，能把这个事情做到中国第一。"

当时王慧文被拒绝，是因为张旭豪压根儿还没想到卖。王兴不得不承认自己低估了张旭豪。但他是那种看准了方向就会想法去执行的人。既然"饿了么"不肯卖，王兴决定美团自己干。相比张旭豪的大学生团队，此时的美团，作为"千团大战"后的胜利者，完全有这个实力。王兴相信：张旭豪团队能做到的事情，美团团队也一定可以做到。

王兴曾经写过一条微博："以前开会时一个年轻同事的一句话始终回荡在我耳边。当时大概是晚上12点，讨论接近尾声，需要有人整理会议记录，涉及流程图的部分用visio画比较好。我问她会用visio吗，她毫不犹豫地说'我可以学'。这四个简单的字里，有着无穷的力量。"

在他看来，没有经验不可怕，只要有"我可以学"的精神，事情就有做成的希望。很快，王慧文被王兴任命为外卖项目的负责人。王慧文团队发挥"我可以学"的精神，用半年时间去准备、学习、研究甚至拷贝，于2013年11月正式上线了美团外卖。在销售动员会上，王兴这样给团队打气：

> "我根本不担心市场，根本不担心业务空间，只要项目靠谱，一望无际的都是机会。"

在期间有个小插曲：王慧文正在筹备美团外卖的时候，听闻著名投资人徐新要投资"饿了么"，就特意打了两个小时的电话，成功说服徐新暂停对"饿了么"的投资计划。王慧文告诉徐新，美团马上就要上外卖项目，并且一定比"饿了么"做得更好，徐新就相信了他。可见，外界是多么认可王兴的团队。

王慧文确实没有吹牛。半年之后，2014年夏天，美团外卖一下子开到了100个城市。而"饿了么"这个先行者，还只有12个城市。

值得一提的是，得知美团即将进入外卖市场后，"饿了么"北京市场经理特意去美团总部考察。2013年的9月，美团外卖正在进行产品内测，"饿了么"的人员秘密考察了几次，给张旭豪这样汇报：美团外卖正在参照"饿了么"的打法，没什么新思路，不构成竞争对手。

就在美团外卖正式上线的同一个月，"饿了么"成功完成 C 轮融资，红杉资本领投、金沙江和经纬跟投 2500 万美元。轻敌加上大笔资金到账，"饿了么"开始放松警惕。这一放松，就让美团外卖给赶超了。

等张旭豪反应过来，对外含蓄承认："我们是一家大学生创业公司，在体系化的管理、科学的管理、组织能力上，有一些不足。"对内则更直接："美团比我们厉害的地方，就是他们数字比我们抠得细。从数据上来看，'饿了么'和美团外卖就是交大和清华的差距！"

象牙塔里的年轻人与已然老练的连续创业者，经历过短暂的轻敌之后，正式视彼此为对手，从此展开外卖竞技。

# 由群雄逐鹿到三国杀

据说，有一年王兴在海南参加一个创业者聚会。会后，有人临时建议来场游泳比赛，当大家还在为没带泳衣而发愁的时候，只听"噗通"一声，王兴已经跳入海中。

古人云，男无性如铁，女无性如麻。意思是，一个男子没有志向、个性，就会像铁成不了钢；一个女子如果没有才能，就会如同麻糖那样初吃甘甜，嚼久粘牙麻烦。自古以来，凡是能出人头地者，都是果敢的"硬汉"。王兴就是这样一个"硬汉"，说干就干的他对合伙人的要求也很高，所以从猫眼电影、美团酒店到美团外卖，每个垂直项目都以火箭式速度上线与发展。

随着美团的加入，外卖行业开始真正热闹起来，有人形容"竞争像是从冷兵器时代一跃进入核战争"。

紧随美团介入外卖行业的是阿里巴巴。2013 年 12 月 20 日，淘宝高调宣布推出移动餐饮服务平台——"淘点点"。"淘点点"的自我介绍是："承载阿里巴巴所有移动互联的期望进军生活类平台，继承了阿里巴巴的纯正血脉，同时也肩负着阿里由电商平台向生活服务类平台的拓展延伸及阿里巴巴 O2O 战略，要打造生活版的'淘宝'，定位为'移动餐饮平台'，使命巨大。"

从口碑网到淘宝本地生活，最后从淘宝本地生活剥离出来的"淘点点"，被阿里巴巴列为了独立事业群。为了扶植"淘点点"，阿里巴巴还将天猫副总裁王煜磊调岗到"淘点点"。从营销力度上看，"淘点点"一度登陆在淘宝移动端首页界面上，用户直接通过淘宝手机端就可以使用其所有功能；从补贴力度上，"淘点点"秉承阿里巴巴"高举高打"的风格，疯狂砸钱补贴商户，进行强势地推。

不过，面对来势汹汹的"淘点点"，"饿了么"张旭豪表示："我不担心'淘点点'，我担心的是美团。"亲眼目睹了王兴在百团大战中横扫一片的强悍行为，张旭豪对美团外卖心有余悸。

张旭豪不担心"淘点点"，不是信口开河："我们在市场上一条街一条街扫过去，过程当中就发现它没有真正的渗透。尽管当时'淘点点'宣称自己订单量很多，但我们越调查就越发现威胁其实不是很大。"阿里巴巴做传统电商很厉害，但操作生活服务类项目能力稍显欠缺。"淘点点"几乎照搬淘宝模式，按照商家入驻和第三方物流配送团队入驻的形式开展，难以满足外卖行业对即时性配送的硬性要求。面对存在明显"先天不足"的"淘点点"，深耕几年的"饿了么"信心满满。

曾经，张旭豪对与美团外卖的竞争充满信心的，直到一个数据吓坏了他。美团有监控技术，"饿了么"也有。2014 年 4 月，张旭豪建议内部设立一个"发改委"组织，成员包括他本人、COO 康嘉和另外两位高管。"发改委"相当于"饿了么"的战时经济管理委员会，随时监控着竞争对手的一举一动。四个月后，"发改委"拿到了一份可怕数据。这份非常详实的数据显示，美团外卖在高校的市场份额已经超越"饿了么"。要知道，"饿了么"是靠高校市场起家的，它可以允许美团外卖在各城市的其他市场份额超越自己，但绝不允许"饿了么"在自己的主场被打败。

美团外卖私底下将整个外卖市场细分三块：学校、写字楼和住宅市场。从需求强弱排列，学校市场需求最高，其次是写字楼市场，最后是生活住宅市场[1]。王慧文他们集中火力对准的是学校市场，而非"饿了么"以为的白领市场和住宅市场。

据说张旭豪看到数据后，立马拍着桌子咆哮："市场份额才是第一！不要管成本！只要市场份额！"从此，"饿了么"开启了烧钱模式，大手笔做补贴拉用户，一发不可收拾。为了跟美团抢市场，张旭豪还特意要求在新人培训中增加了拳击项目，对战决心可见一斑。

美团当然不甘示弱。关于外卖行业的走向，从后来的采访发言，可以发现王兴早就洞若观火：

> "很多细分领域会经历'多进4'，'4进3'，'3进2'的过程。'多进4'就像百团大战，新机会出现时，一堆人冲上去，一段时间混战后可能有4家初步胜出，通常是BAT加上创业公司里的胜者。"[2]

刚从团购大战中过来的王兴很清楚，在"多进4"阶段，除了血拼，别无他途。同样经历过团购大战的大众点评创始人张涛也是这么认为的。在美团上线外卖一个月后，几乎与"淘点点"同时，大众点评也神不知鬼不觉地上线了自己的外卖产品。

和张旭豪一样，张涛也将美团外卖视作最主要的竞争对手，而非"淘点点"。当时王兴背后有阿里巴巴投资，为了抗衡，张涛几经周折找到马化腾，争取到了腾讯入股。即便如此，张涛还不放心，拉来"敌人的敌人"做盟友，共同对抗发展过猛的美团外卖。

---

[1]《从高校到白领，外卖怎么做？》，王慧文，2015年1月
[2]《财经》杂志记者宋玮专访王兴时语，2017年6月

2014 年 3 月，张涛驱车从大众点评总部到上海交通大学去见张旭豪。两个上海人一起喝了下午茶，两家外卖公司就走到了一起。

据说，张涛把投资"饿了么"以达成战略合作的想法告诉张旭豪后，张旭豪仅仅花了一个下午的思考时间，晚上十点就答复了张涛，接受了大众点评领投 8000 万美元的战略投资。

联手后，大众点评负责做资讯和平台的事，"饿了么"继续做自己擅长的地推扩张。

互联网巨头之中，百度属于较晚入场外卖的，但它在团购布局上一点不晚。早在 2010 年 6 月，百度旗下 Hao123 就上线了"团购导航"功能。一年后，"Hao123 团购导航"升级为"百度团购导航"。2012 年 10 月，百度拆分地图，单独成立 LBS 事业部，增加了各类生活服务功能：把团购、酒店预订等服务整合到地图业务之外，增加在线打车和电影选座购票等业务。这种做法，显然是冲着美团的"T 型战略"而来。

2013 年 8 月，百度宣布向糯米网战略投资 1.6 亿美元，获得约 59% 股份，成为糯米网第一大股东。2014 年 1 月，李彦宏宣布从陈一舟手中买下全部糯米网股份。两个月后，糯米网正式更名为百度糯米。李彦宏开始亲自为 O2O 业务站台，并多次对外表露了百度在 O2O 业务上的决心，直到 2014 年年中，百度外卖才正式上线。

因为门槛低、前景好，2013 年至 2014 年外卖最火的时候，除了互联网巨头之外，当时凡是有一点量级的公司，都悄悄增加了自己的外卖业务，企图分得一杯羹。但随着 BAT 的相继入场，外卖行业群雄逐鹿的草莽时代很快终结，开始进入"饿了么"、美团外卖、百度外卖"三国杀"阶段。

## 并购大众点评

丘吉尔说过，没有永远的朋友，也没有永远的敌人，只有永远的利益。国与国之间如此，企业与企业之间亦如此。

2015 年，外卖烧钱大战如期上演。但美团和大众点评，这对昔日劲敌，突然握手言和，上演了"一笑泯恩仇"戏码，改变了"三国杀"局面。

2015 年 10 月 8 日，美团和大众点评网联合发表声明，宣布达成战略合作，双方共同成立"新美大"公司。合并后的"新美大"采用双 CEO 的架构，张涛和王兴在新公司拥有共同的话语权，共同担任联席 CEO 和联席董事长。

事发突然，连张旭豪都感叹自己后知后觉，此前找自己战略合作的张涛突然从"饿了么"群里退出，张旭豪竟然没有意识到会发生什么变故。毕竟，大众点评和"饿了么"联盟才不过一年多时间。

美团和大众点评昔日冤家大联姻，无论大家觉得多么不可思议，但商业并购不存在事发突然，都是蓄谋已久的结果。

表面上看，这是一个"快鱼吃慢鱼"的经典案例。互联网世界"唯快不破"，美团发展神速，一日千里，而大众点评资格老，速度过慢，所以"快鱼"美团吃掉"慢鱼"大众点评理所当然。实际上，这不过是一场资本促成的并购。

作为团购领域的 NO.1 企业和 NO.2 企业，美团和大众点评都没有躲过烧钱不赚钱的硬伤。"快鱼"美团交易额惊人，但毛利很低，用户对价格敏感，外卖根本赚不到钱，美团一直欠资本市场一个清晰的盈利故事。"慢鱼"大众点评的日子更不好过。

在资本寒冬之下，无法盈利的美团和大众点评，想通过高估值单独融资，实在太难。何况，还有一直虎视眈眈的百度糯米在搅局。通过合并的方式，减少恶性补贴战，就减少了亏损。而且，两家合并在一起，估值就很可观了，美团网原先估值在 100 亿美金，大众点评网的估值有数十亿美金，合并意味着估值至少 150 亿美金的中国最大的 O2O 公司诞生了。

作为资本方，很乐意看到他们走到一起。美团和大众点评的商业模式和业务领域越来越趋同，继续火拼下去，王兴和张涛有耐心，投资人可就不耐烦了。谁都不愿意自己投出去的钱，在一场不知何时结束的胶着战中打了水漂。

所以本次并购得到了阿里巴巴、腾讯、红杉资本等股东的大力支持。实际上，据说是红杉资本创始人沈南鹏、华兴资本创始人包凡一手促成的。有业内人士爆料，合并早在 9 月底已经基本谈妥了，沈南鹏和包凡在刘强东的婚礼上最终确定了相关细节。

领英全球副总裁兼中国区总裁沈博阳当时就在微博上写道："大众点评与美团宣布合并。恭喜张涛，恭喜王兴，更恭喜背后的推手红杉资本沈南鹏。红杉同时是点评和美团的 A 轮投资人。这个合并对整个中国互联网，尤其是 O2O 领域未来的走势影响巨大。一个新的入口和平台就此诞生，拭目以待。"

之前，把乐蜂网出售给唯品会，红杉资本就是幕后推手，此次把大众点评推给美团，不过是红杉资本故伎重演。如果说有点突然，是因为时间点上，红杉资本对大众点评的投资周期已经高达 10 年，逼近私募美元基金的退出时间上限。

　　不管怎么说，在暂时无法决出胜负的情况下，通过合并结束恶性竞争，对美团和大众点评来说都是好事，投资人乐意撮合，他们也就愿意配合。

　　"我们和大众点评走在一起，红杉作为两边最重要的投资人，起了非常积极的作用。我们也希望在接下来的五年甚至十年时间里，我们整个公司能够跟红杉有更多的合作。"[1]在红杉资本中国基金十周年暨创业者盛典上，王兴在感恩资本玉成的同时，也给创业者说了一句经验之谈：

　　　　"跟厉害的投资人合作，你不用去讨好他，而是要在见面之前做好公司，符合对方的判断。"

　　合并一个月过后，也就是2015年11月10日，王兴发了一封内部信，确认大众点评的创始人张涛从新公司的CEO岗位退出，担任董事长，而王兴担任唯一的CEO。在信的结尾，他说："这次变化是两个团队'婚后'生活的重要一步，是大家彼此包容、相互信任结出的第一个果实，就像一个刚刚呱呱坠地的孩子，尚不强壮但非常健康，必将茁壮成长。但是一切才刚刚开始，内部业务和团队还有很多工作要做，外部竞争仍然激烈，市场瞬息万变，危险与机遇并存。"

　　沈南鹏后来的公开信中则揭示，当时是张涛作了这个让王兴独自操盘的决定。王兴过去带领美团在商战中所取得的卓越战绩，获得了张涛的信任。而说到底，是因为张涛和王兴对于"外部竞争仍然激烈"达成共识，才派出作战经验相对来说更加丰富的王兴扛起重担。

---

[1]《我与红杉接触的这十年》，王兴，2015年10月17日

美团、大众点评合并之前，已有优酷和土豆、快的和滴滴的类似合并案例，但美团、大众点评合并后，却远没有它们幸运。优酷和土豆合并之后，直接减少了两者在版权购买、广告费用方面的"浪费"，集体迎来一个大 IP 时代；滴滴和快的合并之后，补贴大战结束，从此在大城市出行产业一马平川。但美团和大众点评合并后，外卖行业的竞争依然激烈，"新美大"随时还面临南征北战。

当时业内人士就预测，"新美大近期的敌人是百度，长远的敌人是阿里巴巴"。此前，行业怀疑百度发力 O2O 的决心只是口头说说，并不相信百度的一个业务部门能够打败具有强执行力的创业公司。但当百度豪言"账上还有 500 多亿现金，先拿 200 亿来把糯米做好"，明显把 O2O 作为最大战略后，美团外卖的压力立马就来了。百度的优势是流量 + 资金 + 技术，如果李彦宏决心够大，"新美大"说不定会被打垮。

从更长远来看，O2O 发展已经进入了抢占 B 端的阶段，阿里巴巴 + 蚂蚁金服将有可能成为外卖行业的重大变量。和百度、腾讯不同的是，阿里巴巴具有超强的商务基因和线下推广实力，一旦全力押宝餐饮外卖，"新美大"未必能占优。

总之，美团和大众点评的合并，不仅是搅动了外卖行业，同时也对整个 O2O 市场进行了重构。合并对外卖行业的一个直接冲击是，"三国杀"的局面因此而终结。

## 美饿之争不断升级

张涛牵手王兴，让张旭豪有一种被背叛的感觉。张旭豪开始向阿里巴巴寻求援助。2016 年 4 月，"饿了么"完成 12.5 亿美元 F 轮融资，投资方正是阿里巴巴与蚂蚁金服。

美团外卖和"饿了么"各自有了腾讯和阿里巴巴的靠山之后，双方的竞争再度升级。除了疯狂攻城略池，在补贴大战上，双方更是打得不可开交，愈演愈烈。当时，双方的打法就是，只要一边每单补贴 2 元，另一边就补 3 元。等到这边 3 元补贴活动结束，那边马上加码到 3.5 元，迅速收割用户。从 3 元到 5 元，补贴节节升高。

不过，后入场的百度外卖却选择坐山观虎斗，不参战只默默耕耘自己的白领市场，牢牢守着北京市场。2016 年春节，当"饿了么"和美团外卖全力备战时，百度外卖却淡定地给员工买票回家过年。

可是，不参战的后果是什么呢？因为百度外卖不参与补贴大战，消费者没有尝到甜头，也就慢慢忘了打开它的 App。据统计，美团外卖、"饿了么"与百度外卖 2016 年的市场份额分别为 63.3%、29.1% 和 6.2%。

市场萎缩，让百度外卖逐渐沦为百度的"弃儿"。从 2016 年开始，关于百度外卖"卖身"的传闻就开始了。百度外卖最初想被美团点评收购，据说双方在 2015 年就曾有过接触，2017 年初，传言再次发酵，甚至连"百度外卖和百度糯米打包出售给美团，交易已经接近尾声"

的消息都出来了。不过，最终没有合并成功。据说，没谈拢的原因是百度外卖报价太高，而王兴认为百度外卖的市场份额并不高，没有收购的必要，只需要在竞争中使把劲儿就能拖垮百度外卖。

2017年5月，顺丰收购百度外卖的消息开始传出，同样无疾而终。有知情人士透露，双方最终是因为价格问题告吹，最后选择业务合作。

最终，"饿了么"成了百度外卖的"接盘侠"。其实，张旭豪早就有意收购百度外卖，只是"饿了么"之前资金不够。

张旭豪对百度外卖情有独钟的原因是，在他看来，美团发展速度，是因为合并之后，大众点评和腾讯为其带来了巨大的流量，而百度的流量也很惊人。另外，百度外卖深耕白领市场，"饿了么"主要在校园市场，收购百度外卖可以补齐"饿了么"在高端市场的空缺，借此可以抗衡美团外卖的多元化业务构成。

2017年6月，再度获得阿里巴巴10亿美元战略投资之后，"饿了么"决定收购百度外卖。8月24日，"饿了么"正式宣布与百度外卖合并，具体的合并细节包含：百度外卖5亿美元出售；百度打包一些流量入口资源给"饿了么"，作价3亿美元，总共价格为8亿美元；百度外卖的人工智能和大数据技术，将技术赋能给"饿了么"的即时配送体系。

"饿了么"收购百度外卖，意味着外卖市场3进2格局的形成，"三足鼎立"之势从此不复存在，剩下的就是"饿了么"与美团外卖之间更加残酷的双雄争霸。

在这场终极争夺赛中，美团游刃有余，而"饿了么"就显得有些力不从心。"农村包围城市""低线粮仓补给核心城市"是美团从团购时代就定下的策略，凭着这个打法，美团让曾经的最大对手——大众点评也不得不从一二线城市下沉三四线城市。

和美团外卖短兵相接之后，"饿了么"也被迫从一线城市下沉，但此时的美团已经在三四线城市扎根，"饿了么"的进入成本很高。

在下沉市场，"饿了么"的单量与商户覆盖劣势明显，偏远地区门店的渗透率低，大规模补贴的烧钱模式让平台的亏损更加严重。补贴就像是打兴奋剂，短期提振单量没有问题，一旦补贴减少，数据则又会回落。"饿了么"保持高投入的结果就是屡战屡败。

餐饮外卖本就是薄利多销，烧钱不是取胜出路。长期优化经营，降低运营成本才是外卖平台的存活之道。王兴早就看透了外卖的赚钱逻辑。

主抓下沉市场的美团，在起跑线上领先了"饿了么"一大截。权威数据显示，在外卖用户占一半以上的三四线城市，选择美团外卖的用户比例高达 73.7%，而饿了么只有 25.8%。

在商家争夺上，美团拿出了杀手锏——"逼独"。美团外卖的销售人员当时都背着"独家商户数"的 KPI。对于不赞同的商家，要么上涨佣金，要么直接下架。多数商家会因为数以倍计的美团下单量而放弃"饿了么"。这一招简直就是对"饿了么"的碾压。

整体来看，尽管"饿了么"在各个方面做出了相应的对策，但美团外卖俨然固若金汤。美团一路走过扩城市、招代理、代理转直营之路，护城河在牢固的地基之上逐渐壮大，"饿了么"要反攻，确实非朝夕之功能达成。按照王兴的说法：

> "不可胜在己，可胜在敌。在竞争中，有时候只要不犯愚蠢的错误，就是胜利。"

"饿了么"屡战屡败，让张旭豪越来越丧失信心。最后，当初那个坚决不"卖身"美团、一心想做到上市的张旭豪，把"饿了么"彻底卖了。

"饿了么"最终卖了一个业内大高价，这其中还有美团的功劳。

最开始阿里巴巴给"饿了么"开价 70 亿美金,"饿了么"找到美团,美团开价 90 亿美金,"饿了么"拿着美团的报价又去找阿里巴巴,最后阿里巴巴只好抬价到 95 亿美金。2018 年 4 月,300 万配送员、16000 名"饿了么"员工归于阿里巴巴,"饿了么"成为阿里巴巴触角的一极。

全资收购"饿了么"之后,阿里巴巴开启新零售战略,在本地生活服务全领域,与美团展开了全方位的厮杀。此为后话,我们下文将细讲美团与阿里巴巴的恩怨。

# 拒绝"一家独大"

当外卖领域只剩下美团和阿里两大巨头，大家都觉得王兴会乘胜追击，拼个你死我活，争取一家独大。然而，这不过是外界一厢情愿的解读。其实，一直以来，美团虽然树敌无数，但很少是自己主动开战的，都是对手觉得威胁到自己找上门的。比起追求所谓的一家独大、独步天下，王兴更看重的是美团自身的价值突破。

王兴很喜欢罗伯特·M·伯西格的一段话："大部分人望着高峰，但他一生从来不曾攀上过，只是听听别人的经验就已经很满足，而自己不愿意花费任何心血；第二种人依照前人的成功经验，成功登顶了；第三种人没有登顶的经验，但是他又怀疑前人登顶的经验，于是他决定自己探索出一条路来，最终也成功登顶了。第三种人于是明白了，登山没有一条唯一固定的道路，有多少人就有多少条路。"[1]

2016 年 7 月 2 日，合并后的"新美大"在北京召开了主题为"同心同行"的年中战略沟通会，王兴第一次提出"中国互联网已经进入、'下半场'"的观点，并公布了合并后的多项数据：截止 2016 年 6 月 30 日，"新美大"全平台日订单峰值已经突破 1150 万单，活跃买家达到 2.2 亿，旗下 App 月活跃用户数达到 1.8 亿，这两个重要的用

---

[1]《禅与摩托车的维修艺术》，罗伯特·M·伯西格，重庆出版社，2011 年 9 月 1 日

户指标都仅次于阿里巴巴，超过京东，位居中国电子商务平台的第二名。

接下去是不是全力超越阿里巴巴呢？王兴详细分享了自己的判断，并给出了答案[1]：

之前中国互联网的发展，在很大程度上靠的是人口红利，不管是早期 PC 时代，还是过去几年移动互联网爆发期，用户每年都在快速增长，大家的业务跟着水涨船高。但是，这个时代已经过去了，智能手机的年销量已经不增长了，总体网民的增长也大幅趋缓。这个时候两条路：要么开拓海外市场，可能还有更多用户，但是国际化非常不容易；要么精耕细作，把原有的用户服务得更好，通过每个用户创造更多的价值。

从最宏大的角度来讲，整个中国经济也进入了"下半场"。过去那种粗放的高速增长已经一去不复返，中国经济需要转变增长模式。总之，"用户红利"所剩不多，各行各业都需要真正去创新、真正通过精耕细作来服务好用户，从而发掘用户价值。

"下半场"说，表明了王兴从竞争回归到商业本质（做好自己以服务用户）的态度。

事实上，早在 2012 年 6 月接受《福布斯》专访时，王兴就说过："从 2010 年 3 月我开始做这个事情（O2O），就相信这是一个长远来看市场非常大的事情，但最终你要成为胜者的话，就必须能够很扎实地持续前进，而不是一惊一乍的，一会儿很猛，一会儿完全歇着。这是一场马拉松。"

在团购千团大战时期，王兴选择了他擅长的方法——通过对数据的积累、分析和优化来解决问题，不断增加在 IT 方面的投资，建立

---

[1]《中国互联网进入"下半场"》，王兴，2016 年 7 月 2 日

强健的信息系统。同时，加强团队精细化管理，打造出了一支经得起市场考验的铁军。凭借技术后盾和地推队伍，美团无往不胜。

同样地，在外卖大战中终于可以停下来喘息的时候，王兴又开始强调"苦练内功"了。他始终有一个观念：

> "要短期盈利不那么难，最关键的是你要能够盈利和增长两方面同时保持。"

王兴很少谈对手，更多谈的是，未来美团的重点是不断降低餐饮外卖的成本，以增加盈利。他始终相信外卖市场的规模足够大，大到容纳一两家甚至几家大的企业。外卖行业还处于增长阶段，最终大家都会受益于这个行业的增长。美团要做的是不断提升自己的服务和效率，确保美团 ROI [1] 是健康的。

作为外卖业务的具体负责人和美团的对外发言人，王慧文不止一次传达过王兴的这一观点，他还创造了一个概念——"王慧文四杀" [2]。

在资本市场上，有一个著名的"戴维斯双杀"概念，一家公司成长后半段不可避免会面临业务萎缩、利润降低，最终导致股价暴跌。王慧文认为，在"戴维斯双杀"之外还会发展到另外两件事：由于大规模优秀员工的离开，导致公司做好用户体验的能力下降，这是第三"杀"；做用户体验能力下降，进一步导致整个用户口碑的恶化，舆论和公众会认为黑这家公司变成一个政治正确的行为，不管这家公司做什么事，大家都认为是错，这是第四"杀"。在中国，尤其在互联

---

[1] ROI: 投资报酬率

[2]《从用户体验出发的一些思考》，王慧文，2018 年 4 月 4 日

网商业世界，后两个伤害，比"戴维斯双杀"还严重。

因此，如果一个行业是大众刚需，比如外卖行业，应该保持2—3家的竞争状态，尤其要避免非用户选择性的一家独大，即通过资本的方式实现一家独大，强行让两个公司合并同类项。"没有竞争就不会有用户体验，我们不要指望一家公司在一个行业彻底垄断、一家独大的时候，它的资本方、CEO、业务负责人和员工还能保障用户体验。这个时代太考验人性了，很残酷，很残忍。不要考验人性！"

整体上，美团在外卖竞争的态度就是：无惧对手，但也不必完全消灭对手。一家独大对于消费者来说不是好事，而如果消费者体验不好，整个行业就会受到影响。与其花精力消灭对手，不如想办法服务好用户。

外卖O2O模式本质无非就是把线下的餐饮信息放到线上，再把线上的客人流量导入线下门店。所以如何把主要信息有效地传递给用户是至关重要的。为了让用户上瘾，之后美团一度在技术上狠下功夫，保持一个月一次大的版本迭代速度。一个成熟的App迭代这么频繁，赢得了业界交口称赞。

比如，在便捷性上，美团外卖筛选页和商品页的多次迭代都剑指用户体验，筛选维度越人性化，商品详情页越丰富，越能够提升用户订餐的速度。安全性上，美团外卖首创了拉黑骑手的功能。消费者可以拉黑送餐的骑手，尤其是女孩子如果觉得某次送餐员图谋不轨、伺机试探是否一个人住，就可以把这个骑手拉黑。当然关于骑手的人品问题，美团还是很重视的，拉黑骑手的功能是为了进一步保护消费者。获得腾讯支持后，美团外卖充分利用微信和QQ绑定账号的社交优势，大玩社交抢红包、社交发红包，把送优惠做成了一种惯性的会上瘾的产品。

正是专注技术后台上的优势突破，让美团越来越有底气，王兴甚至无限骄傲地对外宣称："在互联网领域，中国经验或是中国方案，可能比美国经验或美国方案，对其他金砖国家和广大发展中国家更具有借鉴意义。在'互联网 + 餐饮'领域，中国不但领先其他发展中国家，而且也领先发达国家包括美国，美团外卖的规模是美国同类型企业的十倍。"[1]

古代孙子兵法有云："不可胜在己，可胜在敌。"善于作战的人只能够使自己不被战胜，而不能使敌人一定会被自己战胜。胜利可以预见，却不能强求。使自己不被战胜，主动权掌握在自己手中。显然，王兴是对这句话的最好诠释者之一。

---

[1] 王兴在金砖峰会上的演讲，2017 年 9 月 4 日

# 王兴有话说：创业如何错位竞争

有意思的是，回过头来看，从团购大战到外卖大战，王兴都在做同一件事——避开阿里巴巴。

有两本书对王兴制定战略产生很大的影响。在《创新者的窘境》这本书中，克里斯坦森研究了磁盘驱动器 20 年的历史，统计出数据说，如果你正面跟巨头竞争，成功率只有 6%。如果你率先进到一个新兴价值网里面去，采用一种破坏性创新的竞争策略，成功率会高达 37%，有 6 倍的差距。在《好战略、坏战略》这本书中，理查德·鲁梅尔特说："对于一个初创企业而言，并不是说你没有机会了，一定要找到扬长避短的领域。让你的长处更长，短处没那么重要。"它们强调的是同一个意思：创业就是要错位竞争。

1. "四纵三横"说

关于错位竞争，王兴最早有个"四纵三横"说。他说，互联网里有 4 个领域，资讯、交流、娱乐和商务。Web1.0，也就是搜索时代，这几个领域都有巨头，比如资讯有百度，交流有腾讯，娱乐有盛大，商务有阿里巴巴。所以，他必须去 Web2.0 时代找机会。Web2.0 时代，也就是社交时代，资讯领域巨头有新浪微博，交流里有人人网，娱乐里有开心网，这些他之前都试过了，所以他选择到商务里面寻找机会。

当时商务领域的第一巨头是阿里巴巴。王兴创业做团购的第一考量，是如何跟阿里错位竞争。

"在电子商务领域，阿里巴巴和京东已经占据了 90% 以上的成交额，所以与其再开一家类似的电商平台与它们竞争，不如利用它们的资源来合作，或者干脆在它们的平台上开店。美团要做的是通过互联网去改变本地吃喝玩乐产业。"这就是美团 2010 年的定位。

2.AB 分类法

如果一刀切，整个互联网分成两类，A 类是供给和履约在线上，B 类是供给和履约在线下。A 类是视频网站、直播、在线游戏等，B 类是淘宝、京东等，美团点评大部分业务也属于 B 类。但如果再细分，B 类可以分出 B1 类和 B2 类。B1 类是以 SKU（库存量单位）为中心的实物电商，B2 类是以 Location（定位）为中心的生活服务类电商。外卖是生活服务电商，卖书、家电、衣服是实物电商。

通过 AB 分类法，王兴进一步把美团与阿里巴巴所涉及领域区分开来。2016 年《财经》专访王兴时问过一个尖锐的问题：美团和滴滴的出现，是否给原来以 BAT 为主导的互联网秩序带来变化？

王兴的回答是："互联网领域的竞争规律没有本质改变，不是在原有领域把原来的人挤掉，而是在新的战场扩大，新的玩家占住了新的战场。创新永远在边缘。"

3. 以小博大

在边缘创新，并不代表没有野心。错位竞争不是自甘弱小，而是为了让棋盘变大。让棋盘变大，不是在同一个平面里变大，而是击穿以后变成更高的维度，在更高的维度里变大。简单来说，就是创业一定要追求做垂直市场的第一，有了一个第一，就可以创造更多个第一。这就是美团在外卖上坚持死磕到底的原因所在。

其实，这个打法是王兴从自己的偶像杰夫·贝索斯那里学来的。在杰夫·贝索斯的创业理念里，亚马逊从来不是"书店"，他只是选择通过卖书来形成强大的垄断，然后再开始卖别的东西。先巩固小垄断，然后越做越大，形成一个生态圈。

有了猫眼电影和美团酒店的试验，美团对外卖垂直领域寄予了厚望。正如王慧文所言，美团做那么多垂直项目，目的就是要多试一试，直到做成一个第一，然后复制更多的第一。也就是说，小小的外卖寄托了王兴大大的梦想——先避让着阿里巴巴，最终要和阿里巴巴平起平坐。

第八章

# 直接和马云叫板

"我们是一家以客户为中心的公司，我们从来不是为了跟别人（成为敌人）。在对手这件事上，就像开车一样，你得偶尔看一下后视镜，但你不能盯着后视镜开车。"

## 曾经的暧昧

有人的地方就有江湖，有江湖的地方就有纷争。互联网江湖，纷争尤其多，且历来充满血腥味。初生牛犊不怕虎的王兴，一路上树敌无数，其中最大的"敌人"就是阿里巴巴。

关于王兴和马云的恩怨是非，要从当年的"千团大战"说起，其中一个关键人绕不开，这个人就是前面提到过的干嘉伟。

2019 年 4 月初，金沙江创投合伙人朱啸虎在朋友圈发了这么一段话：

"其实当年阿里投资拉手的法律文件都已经做完了，可惜（拉手网 CEO）太年轻气盛，一定要求阿里不许上线聚划算，导致阿里最终放弃投资，转而投资美团。中供铁军也是最讲政治的，阿干（干嘉伟）选择去美团很大原因也是因为阿里投了美团。阿里的战略投资在那个时间点上确实对战局起到了关键性的转折作用。人生如棋，落子无悔。"

关于当年干嘉伟加入美团的原因，外界一个普遍的猜测是，干嘉伟是带着阿里巴巴的文化输出和"政治任务"加入的。朱啸虎此番旧事重提，似乎证实了这种猜测。

朱啸虎还透露一个细节：他当时给拉手网推荐了两个人，一个是干嘉伟，一个是沈皓瑜。由于"CEO 心胸不够开阔"，没有及时邀请职业经理人，致使干嘉伟加入了美团、沈皓瑜加入京东商城，拉手网错过了快速发展期。

对此，干嘉伟本人在朋友圈的回应是：去美团完全是个人决定，经历了内心挣扎、组织挽留后才下定决心离职。此时的干嘉伟刚离开阿里巴巴没多久，很多人认为他碍于老东家的面子，回应有所保留。

那么，事实究竟如何呢？

时光回溯到 2011 年，当时团购网站的竞争进入白热化阶段，虽然叫"千团大战"，但实际上市面上有 5300 多家公司争抢这个蛋糕。当然，涉及电商，阿里巴巴不会无动于衷。

财大气粗的阿里巴巴，有心投资拉手网和窝窝团，就派"中供铁军"的两位骨干——吕广渝和干嘉伟，分别去考察团购的前两名——窝窝团和拉手网。

随后，阿里巴巴投资了窝窝团，吕广渝代表阿里巴巴加入窝窝团担任 COO。值得一提的是，千团大战结束后，吕广渝先后加入百度系的安居客、腾讯系的大众点评，在美团与大众点评合并后，吕广渝辗转成为王兴的人，直到 2017 年离职创业无人货架猩便利，而猩便利的投资人就有王兴。

正如朱啸虎所揭示，阿里巴巴当时也打算投资拉手网的，一方面因为拉手网 CEO 的态度问题，一方面也因为王兴的主动找来，最重要的是，相比之下，阿里巴巴觉得美团对团购的理解最接近本质，在千团大战中赢面更大，后续发展后劲更足，于是转投美团，干嘉伟就和吕广渝一样代表阿里巴巴加入美团，担任 COO。

据阿里巴巴集团前副总裁兼阿里资本董事总经理张鸿平后来回忆，当时阿里投资部见过了团购战场上的前几名后，最终选择了规模不是最大，数据却十分稳健的美团，主要原因一是看好美团的团队，二是看好他们的打法，在团购竞争最为关键的获客手段上，美团选用了效率最高的方式——网络投放，当时对手都在地面疯狂争抢，美团却在百度、360 等平台以较低成本投放广告，获客很快。

当阿里巴巴决定投资美团的那一刻起，千团大战的结局几乎就注定了。当时 BAT 三巨头，百度还没有正式入局，腾讯扶持的高朋网一度很失败，阿里巴巴的加入，成为团购大战的决定因素。

2011 年 7 月，正值资本寒冬之际，阿里巴巴投资的 5000 万美元对于美团来说，无疑是雪中送炭。拿到钱的美团，专门召开了一次发布会，公示了自己的现金储备，共约 6200 万美元。秀账户的公关操作，起到了稳定军心的作用，消除美团即将破产的传言。2012 年后，美团一骑绝尘。

除了真金白银的投资，阿里巴巴还向美团输入了干嘉伟这员猛将。干嘉伟加入美团，确实得到了阿里巴巴的批准。在加入美团之前，干嘉伟曾管理 7000 人团队，拥有丰富的组织和运营经验。如果不是有心收购美团，阿里巴巴是不会轻易放这么一位干将到同行企业的。干嘉伟带着阿里的使命和价值观加入了美团，依托"中供铁军"的线下打法，通过"降维打击"，快速帮助美团建立起优势，一年之后，美团在团购网站中脱颖而出。

对于阿里巴巴来说，给美团投资和资源扶持，目的是填补自身本地生活服务的缺口。但阿里巴巴给业界的风评是，一旦被其投资，就逃不过被并购的命运。

俗话说，吃人嘴软，拿人手短。王兴当时确实也很担心：拿了阿里巴巴的钱，是不是就要站队？然而当时的情况，由不得他多想。据美团股东、红杉中国创始合伙人沈南鹏回忆："美团 B 轮融资时并不是那么顺利，甚至出现领投基金签完投资意向书后放弃的情况。"也就是说，不拿阿里巴巴的钱和资源，美团可能会重蹈校内网因资金链断裂而被迫贱卖的覆辙，这是王兴最不愿意看到的，所以他选择拿了阿里巴巴的钱和资源。

整体来说，2011 年 7 月到 2014 年年底，属于美团和阿里巴巴的"蜜月期"。在帮助美团从团购大战中胜出之后，2014 年 5 月阿里巴巴领投美团 3 亿美元 C 轮融资。不得不说，这时候的马云是非常欣赏和重视王兴的。在此期间，阿里巴巴关闭了自己的口碑网，并向美国集团开放淘宝流量，可谓诚意满满。

当然，马云也在尝试左右王兴。经常对外宣称，阿里巴巴将把美团纳入"阿里系"。对内控制上，阿里巴巴希望美团承诺只用支付宝，但王兴一直没有明确表态；在投资上，当美团发展越来越好后，阿里巴巴利用自己的有限特权，多次增加投资获取更多股份，2012 年业内甚至一度传出阿里即将收购美团的消息，但很快被美团否认。王兴在微博曾经写下这么一句耐人寻味的话：

"再一次看到'The best way to rob a bank is to own one'这句话，依然感触良多。这句几十年前美国银监界人士的名言在今天的中国完全适用，真是'抢银行不如开银行'。"

王兴一直独立创业，个性又比较强，对阿里巴巴的干预很不满意，这为日后两家决裂埋下了伏笔。商场永远如此：没有永恒的朋友，只有永恒的利益。一个想占为己有，一个伺机反抗，美团和阿里巴巴的暧昧期，注定不会太久。

# 艰难的"二选一"

2016 年 7 月 30 日，王兴发了一封内部邮件，任命干嘉伟为人才培养平台"互联网 + 大学"（Internet Plus University，简称 IPU）首任校长，其原来负责的到店餐饮事业群，连同外卖配送事业群、餐饮生态平台，统一整合为"餐饮平台"，由王慧文负责。

人事任命书一出，干嘉伟一下子从一个实权部门的负责人变成一所企业大学的"校长"，外界盛传他被边缘化了。干嘉伟当时在内部信中也表示，"就好比一支足球队，踢前锋的跑去踢后卫了"。实际上，这不是王兴第一次对干嘉伟的"降职"。2015 年年末美团与大众点评合并之后，干嘉伟就已经从美团的首席运营官，变为一个事业群的负责人。

在干嘉伟发出内部邮件后不久，王兴回复了一封超过千字的邮件。"面对激烈的市场竞争，阿干带领团队坚持做正确的事，打造了享誉行业的'铁军'，其中有多少挑战、多少艰辛、多少苦闷，可能不为外人道。可以说一句，没有阿干，就不会有我们今天的发展。"王兴在回复邮件中动情地说，"由阿干出任 IPU 首任校长，实至名归，也让我们对公司人才平台建设充满了期待。中国互联网刚刚进入下半场，我们的事业也刚刚进入下半场，没有中场休息，我们需要一刻不停地去创造未来。祝阿干校长桃李满天下，既往不恋，纵情向前！"

王兴充满感情的回复，并没有留住干嘉伟。自此干嘉伟离职的消息就频频传出。直到 2017 年 4 月，高瓴资本确认干嘉伟加入担任运营合伙人。

当时加入美团时，干嘉伟曾经动情地说："美团是我第三份工作，应该也是我最后一份全职工作。"然而，夹在美团和阿里巴巴之间的他，身不由己。干嘉伟在美团的任职期间，亲手打造了美团的线下地推铁军，帮助美团在团购领域弯道超车，一步步登上中国 O2O 领域的王座，可谓功不可没。就算美团和大众点评合并后，他被降职，也没有因此撂挑子，而是兢兢业业完成了极其艰巨的任务，把美团外卖和大众点评两家公司的线下团队整合到了一起。

干嘉伟的离职，被视作美团和阿里巴巴彻底决裂的标志。同一个时间，上文提到的另一位阿里人吕广渝也离职了，这似乎不能以巧合来形容。总之，从此以后美团的核心业务转由"自己人"掌控，美团为"下半场竞争"做足了准备。

其实，从 2013 年开始，王兴就在极力谋划摆脱阿里巴巴，他不断尝试引入新的投资方，来平衡阿里巴巴的影响力。从 2014 年 5 月到 2015 年 1 月，美团在半年时间里完成多轮巨额融资。对于王兴的这些动作，阿里巴巴一直忍着，直到 2015 年 10 月，美团和大众点评合并，阿里巴巴再也忍受不了，双方的矛盾终于彻底爆发。干嘉伟正是在此时从 COO 变成了到店餐饮事业群负责人。

美团和大众点评的合并刺激到了阿里，因为大众点评的投资者中有腾讯，两家合并后腾讯在美团点评新公司的持股份额超过 10%，而阿里巴巴在合并后只持有大约 7% 的股份。

王兴当然知道引入腾讯的后果，为此他在合并后特意去找了马云。以下是 2017 年 5 月，王兴第二次接受《财经》杂志专访时的原话：

《财经》：在美团与点评的合并中，据说你和腾讯联手把阿里请出去了。

王兴：这是误解。事实上美团点评在 2015 年 10 月合并之后，我还专门去拜访了马云和逍遥子。我认为前面有滴滴快的这个成功的例子——原来两家 A、T 打得不共戴天，后面握手言和，都成为滴滴的股东。所以我跟阿里说美团非常希望可以同时得到腾讯和阿里的支持，但他们说："你完全搞错了，我们认为滴滴合并快的对阿里来说是一个失败的例子，我们不会让这种错误再次发生。"

《财经》：当时你怎么回答的？

王兴：我说腾讯已经答应进一步投资美团点评。阿里说，我们可以投钱给你，你要 10 亿美元可以，20 亿美元也可以，我们都可以投，但是你不能再要腾讯的钱。可是，腾讯也是我们很重要的股东，而且是一个比较友好的朋友，所以我不觉得应该如此。[1]

显然，王兴的态度让阿里巴巴方面极其不满。合并后不到一个月，阿里巴巴宣布退出美团。投资了美团 5 年后，阿里巴巴退出美团全部股份时，拿回了 9 亿美元。在外人看来是投资赚了，但马云显然不这么认为。看看阿里巴巴接下去的动作，就知道马云是多么看不上这点钱。决裂后，阿里巴巴重启并加大了对口碑网的扶持，并于 2016 年 4 月，领投了美团的死对头——"饿了么"12.5 亿美元融资，在外卖和本地生活领域和美团形成全面对抗。

而美团，则再次接受了腾讯领投的 10 亿美元融资，坚定地站到

---

[1]《对话王兴：太多人关注边界，而不关注核心》，宋玮，2017 年 5 月

了腾讯阵营。在腾讯和阿里巴巴二者之间，王兴做了艰难选择，至于为什么会选择腾讯，在王兴看来：

其一，在可预见的将来，腾讯和阿里巴巴两大巨头继续水火不容，背靠腾讯这棵大树，美团可以换取发展时间。相比阿里巴巴的大生态商业模式，美团还处在平台化阶段，选择通过腾讯的制衡，美团可以继续拓展业务。

其二，长远看，有利于美团的独立发展。腾讯一贯的做法是对所投公司保持开放宽容的心态，控股但不控制。张勇曾经声称阿里巴巴是商业操作系统，旗下公司是"组件"，被投公司是"插件"；而马化腾一直对外强调腾讯是"连接器"，被投公司是不同"事业群"，保持相对独立。几乎所有接受腾讯投资的创业者，都高度评价其保持距离的开放风格。

其三，腾讯的社交优势会助美团再上一个新台阶，毕竟在中小城市微信流量体系要更加庞大，后来的事实也证明了王兴的判断，美团通过腾讯微信流量体系激活了大量外卖用户，通过分享抢红包玩转了社交。

总之，"二选一"站队，王兴是做了慎重考量的："腾讯不管是创始人的个性、整个团队的气质，还是业务战略，它是能更好和别人结盟的。"王兴是很有野心的人，不甘心居于人下，不希望美团被纳入任何人的版图之下。阿里巴巴的掌控欲愈强，美团的摆脱欲就愈浓。而与腾讯合作的本质，就是拿巨头的资源，做自己的事业。

在王兴的眼中，无论阿里巴巴还是腾讯，他们既不是敌人也不是朋友，只是能不能与自己合作的公司而已。对此，王兴说：

"我们是一家以客户为中心的公司，我们从来不是为了跟别人（成为敌人）。在对手这件事上，就像开车一样，你得偶尔看一下后视镜，但你不能盯着后视镜开车。"

　　正所谓，"神仙打架，凡人遭殃"。BAT 明争暗斗这么多年，受其影响的互联网企业数不胜数。像王兴这样有幸站在风口上的创业者，很难绕开 BAT。不过，"二选一"的站队，有弊也有利，能充当巨头打击对手的棋子，商业价值就会随之涨高。

## 挑衅马云

马云曾说过，阿里巴巴打着望远镜都找不到竞争对手。的确，互联网行业，敢公开叫板阿里巴巴的人太少，唯有刘强东和王兴两个例外。

美团和阿里巴巴分道扬镳后，王兴至少有三次因为"口无遮拦"公开批评马云和阿里巴巴而引起社会强烈反响。

第一次公开批评发生在 2017 年 5 月，王兴接受《财经》杂志记者专访时说到："从战斗力来说，阿里非常强，但如果他们各方面做得更有底线一点，我会更尊敬他们。"

王兴如此不给阿里巴巴面子，阿里巴巴一时间没人接招，还是刚"投靠"阿里巴巴的张旭豪站出来说话："你（王兴）没处理好与股东的关系是你自己的问题。"

后来，阿里巴巴首席执行官张勇才公开回应："我认为王兴，作为一名连续不断的企业家，今天必须有自己独特的特色。我过去非常希望与美团合作愉快，但后来我发现这就像谈论朋友一样。如果你错过了这一点，命运可能会消失。"

第二次公开批评发生在 2018 年 7 月，黄峥的拼多多成功吸引了 3 亿用户，入驻商家几百万，成为能与淘宝、京东竞争的电商平台。当时拼多多被质疑"假货多"，王兴站出来表态："一堆人质疑拼多多却不质疑淘宝（是如何起家的），这已经说明我们这个社会是多么健忘。"王兴讽刺淘宝靠卖假货发家的做法，被人质疑是对马云怀恨在心。

第三次公开批评发生在 2019 年 3 月，王兴在接受《彭博商业周刊》采访时有两句话被社交媒体无限放大了，一句是："阿里巴巴的这种思维方式很奇怪，如果你有什么商业举措，他们就认为你是在偷他们的钱。"一句是："我仍然认为马云有诚信问题，他们想用谎言蒙混过关，甚至想让政府部门背锅，说是政府强迫他们这么做的。这并非事实，我认为那件事的影响至今都被低估了。"

后一句引发的"马云诚信门"，发酵最久、影响最大。王兴所言的事件发生在 2011 年，马云在未告知大股东雅虎和软银的情况下，将支付宝业务转至由自己控制的中国公司，王兴称这一行为严重伤害了中国商界领袖在全球的声誉。

这里需要指出的是，《彭博商业周刊》这篇专访文章的外文版标题是《世界最大的外卖王国》，为了提升网络传播率，特意将中文版标题改为《独家专访王兴：我仍然认为马云有诚信问题》。在新媒体时代，这种"标题党"的做法一度很常见，也很有杀伤力。果然，标题一改，文章很快就火了，引起轩然大波。

对此，阿里巴巴方面的回应是，"企业领导人的境界格局决定了企业的未来，恶意中伤伤害不了阿里。"

时隔八年，王兴为什么敢旧事重提呢？因为关于此事他知道的细节确实比一般人要多。2011 年 7 月，美团接受了由阿里巴巴领投的5000 万美元融资，而融资的过程，正值阿里巴巴与雅虎、软银就支付宝股权转让的争执期。当时作为阿里巴巴主要股东的雅虎和软银确实对马云的行为存在异议，毕竟这影响了阿里巴巴的市值以及股东们未来的利益。三方沟通协商了很久，就在阿里巴巴领投美团的当月，才好不容易就支付宝股权转让事件正式签署协议，风波得以平息。王兴当时多次密切接触阿里巴巴，可能对此事的了解程度和感触要比其他人要深。

回过头来看，马云所谓的"背信弃义"也是出于无奈之举。2010年6月，央行出台了涉及第三方支付业务的《非金融机构支付服务管理办法》，其中对外商投资支付机构申请牌照有规定，"由中国人民银行另行规定，报国务院批准"。支付宝针对"另行规定"与央行各层面沟通的结果是：有外资持股的第三方支付企业，"要获得支付牌照，必须走国务院的通道"。马云为了顺利拿牌照，才将支付宝转到阿里巴巴集团。

对于当时为什么要私下操作，马云的解释是出于安全考虑："我理解的支付数据的安全是任何国家不会轻易放弃的，是安全问题而不是民族问题。"虽然他的解释未能服众，但一个客观事实是：支付宝成为一家内资公司，顺利拿到支付牌照之后，对于阿里巴巴的股东来说，实际上明亏实赚，这才是股东没有向马云追究过多责任的根本原因。

当然，王兴旧事重提的目的，并非要揪住马云的诚信问题不放。他耿耿于怀的也不是所谓的诚信问题，毕竟，2011年早就知道这一切的他，到2014年5月，还是接受阿里巴巴的投资。如果觉得马云的诚信实在恶劣，依照王兴的性格，他是不会接受阿里巴巴后续投资的。

那么，王兴究竟为什么要"手撕"马云呢？

口水战的背后，是阿里巴巴和美团在生活服务领域的矛盾到了不可调和的地步。当时，阿里巴巴集团首席市场官王帅在"饿了么"内部平台上如是写到："感谢'饿了么'的战友们，你们在外卖市场上的攻城略地，彻底引发了竞争对手对我们赤裸裸的人身攻击，这是对手对大家的战果的最佳表扬。"

从2015年10月美团与大众点评宣布合并之后，美团的日子就开始不好过起来。阿里巴巴在并购路上一直畅通无阻，美团的"倒戈"让阿里巴巴很窝火。为了围剿"叛将"王兴，阿里巴巴可谓大动干戈。

美团点评合并的第一时间，在阿里巴巴最高层会议上，蔡崇信就力主发力口碑网、拿下"饿了么"以牵制美团点评。很快，阿里巨额资金入股"饿了么"成为大股东。同时，通过"抛售"美团股份四处唱衰美团点评，当时网上出现大批关于美团的负面消息，至于和阿里巴巴的公关是否有关系，就无从考究了。总之，那段时间，美团点评在舆论上吃尽苦头。

外有强敌阿里巴巴围剿，内有美团点评整合烦恼，2016 年王兴备受煎熬，内心相当压抑，他还在微博转发一篇关于抑郁症需要被重视的文章，引人遐想。王兴知道站在马云的对立面，面对的后果很严重，但没有想到来得这么快、这么猛，所以才气到攻击马云没有底线。

问题是，王兴已经没法逃避与阿里巴巴的战争，2017 年百度战略上已经放弃 O2O，外卖"三国杀"结束，只剩下美团和"饿了么"死磕。美团步步为营，但阿里巴巴仍不依不饶。

2018 年 4 月，阿里巴巴更以 95 亿美元全资收购"饿了么"。收购的时候，阿里巴巴曾放过狠话：不考虑盈利，投入上不封顶！

随后，"饿了么"重返战场，开始不断制造摩擦。2018 年 7 月发动"夏季攻势"，扬言用三个月时间，通过 30 亿补贴大战，拿下一半市场份额。三个月过后，阿里巴巴又突然宣布，"正式成立本地生活服务公司，'饿了么'、口碑胜利会师，合并组成国内领先的本地生活服务平台。"这意味着，阿里巴巴与美团的竞争从外卖扩展到整个 O2O 市场。几乎同时，美团点评的股票开始跳水，股价狂跌至最低点。2018 年年底，'饿了么'被爆在平台上的佣金费率高达 26%，美团只好跟着提高到 22%；2019 年 1 月 6 日，"饿了么"推出"暖冬计划"：承诺口碑在竞对的基础上打五折，'饿了么'不涨价……种种迹象表明，阿里巴巴铁了心要灭掉美团，让王兴举白旗投降。

王兴曾向媒体委屈地揭示："阿里巴巴正在使用围剿和低价策略来试图拖垮美团。"他更多担心的是恶战会破坏整个 O2O 生态，而不是在怕阿里巴巴本身。诚如他一贯所言：

> "只要我们让商家和消费者两端满意，竞争对手是无所谓的。"

让他无限郁闷的是，即使看透了对方的企图心，美团除了应战，毫无办法。而烧钱大战的结果只有一个：大家谁也无法盈利。这是阿里巴巴乐意见到的结果。在这场争夺战中，"饿了么"和口碑网只是旗子，阿里巴巴最终要保的是蚂蚁金服。只要蚂蚁金服的市值持续上涨，在"饿了么"和口碑网上的投入就算不了什么。百亿美金砸在 O2O 上，对阿里巴巴来说是九牛一毛的事情，但对美团来说却无比难受，而且战争完全看不到结束。兵久不决，王兴免不了"口无遮拦"起来。

不过有人评价王兴挑衅马云是战术求救："在资源上处于弱势的王兴，力求在舆论上出奇制胜，以此为自己争取更多的战争资源。"

对美团来说，要打赢与阿里巴巴的这场不对称战争，几乎是不可能完成的任务。虽然美团背后有腾讯，美团也被业界视作腾讯狙击阿里新零售的棋子，但是，美团毕竟不完全属于腾讯，"腾讯系"下面还有京东、拼多多、同城艺龙、蘑菇街等业绩很好的公司，"不受掌控"的美团从腾讯那里获得的支持，不可能像阿里巴巴对于"饿了么"那般全力支持。王兴不断抛"雷"得罪阿里巴巴，确实像想从腾讯获得更大支持的一种策略。

## 拥抱腾讯

在和阿里巴巴撕破脸之前，美团已经把支付宝支付隐藏到了下折页面中，而首页显示的是微信支付。

阿里巴巴投资美团的其中一个重要原因，就是为支付宝拓展业务，如果美团对支付宝起不到积极作用，那阿里巴巴的投资就失去了意义。美团这是用隐藏支付宝、惹火阿里巴巴的方式，公开向腾讯示好，以换取充足的弹药和美团超高估值。

王兴的目的很快就达到了。2015年，在美团和阿里彻底分道扬镳的这一年，腾讯通过多轮投资、打包点评的方式，一步步成为美团大股东。美团很快成为腾讯系最闪耀的一颗星。与公开批评马云截然不同的是，王兴开始公开示好马化腾。

从2014年开始，网易创始人丁磊发起的"乌镇饭局"，成为年度焦点。2017年，一向风头无两的"丁磊饭局"却被抢了风头。2017年12月3日晚，第四届"丁磊饭局"之后，多了一场引人注目的"东兴局"，因为饭局是刘强东和王兴组的，美团负责饭局餐费，京东负责酒水买单，因而得名。据说，刘强东和王兴只在丁磊的饭桌上坐了不到半个小时，就去昭明书社组了这场互联网少壮派盛宴。

从后来风靡全网的那张照片来看，这个饭局的最中间坐着马化腾，左右手是刘强东和王兴，两边分散坐着高瓴资本张磊、滴滴程维、快手宿华、摩拜王晓峰、美团点评王慧文、知乎周源、58姚劲波、金沙江创投朱啸虎、京东金融陈生强、联想杨元庆、红杉资本沈南鹏、今日头条张一鸣。很显然，这是以"腾讯系"自己人为主的聚会。

当时，有网友给这张饭局照片的配词是"让我们紧密团结在以马化腾同志为核心的中国互联网大半壁江山周围"。还有人编了这么一个调侃菜单：

"腾讯四海蒸龙虾、美团良辰鲜味羹、京东紫气雪花牛、小米薪桂香鲍脯、高瓴浓意东坡肉、联想缀玉淋香蟹、头条春水小石蛙、摩拜泛海石斑鱼、快手称心煨冬瓜、五八皓月秋茭白、知乎寻味时令蔬、江湖携手香扒鸭、合作共赢一品锅。"

更有人说，王兴高调与马化腾在乌镇饭局上推杯换盏，意在表明自己对"腾讯系"忠心耿耿，与阿里巴巴和马云已恩断义绝。

"丁磊饭局"举办四届，没有邀请过马云；"东兴局"更是没有邀请马云。当时有人就此采访马云，马云的回答是："我没有想过参加还是不参加，反正也没人邀请我，当然邀请我也不一定有时间。我可以把全世界的人都请来，请来一帮顶级土豪，来组一个饭局。但饭局没有意义，这不是阿里巴巴要搞的，也不是我要表达的。江湖是讲义气，讲情义的，不是讲争斗的，我反正是不组织饭局。"然而，来年的世界互联网大会，马云即现身"乌镇饭局"，同周鸿祎、丁磊和张朝阳大谈当年的西湖论剑，以及金庸思想对互联网行业的影响，此为题外话。

对于BAT前辈，王兴一向是敬重的，如果不是为了美团的生存，王兴也许不愿意得罪马云，也不愿意为表明不与阿里一个立场而去刻复讨好马化腾。还是那句老话，人在江湖，身不由己。

不过，别看乌镇饭局上王兴围着马化腾转，在骨子里，王兴既然拒绝成为阿里巴巴的一分子，当然他也不愿意成为腾讯系的一员。行业内有一种说法是腾讯擅长做产品，百度擅长做技术，阿里擅长做运营。在王兴的心中，美团是可以成为 BAT 之外的第四极的：

> "腾讯用 QQ 和微信，把人和人连接到了一起。阿里用淘宝和天猫，把人和物连接到了一起。百度用搜索，将人和信息连接到了一起。而美团在做的是，要将人和服务连接到一起。因此才有了'吃喝玩乐全都有'的口号。"

即使暂时屈居腾讯麾下，但王兴不安分的本性依然掩藏不住。早在 2016 年 9 月，他就做了一件让马化腾非常头疼的事情：高调宣布已完成对第三方支付公司"钱袋宝"的全资收购，正式进军支付领域，想一举摆脱微信、支付宝的束缚，但由于微信支付和支付宝的市场份额太大，美团支付独立不到百日，又不得不回归微信支付。虽然美团支付并没有让美团在支付领域有所建树，但王兴不甘于人下之心昭昭。

后来，拼多多壮大后逐步脱离微信，美团又开始低调研发自己的小程序。微信入口和小程序引流，是美团对抗"饿了么"的重要武器，但是，随着越来越多的用户选择直接在微信下单，美团变成了单纯的服务提供商。这当然不是王兴想要的结果。如果过多流量集中在微信小程序上，美团就没法实现用外卖的高频带动其他低频业务。所以，王兴才开始研发自己的小程序。

所谓安全感，从来都是自己给自己的，将安全感寄托在别人身上，等同于从一开始就放弃了自主权。这个道理适合人际关系，也适用于商业合作。分久必合，合久必分。没有铁打的合作关系，在合作的第一天起，就要有能随时离开的觉悟。从这个角度来看，王兴的"反骨"其实是一种无论与谁合作都不忘保持自我独立发展的理智。

# 目标是平起平坐

管理大师杰克·韦尔奇说过："当你是市场中的第四或第五的时候，老大打一个喷嚏，你就会染上肺炎。当你是老大的时候，你就能掌握自己的命运，你后面的公司在困难时期将不得不兼并重组。"在竞争激烈的市场中，只有领先对手才能立于不败之地，彻底战胜巨头的唯一方法就是成为巨头。

王兴不肯向 BAT 低头，是因为他最终的目的是要成为巨头，和巨头平起平坐。

2017 年，在回到清华大学演讲时，王兴曾这样描述过美团的未来："我们非常努力地工作，不光确保我们在国内是领先的，而且确保我们在世界上是领先的，因为我们是要成为一个能做世界冠军的企业。"

据美团人员透露，王兴从创业开始就在内部自比马云，希望成就一番伟业。虽然腾讯和阿里巴巴在互联网产业中雄居第一和第二名已经很长时间了，但是王兴觉得未来美团一定可以和他们平起平坐。

自百度掉队之后，王兴的这种信念就更加强烈了。在包凡、王兴、张一鸣那场著名的三人对话中，王兴大赞阿里、腾讯非常厉害，但几乎不提百度。后来，更是建议使用 HAT（Huawei, Ali, Tencent）来代替 BAT。

经济学家詹姆士·海斯说："国际上曾有很多辉煌一时而最终却

以失败告终的企业，他们失败的原因固然是多方面的，但最关键的是他们自恃拥有几种专有技术，而忽视了新技术、新产品的开发，使企业逐步丧失了原有的核心竞争力和比较优势。"原本位于 BAT 之首的百度，因为错失了移动互联网新优势而掉队。

2012 年，移动互联网方兴未艾的时候，有媒体想采访李彦宏，百度公关部如是回应：让百度赞助活动可以，但采访报道李彦宏不需要。当时的百度巨头地位还很牢固，因为此前某次采访被断章取义后，李彦宏一怒之下就谢绝所有采访。而李彦宏的强硬，意味着他的地位更高。媒体一致认为，越难采访，地位越高。

曾经地位高于马云、马化腾，一度表示不可能接受和刘强东、王兴平起平坐的李彦宏，因为在移动互联网时代的"不作为"，最终被京东和美团赶超。最先扬言超过百度的是京东，但是野心勃勃的京东很快又被美团超越。

逆水行舟，不进则退。过去几年，为了维持股价和市值，百度也曾绞尽脑汁，一度砸重金跟进 O2O 市场，但百度外卖和百度糯米的表现实在差强人意，李彦宏就索性放弃了 O2O 市场。

2020 年 1 月，美团市值攀升到了 6668 亿港元，远远超过百度，成为中国第三大互联网公司，这时，王兴又做了一件舆论哗然的事情。他在饭否更新了一条动态："点击浏览器中的百度搜索结果总是会跳转到百度应用。为了解决这个恼人的问题，我删除了百度应用。"说者无心，听者有意。两天后，一些媒体翻出了这句话，大做文章，一石激起千层浪。

BAT 之中，王兴给人的感觉是越来越"看轻"百度。对于 AT 的态度，他一直抱着平起平坐的野心。有人说，阿里巴巴永远做不好社交，腾讯永远做不好电商，而 AT 都做不好 O2O。虽然美团的实力还差了点，但是它做 O2O 确实很强。王兴也是一直这么认为的。

2011 年团购大战的时候，第一名拉手网宣布获得 1.1 亿美元 C 轮融资，在资金上占了优势，请来葛优当代言人，铺天盖地地打地铁、公交等户外广告。第二名窝窝团则砸重金整合地方团购站和四处挖人。窝窝团先将美团等团购站的普通员工挖一遍，一般从双倍薪水开始，再白送 5 到 10 万元以示诚意。后来，对于重要的城市经理，创始人徐茂栋亲自上阵去挖。当时徐茂栋差点儿挖走了美团二号销售沈鹏，王兴几次亲自游说才留下了沈鹏。尽管如此，占了美团四分之一销售业绩的上海团队，还是成功被徐茂栋挖走了。徐茂栋得知美团上海经理王洋的妈妈脚崴了，在王洋台州老家雇了四个最好的医生去给他妈妈看病。王兴连夜飞过去挽留，为时已晚。

在拉手网的疯狂打压、窝窝团的疯狂挖墙脚之下，内部人员对王兴充满质疑。王兴开会时大讲服务电商的未来，台下的城市经理却无情质问："美团到底还有没有钱？为什么不像对手一样打广告？"在人生最灰暗的时刻，王兴的回答是："我坚信本地生活服务的互联网化会带来一个比阿里巴巴更大的市场。"

据一位参与过美团融资事情的投资人称，王兴在美团 2011 年的融资材料中就曾提到，他想做"中国的亚马逊"。阿里巴巴早期的榜样就是亚马逊。在后来的媒体采访中，王兴更是多次公开表示，自己的榜样是贝佐斯。

贝佐斯在第一封股东信中就写过：一切关于长远价值（It's all about the long term）。后来，他做的一切事情都是围绕长期价值展开的，不断推迟亚马逊盈利时间，把赚来的钱再投资到新业务上。王兴也一直是这么做的。

"我们希望成为在线服务领域的亚马逊。"王兴说，"我们通常认为亚马逊是一家电商公司，应该对标阿里巴巴。但亚马逊同时还拥有全球第一的云计算服务 AWS 和覆盖面最广的内容服务。从报业图书到游戏电影。亚马逊无所不能。"

2010 年 7 月，《计算机世界》刊登了一篇题为《"狗日的"腾讯》

封面头条文章，文中把腾讯作为互联网公敌进行批判。文章提到腾讯模仿美团时写到，"'有什么业务是腾讯不做的吗？'美团网 CEO 王兴的语气中难掩郁闷。2010 年 7 月 9 日，腾讯 QQ 团购网上线，这让王兴如闻惊雷，也如坐针毡。……别怪腾讯盯上自己，其实，王兴应该早就想到会有这么一天。因为在中国互联网发展历史上，腾讯几乎没有缺席过任何一场互联网盛宴。它总是在一开始就亦步亦趋地跟随，然后细致地模仿，然后决绝地超越。"真正让人意想不到的是，彼时抱怨腾讯无所不做的王兴，后来在重走腾讯的路。针对王兴著名的"边界论"，有人这样调侃："美团的边界就是没有边界。"无所不做的美团，一心想成为无所不能的亚马逊。腾讯可以无所不做，阿里巴巴可以无所不做，为什么美团不可以？所以，当大家祝贺王兴"从 BAT 的重围里面冲出来"时，他的回答是：

"只有死去的人才能看到战争的终结。战斗是永远的，只是从一个战场变成另一个战场，从一个困难变成另一个困难，当然也从一个机会变成另一个机会，总是有不断的变化，总是需要不断地往前。"[1]

在中国互联网商界，腾讯和阿里巴巴创造了万亿市值的神话，美团正在极力接近这个数字。只要一天不与 AT 平起平坐，王兴就会战斗不止。

随着马云退休，"把世界交给年轻人"，人们忍不住在猜想，离开了马云的阿里巴巴，会不会被尚且年轻的王兴超越呢？

---

[1]"华兴 π 对"活动，包凡、王兴、张一鸣三人对话，2017 年 4 月

## 王兴有话说：后起之秀如何获得话语权？

"木秀于林，风必摧之"，互联网是一个英雄辈出的行业，后来者出头，总会让前辈们坐不住。

"和很多创业者一样，都经历过萨利机长的困境，经历过艾森豪威尔将军表面信心满满，其实内心犹豫恐惧的心态。我幸运地渡过了一次又一次的危机与灾难，也以向死而生的心态进行过多次不得已或者不得不的抗争，我有时候被视为勇敢的异类，有时候被称为叛逆的极端，有时候被称颂为先行者，有时候被称呼为造反派。纵观二十多年的创业生涯，我时而冲锋陷阵，时而腹背受敌，用自己的身体力行体验着中国互联网的无限可能。"[1]

周鸿祎在自述里写过的这段话，放到王兴这个九死一生的创业者身上，同样适用。王兴和周鸿祎颇有几分相似，他们四面出击，树敌无数，搞得半个互联网圈都是自己的敌人；他们都是天生"反骨"，敢于和 BAT 直接叫板的人；他们也都是从死人堆里爬出来，并最终获得了话语权的人。

只不过，相较于周鸿祎明火执仗、四处掐架的做法，王兴出头的方式略显含蓄，更具博弈色彩。王兴在阿里巴巴统治下的逼仄空间中

[1]《颠覆者：周鸿祎自传》，周鸿祎、范海涛，北京联合出版有限公司，2017 年 11 月

发展壮大，大致经历了三个阶段：

### 1. 乖而不从

2011 年千团大战，阿里巴巴在关键时刻领投了美团 B 轮5000 万美金，并且曾主动提出将美团嫁接到淘宝做团购。先全力帮忙，而后纳入旗下，王兴不是不懂阿里巴巴的企图，但他还是接受了马云的投资，并且表现出了弱小者很顺从的一面，用"暧昧"来换取"翅膀长硬"的时期。但骨子里王兴坚决不接受阿里巴巴的控制，而且时时保持警惕，正如其所言："紧张工作之余，我有时会稍作遐想，倘若早出生一百万年，作为一个男人，此刻我应该正在狩猎。我应该围着兽皮裙，手持标枪，正在捕捉山羊野鹿，也可能正和虎豹豺狼大狗熊做生死之搏。如果我干不好，我就会被咬死，我的家人族人就会饿死。每想到这里，我就决定集中精力，回到中国互联网这个现实丛林中来。"

### 2. 借力制衡

与周鸿祎拳打四方的孤单英雄主义不同，王兴懂得借力制衡。新时代的互联网创业者想要冲出巨头们的夹击实在太难，BAT 生长出的触角已经逐渐将互联网产业捆牢。过去创业公司找 VC，现在找 BAT 投资。这是不可逆转的大势。当王兴发现自己摆脱阿里巴巴实在太难的时候，及时投入到了腾讯的怀抱。他知道，必须紧密配合腾讯，才有可能打赢与阿里巴巴的战争。当然，有野心的人，通常不会只绑定一个贵人。红杉、腾讯、北极光、老虎基金、GIC、挚信资本、今日资本……站在王兴身后的投资人，阵容豪华。这些幕后贵人都是王兴的制衡力量。有人背后撑腰，说话底气才足。

### 3. 自成一统

曼联功勋教练亚历克斯·弗格森说过："你不能根据自己的对手和竞争者定义自己，或是因为他们做了一些事情而改变自己的战略和方式。当你的竞争对手做出不理智的事情时，你也很难保持清醒的头脑。"话语权就是靠实力说话。即便你没有短期盈利的能力，也让人看到你的长期价值，正如某分析人士所言："即便在没有盈利的情况下，资本市场愿意给一个高估值，就是因为看好美团的影响力，将来一定可以变现。"王兴是一个像贝佐斯一样富有远见、专注长远价值的人，无论是千团大战还是后来与"饿了么"、阿里巴巴的竞争，他从未改变自己的战略，在高压中始终保持清醒的头脑和高效执行力，这是投资者看好美团的最大原因。美团在 O2O 和本地生活服务领域自成一统，这是王兴最终能掌握话语权的关键。王兴在 2010 年创立美团时，自称是"中国版 Groupon"，而现在，有人反过来把 Groupon 叫"美国美团"。

第九章

# 无边界的扩张之路

从短期来看，为了美团上市，王兴必须讲好一个从团购到外卖再到生活服务超级平台的故事；从长期来看，要和阿里巴巴平起平坐，美团必须把自己打造成一个用户体量、交易量数据庞大的超级平台。

## "Food+ 超级平台"

2018 年 9 月 6 日，美团点评在香港举行 IPO 记者发布会，在这场持续了 1 个小时的新闻发布会上，王兴演讲的主题只有一个，那就是"Food+ 超级平台"，即通过建立一个技术平台，来支撑吃喝玩乐多个品类，甚至各品类之间可以互相拉动、交叉营销。

"我们的使命是帮大家吃得更好，生活更好。一方面我们做的是最古老的业务，满足大家最基本的需求，另外我们做的也是最新科技，用移动互联网、大数据、人工智能帮助大家吃得更好。"

王兴侃侃而谈，显然有备而来。打造一个前所未有的"Food+ 超级平台"，在内部酝酿已久，2017 年已经从理论投入实践，美团继酒店、旅游、电影之后，几乎同期高调进军了网约车、共享单车、新零售、同城快送、短租分享等领域。

为什么以"Food"为核心辐射其他呢？这与王兴对美团的定位有关，在他看来，阿里巴巴和京东是实体商品为主的电子商务平台，而美团点评要做的是一个生活服务为主的超级电子商务平台。而生活服务中，"Food"最重要。

"吃喝玩乐吃为首，吃这个事情是最大众、高频、刚需的事情。"2010 年创业团购开始，美团在多个业态布局，这么多年一直被外界误解为"多线作战"，但王兴认为自己目标很清晰，始终围绕目标群体的"吃喝玩乐"生活需求展开。

从美团这些年的发展来看，在公司的整体战略里，"吃"始终是其最重要的一环。在解决"吃什么"的问题上，美团两大业务"团购"及"大众点评"已为消费者提供了完美的解决方案。美团通过在线下BD提供优惠的餐厅，线上提供决策参考，为消费者提供"吃什么"的最优化选择，并辅以餐厅点评来帮助消费者深度挖掘周边的美食。在解决"怎么吃"的问题上，"美团外卖"已为消费者给出了不同场景下的解决方案。接下去，美团进军线上线下相结合的生鲜零售，是进一步"满足一部分人在家做饭的需求"。

美团点评以"Food"为核心，先用吃俘获了一批消费者，然后再用其他业务巩固老用户，吸引新用户。这个逻辑看起来很简单，但其实被很多竞争者忽略了。回头来看，和美团同期的很多企业，要么死于"只做吃"，要么死于"做不好吃"，要么死于"吃没做好就去做其他的"。

正是紧紧围绕"Food"，美团才走到了现在。可以说，没有吃，就没有其他。至于"超级平台"的概念，则与阿里巴巴的"生态系统"概念有一定的关系。2007年，淘宝在急速扩张之后，陷入了"下一步往哪儿走"的迷茫。内部讨论了很久，最终定下了阿里巴巴未来十年的战略，"建设一个开放、协同、繁荣的电子商务生态系统，成为一家千亿美元的公司"。

经过前期"南征北战"的积累，王兴提出"Food+超级平台"模式，旨在与淘宝、京东、58、赶集这些平台区分开来。之前很多人都把美团视作"一家做外卖的公司"，王兴是要告诉大家，美团要做的和能做的从来不止"外卖"，它是一家O2O超级平台，正如美团的宣传口号——"吃喝玩乐全都有"。

美团的业务布局初衷就是：聚焦于大众、刚需、高频的服务品类，

"杀"用户时间，以此聚集起来了 3 亿多用户。美团此番提出的"Food+超级平台"战略，目的就是要打造覆盖消费者生命周期的业务矩阵，做"中国最大的互联网＋生活服务平台"。

根据"Food+超级平台"战略，美团将众多业务重新划分成四大场景：一是到店场景，以原有团购业务为核心；二是到家场景，以最大的外卖业务为核心，同时包含新零售业务；三是旅行场景，以旅游酒店业务为核心；四是出行场景，解决消费者最后 1 公里至 3 公里、3 公里至 10 公里的出行问题。美团四大场景的布局十分清晰，前三个到店、到家、旅行是原有业务的整合和划分，而第四个出行场景是完成到店、到家、旅行场景闭环必要的一步。

"Food+超级平台"提出后，立马招来质疑："吃喝玩乐全都有"，也就意味着什么都要做。什么都做，会不会什么都做不好？新业务都是"烧钱抢来的"，美团支撑得起如此庞大的"Food+超级平台"吗？王兴会不会成为下一个贾跃亭？对此，王兴如是回应：

> "万物其实是没有简单的边界的，所以我不认为要给自己设限，只要核心是清晰的——我们到底服务什么人？给他们提供什么服务？我们就会不断尝试各种业务。"

在外人看来，美团无边界、不专注、什么都做，但美团自己人认为美团的业务扩展始终围绕"生活"这一条主线，从未动摇。与此同时，王兴对接下去在新业务领域所面临的竞争和风险也早有心理准备。

"我们的业务面临激烈竞争。虽然我们在主要服务类别中的过往竞争中有良好表现，但未来我们可能无法持续保持竞争力。"在每个业务垂直领域，美团都扮演着"闯入者"角色，面对的是和阿里、携程、滴滴等巨头的直接较量，但美团又不得不这么做："倘若我们扩展新业务不成功， 我们的业务、前景及增长动力可能会受到重大不利影响。"[1]

战略易定，执行难保。通向超级平台的路，对于任何一家企业来说，都非坦途。从短期来看，为了美团上市，王兴必须讲好一个从团购到外卖再到生活服务超级平台的故事；从长期来看，要和阿里巴巴平起平坐，美团必须把自己打造成一个用户体量、交易量数据庞大的超级平台。为此，王兴做好了坚持打硬仗的准备，这一次他没有回避"烧钱大战"。

---

[1] 美团点评在港交所提交 IPO 招股书，2018 年 6 月 25 日

## 抢滴滴、战携程

同为互联网少壮派的代表人物，程维和王兴很早就认识了。2011年，还在阿里巴巴 B2B 部门上班的程维，就已经认识了王兴。2012年，程维想创业，犹豫不定中，会经常与王兴交流，王兴一直鼓励他。看着王兴的公司在半年内换了三次办公室，员工数量也扩张到千人，程维才下定决心创业。2012年年底，程维向王兴展示第一版滴滴，作为老朋友的王兴直言快语地说他的产品注册流程设计太垃圾，并给出修改意见。程维根据王兴的建议做出调整，很快滴滴在社交网络刷屏。随后，滴滴引来竞争者无数，一路上和摇摇、快的、大黄蜂等各种厮杀，好不容易坐上行业第一的宝座。但程维怎么也想不到，有一天自己会和王兴成为对手。

2016年，程维和王兴还能以朋友的身份交流，在乌镇闭门会议上喝着茶谈笑风生。2017年2月14日，美团在南京试水网约车业务。当天，程维和王兴还在一起吃饭，但王兴对网约车的事情只字未提，程维是在饭后看新闻的时候才知道美团成滴滴的竞争对手了。当程维打电话过去问王兴为什么插足打车业务，王兴轻描淡写地回答："试试而已"。

在王兴的"Food+ 超级平台"战略里，出行领域是美团必须做的一个业务。所谓衣食住行，出行也是与吃密切相关的刚需之一。吃是高频需求，吃这项服务为美团积累了高忠诚度的用户，而这群用户对于打车的需求也很旺盛，尤其是网约车。正如网友所调侃的，没有人是为了打车而出门。打车去吃，吃完打车去娱乐，打车与"吃"是连带着的。所以，王兴对网约车有着深深的执念。

当意识到王兴对出行业务志在必得之后，程维对外放出狠话："尔要战，便战！滴滴打过太多的仗，美团不是最强的那个。"2016年，程维被《财富》杂志评选为"年度商业人物"，被《福布斯亚洲》评选为"年度商业领袖"，名气比王兴还大。所以，程维一开始并没有把美团看得太重。

美团在南京试水打车业务成功，并于2017年7月拿到网络预约出租汽车经营许可证后，就开始布局全国市场。2017年12月1日，王兴在美团内部宣布组织架构的调整，出行成为四大业务之一，出行事业部员工达到200多人。在资金上，美团为打车业务准备了63亿人民币，而且上不封顶。美团和滴滴的正面战争一触即发。

为了从滴滴手里抢下上海市场，美团可谓下了血本，对司机和乘客都给予很大的优惠政策。

"月入两万不是梦！"这是美团打车当时对司机喊出的响亮口号。从3月21日起，前一万名注册司机，前三个月免抽成；而且只要每天至少完成10单，保证至少10小时在线，连续考核6天，取消订单最多十单，不刷单、不作弊，就算考核通过。通过后即可获得如下福利：每天收入不足600元，美团打车补足600元。超过600元，则再多奖励200元。

"三公里以内2块钱，五公里内6块钱，最低每单只需要1分钱！"这是美团打车针对乘客打出的宣传语。在首周争夺市场的优惠政策是：3月21日到27日，用户在活动界面输入手机号码即可领取一次优惠券，前三单快车订单可以获得3折优惠。

通过大幅度优惠政策，美团打车在一周时间内拿到了上海三分之一的市场份额，三天后订单量就突破 30 万单。

一向不主张烧钱的美团，这么做其实是出于无奈。前面滴滴和竞争者的血战经验警示后来者：要想分割这块蛋糕，必须得下血本！而且，就在美团杀入网约车市场的同一时间，阿里巴巴旗下的高德地图也杀进来了。高德的市场布局和美团重叠，而且使出的绝招也是"零抽成！纯公益！"高德地图还为用户补贴短信通知、保险等第三方服务费，比美团打车力度更大。

美团和高德的做法，让滴滴这位网约车行业佼佼者很头疼。之前按照行业规矩，平台都会抽取司机一定佣金的，滴滴收取 10% 佣金，而其他以收取信息服务费为主的平台，每单费用在 0.5 元到 2 元之间。

面对美团和高德的凶猛进攻，滴滴自然不甘示弱，还击更加猛烈。

"拼车上班立减 15 元，低至 0 元！""7 点—10 点中环外呼叫快车，单单立减 12 元！""10 点—24 点，全城立减 12 元，出行 2 元起！还赠周末大额立减券！""多乘多送，最高可获四张价值 61 元的立减券。"

一夜之间，滴滴把打折幅度降到了最低。当时，滴滴刚刚完成新一轮 40 亿美元融资。这笔钱本来是为滴滴和 Uber 在全球竞争准备的，程维也没想到会花在和王兴的"战争"上。

除了在打车地盘严防死守寸土不让，滴滴还反过来对美团的主业务——外卖业务发动了进攻。2018 年 3 月 6 日，酝酿了五个月的滴滴外卖正式揭开面纱，面向全国九大城市同步招商。2018 年 4 月，滴滴外卖在无锡试运营，上线 9 天内获得无锡外卖市场第一的宝座。不仅广撒优惠券，滴滴外卖还挖走了不少美团外卖员。于是，无锡街头出现了奇葩的一幕：不少穿着美团外卖服的小哥在送滴滴外卖。

在无锡市场有了信心的滴滴外卖，随后在南京、长沙、济南、郑州等多个城市，和美团外卖争夺市场。估值 560 亿美元的滴滴和估值 300 亿美元的美团，在出行市场和外卖市场的激烈竞争，一时间成为了国民茶余饭后的谈资。

雪上加霜的是，就在美团和滴滴激烈开战的时候，昔日老对手携程来了。2018 年 4 月，携程集团正式推出自营专车服务。而携程用车，是由携程联合滴滴、首汽、AA 租车共同推出的。敌人的敌人是朋友，作为与美团点评在酒旅、餐饮等业务上存在竞争的携程，联合滴滴的目的很明确，一起狙击美团打车，"报仇雪恨"。和滴滴被抢了主业一样，携程也很窝火，一直是酒店预订老大的携程，2018 年 3 月被美团酒店以 2270 万的单月间夜量反超。

滴滴也好，携程也罢，美团都没有害怕的。美团的流量、技术和强大的地推队伍，让王兴没有理由放弃网约车庞大的市场和近在咫尺的盈利期待。最主要的原因在于，网约车市场虽然一直竞争激烈，但始终没有建立很高的行业壁垒，后来者随时有进入市场的可能。美团希望利用外卖团购获得出行用户，与滴滴想利网约车用户获得外卖流量，本质上是一样的，都是争夺和更好服务用户。

网约车的烧钱大战，在 2018 年 9 月暂告一段落。9 月 27 日，滴滴宣布在全国范围内无限期下线顺风车业务。烧钱大战，是没有赢家的。美团打车也在 2019 年 4 月调整了战略，不再专注于自营业务，而是上线"聚合模式"，剑指盈利。

出行是"Food+ 超级平台"战略的最关键布局，因此王兴不惜一切代价地参与到网约车的竞争之中。关注长远价值的王兴，始终认为：

> "只有增长是重要的，其他一切都不重要，只要你能保持高速增长，所有的问题都至少在短期内能够被容忍、被掩盖，或者不会爆发，可能很多问题当时是个问题，你长大十倍、百倍之后它就不是问题了，甚至不需要解决它就自然而然地消失了。"[1]

---

[1]《创业者的自我修养》，王兴演讲，2014 年 12 月 6 日

## 收购摩拜单车

在美团和滴滴争抢网约车的过程中，发生了一个影响很大的"插曲"事件——美团收购了摩拜单车。

2017 年，共享单车成为民生热词，成为中国"共享经济"最受关注的一项成果。摩拜凭借微信小程序异军突起，很快就成长为足以和 ofo 平分秋色的共享巨头。而在二三线城市，"小黄车"（ofo）和"小红车"（摩拜）之外，又出现了一个"小蓝车"——哈啰单车。走农村包围城市和精细化运营路线的哈啰单车受到了阿里巴巴的青睐，阿里巴巴很快成为哈啰单车的最大股东。

2018 年，共享单车行业迎来重新洗牌的一年。ofo 首先陷入资金短缺泥潭，一方面被自行车生产厂家追债，另一方面面临用户退押金压力。创始人戴威曾多次主动找第一大股东滴滴收购，但程维并没有答应。ofo 的困境，映射的是整个共享单车行业的普遍困境。其他单车的日子也都不好过。

然而，就在共享单车行业的寒冬季节，阿里巴巴出手了。阿里巴巴先是打入 ofo 幕后。从 2017 年 6 月份开始，ofo 与摩拜双方的投资人就在私下推动二者合并。到 2017 年年底，投资人朱啸虎最后一次将戴威单独留在会议室里私谈甚久，戴威还是不同意合并，于是一个月之后，朱啸虎将手中股份转让给阿里巴巴，套现离场。这意味着阿里巴巴从此将有能力在 ofo 的重大决策上与滴滴分庭抗礼。

接着，阿里巴巴又加大了对哈啰单车的投入，试图在萧条之中将它推向行业老大的地位。2018 年 3 月 13 日，哈啰单车宣布"全国免押战略"，芝麻分 650 分以上者，可通过支付宝"扫一扫"车身二维码，在全国免押金骑行哈啰单车。占据支付宝入口、首推免押骑行的哈啰单车，很快就在全国范围内急速扩张。接下去的 4 月、6 月、7 月、9 月，蚂蚁金服又接连四次投资哈啰单车，哈啰单车得以进入 360 个城市，迅速占据行业半边天。

阿里巴巴在共享单车行业的布局和渗透，无疑刺激到了王兴。美团在已经巨额亏损的情况下，于 2018 年 4 月，以 37 亿美元的价格（其中包括摩拜 10 亿美元债务），对陷入困境的摩拜完成全资收购。这比阿里巴巴投在哈啰单车身上的 200 亿人民币还要多。而完成收购的当月，又继续亏了 4 亿人民币。根据美团招股书，摩拜于 2018 年 4 月 4 日至 2018 年 4 月 30 日的录入收入为 1.28 亿元，净亏损为 4.07 亿元。当时有人这样评价，美团收购摩拜单车，是花钱买了一堆废铁。

对于王兴顶着巨亏收购摩拜的行为，外人很难理解。就连摩拜董事会成员也表示："我们一直认为摩拜与 ofo 大概率会合并。但谁也没想到，最后接盘的会是美团。"摩拜与 ofo 合并成为不可能的关键因素就是阿里巴巴。2018 年 2 月，阿里巴巴以 8.66 亿美元领投 ofo，成为 ofo 董事会的一员。如果摩拜与 ofo 合并，就意味着阿里巴巴和腾讯将出现在同一个董事会里，因为摩拜的最大股东是腾讯。谁都知道，这是不可能发生的事情。在这种情况下，美团出面对摩拜进行收购，是腾讯乐意支持的事情。

要理解王兴的投资逻辑，从一件事才可以搞懂。王兴曾经把美团点评产业基金改名为龙珠投资。《龙珠》是日本漫画家鸟山明的作品，也是伴随着王兴成长的少年长篇漫画。王兴借助龙珠的寓意，来寄托他的商业观：

> "只有集齐很多要素之后，才能实现愿望。"

　　组成龙珠的七颗珠子，绝非一般的珠子。而王兴的龙珠投资，投资的也不是一般的项目，他看好的多是流量大的网红项目，比如喜茶。由此观之，收购摩拜就不难理解了。

　　事实上，王兴对摩拜的收购已经计划很久。胡玮炜从当年做记者到创业，和王兴一直保持着很好的交流关系。王兴曾在 2016 年 10 月以个人名义参与了摩拜的 C 轮融资，当时美团内部就已经在探讨共享单车和外卖的协同可能性。随后，美团对摩拜就提出了收购邀约，但当时包括腾讯在内的所有人都押注在摩拜与 ofo 合并上，因此收购被拒绝。

　　2017 年 12 月，在与摩拜就投资问题多次协商后，王兴决定全资收购摩拜。2018 年 3 月，得知美团即将收购摩拜之后，滴滴也向摩拜伸出了橄榄枝。但是，开出来的条件和美团差不多，而摩拜最终选择了美团。

　　对于收购摩拜，王兴大有英雄惜英雄的意味："摩拜是少有的真正的中国原创，是难得的有设计感的品牌，将会和美团一起创造新的辉煌。"

　　不过，业界对他的"情怀说"显然是不买账的，一个普遍说法是，王兴是为了提高上市估值，把"Food+ 超级平台"的故事讲得更生动，才收购摩拜的。

　　这只能算作其中的一个因素，因为王兴当时考虑更多的是阿里巴巴的线下布局。虽然在出行领域有滴滴这个新对手，但从全局来看阿里巴巴才是美团的最大竞争对手，2017 到 2018 年，双方的竞争处于白热化阶段，阿里巴巴的每一个举动都会影响到王兴的决定。同样的，美团的每一个举动也会影响到马云的决定，就在美团收购摩拜的同时，阿里巴巴完成了对"饿了么"的彻底收购。

这场并购仿佛引发了多米诺骨牌效应，美团收购摩拜促使阿里巴巴收购"饿了么"；阿里巴巴收购"饿了么"威胁到美团；美团推出美团打车服务，惹恼滴滴；滴滴回击美团，推出滴滴外卖……美团、阿里巴巴、滴滴在共享单车行业狭路相逢，矛盾集中爆发。这场争夺战的结果非常明确，阿里扶持的哈啰单车全面获胜，美团吞下摩拜之后慢慢消化，滴滴寄予厚望的小桔单车最终只能勉强维持生存。

美团创业八年，发生过两次并购，一次是对大众点评的合并，一次是对摩拜的收购。区别在于：一个是"合并同类项"，旨在减少同质化竞争，一个是互补型合并，旨在将单车变为美团超级平台的一部分。

很多人说，王兴收购摩拜的主要目的，是想要利用摩拜的"超级高频的流量入口"为美团 App 引流。事实上，在收购摩拜之前，美团每月的点评活跃用户数量在 2.89 亿左右，收购摩拜后，每月活跃用户数量为 2.9 亿。引流并不明显。

美团收购摩拜的最终目的是把它"化为乌有"。2019 年 1 月 23 日，美团宣布摩拜全面接入美团 App，而对此，摩拜单车将成为美团 LBS 平台单车事业部，未来摩拜单车品牌将更名为美团单车，由王慧文兼任单车事业部总经理。而对此，摩拜创始人胡玮炜在辞职的时候表示："我完成了阶段性的使命，并没有'宫斗'，没有不和，也没有任何组织的纠葛，让媒体失望了。"

摩拜完成"美团化"后，开始精细化运营，大幅度提升了单车的设计，更新了整个单车的供应链，开始计费以实现盈利。2019 年 10 月，美团开始在北京试调整计价规则，新版计费规则具体调整为：起步价为 1.5 元（即开锁后 30 分钟内），骑行超出 30 分钟，则收取时长费，即每 30 分钟 1.5 元，不满 30 分钟的以 30 分钟计。简单来说，就是骑行半小时 1.5 元，1 小时 3 元，价格涨了三倍。

美团的这一做法，得到了另外两个竞争者的拍手赞同。滴滴的青桔单车和阿里巴巴的哈啰单车先后跟进提价。截止 2019 年 12 月，ofo 开辟的"1 元骑行 1 小时"时代正式终结。

王兴是一个理性的创业者，在共享单车从爆发式发展进入到冷静期甚至是寒冰期的时候切入，时机抓得很准。虽然共享单车接下去依然面临着经营运作瓶颈等一系列问题，但对美团的出行布局意义重大。在出行这一块，缺少共享单车显然是不完整的。而一旦抓住了有利的场景和入口，何患没有盈利的时日？

事实上，共享单车也不过是王兴的一枚棋子。投资网约车、并购摩拜之后，王兴并没有停止脚步。比如，接下去美团又大手笔投资了自动驾驶领域的理想汽车。从网约车到共享单车再到新能源汽车，美团在出行领域下了一盘大棋。

# 民宿三分天下

共享经济在全球发展如火如荼，开山始祖是 Uber 和 Airbnb(AirBed and Breakfast)。Uber 在出行领域掀起了共享狂风，而 Airbnb 则在住宿领域掀起了共享狂风。Airbnb 为家有闲置房屋出租的房主和有住宿需求的旅行者提供服务，带动了全球民宿热。

2007 年年底，Airbnb 创始人布莱恩·切斯基和乔·格比亚为了摊薄房租，在客厅里放了三张充气床垫对外出租，并为租客提供早餐，这项服务孵化出共享住宿市场。2008 年，Airbnb 网站上线。随后以迅雷之势发展，并迅速风靡全球。Airbnb 被"时代周刊"称为"住房中的 eBay"。

2011 年，中国共享住宿企业纷纷登上舞台。2011 年 6 月，在线短租网站爱日租在北京成立，与此同时，途家网、蚂蚁短租相继登场，2012 年，小猪短租（后更名为"小猪"）上线。2013 年爱日租关闭。

2015 年 8 月，Airbnb 正式进军中国市场，2016 年 11 月，Airbnb 成立中国分公司。2017 年 3 月，Airbnb 推出"爱彼迎"中文品牌标识，随后开始展开品牌合作、明星广告营销，不断强化其在中国市场的品牌认知。共享住宿行业进入震荡更为剧烈的下半场竞争，从单纯数量之争过渡到比拼质量阶段。

根据国家信息中心共享经济研究中心在 2017 年年初的预测，到 2020 年共享经济交易规模占 GDP 比重将达到 10% 以上，到 2025 年占比将攀升到 20% 左右。

面对共享住宿百亿规模的市场，王兴不可能无动于衷。民宿完全在本地生活服务的射程范围，在"Food+ 超级平台"战略提出之后，在这一领域的布局就提上日程了。

相比打车业务的静悄悄试水，美团在 2017 年 4 月 12 日高调推出榛果民宿。年轻群体对"出行住酒店"的固有认知越来越淡化，美团布局短租领域，是以"千禧一代"年轻群体为目标。为此，王兴制定的策略是"让年轻人搞定年轻人"。榛果民宿的负责人是从美团点评酒旅事业群抽出来的 90 后员工冯威赫，整个团队的平均年龄仅有 26 岁。

王兴的大胆策略，显然是起效的，榛果团队确实做出了很多富有创意的事情。比如，把民宿门禁卡放到小区里的一个花盆下面，给每位客人一份指南，提示他们如何找到卡、刷卡、输密码。类似寻宝游戏，深受年轻人好评。年轻群体偏爱新鲜、刺激，有强烈的分享意愿，也只有同样年轻且脑洞大开的人才能服务好他们。

榛果民宿面对的主要竞争对手其实不是 Airbnb，而是途家、小猪和飞猪。途家是携程投资的，而飞猪与小猪是阿里巴巴投资的。

榛果民宿其实对标的是飞猪。2016 年 10 月，阿里巴巴将旗下旅行品牌"阿里旅行"升级为全新品牌"飞猪"，英文名为"Fliggy"。飞猪将目标客群锁定为互联网下成长起来的新一代年轻人。

榛果民宿上线后不久，阿里巴巴又投资了定位于城市精品民宿共享平台的大象民宿。我们都知道阿里巴巴的使命是"让天下没有难做的生意"，而大象民宿的使命是"让天下没有闲置的房屋资源"。

2017 年 11 月，马云创立的云峰基金领投小猪短租 E 轮融资，小猪短租从此被认为是阿里系的一员。2018 年 6 月 21 日，飞猪宣布在移动端上线民宿短租频道，接入小猪短租。随后，阿里巴巴旗下湖畔山南基金和晨兴资本又联合投资了一家民宿，一家民宿主要从事境外民宿预订服务，房东都是华人。

飞猪拉上小猪、大象民宿、一家民宿，阿里巴巴在民宿领域的布局可谓野心勃勃。前有携程这个"专家"，后有阿里巴巴这个"野心家"，美团在民宿行业看似没有什么机会。但是，王兴他们还是闯出了一片天地。美团民宿在不到三年的时间内，已拥有超过 15 万名活跃房东、72 万套在线房源，遍布全国 350 余个城市，跻身行业前列。

美团之所以能在夹缝中崛起，一个深层原因在于赋能房东。作为美团点评的全资子公司，榛果民宿继承了美团点评"赋能商家"的基因。

对在线短租平台而言，拥有房源就意味着拥有掌控力，也是实现规模化的重要因素。在房源成为焦点资源背景下，如何留住房东才是关键。

为了服务民宿创业者，榛果民宿推出了"榛果指数"和"榛果指数 Pro"。"榛果指数"面向的主要是房东们，免费提供包含服务质量、经营情况、房源质量的数据呈现及分析，根据经营数据多维度测算出房东的"榛果指数"，并给出每一套房源存在的问题和改进建议。

功能更为强大的"榛果指数 Pro"是行业内首个服务民宿创业者的开放平台。"榛果指数 Pro"提供了选址、定价、收益管理三大服务："选址"服务通过平台大数据呈现出房源分布热力图和城市需求热力图，告诉房东们还可以继续在哪里拿房；"定价"服务会根据附近的赛事演出等热点事件、用户需求热度以及附近民宿酒店的定价，每一天给房东提供不同的价格建议；"收益管理"则能通过预测房源及商圈房源的库存趋势来评估收益情况。

除了帮助房东获取流量、优化房源，榛果民宿将更多的精力放在解决房东与用户之间可能存在的问题上。榛果民宿的团队中有相当一部分人是做房东出身的，他们更能理解房东的心理和诉求，客观公平地处理纠纷。这也是榛果民宿能够受到房东认可的重要原因。

2019 年 10 月 12 日，"美团榛果民宿"正式更名为"美团民宿"。而除了品牌名称变化之外，原组织架构、运营模式和业务方向均保持不变，90 后冯威赫仍是业务负责人。自上线以来，美团渠道一直是美团民宿业务最大的流量来源，这也意味着，多数用户都是先对美团有认知，继而对美团榛果民宿产生认知。改名为美团民宿后，品牌名称将变得更加清晰、简洁、直接，能有效提升用户的品牌认知和记忆度，从而带动业务增长。

榛果民宿改名美团民宿，也表明了美团无惧携程和阿里巴巴，分食住宿共享经济的决心。判断一个领域是不是值得投资，王兴从来不担心竞争对手有多强大，而是考虑用户有无需求，市场的痛点是否足够大。他说：

> "判断一个业务是否值得投资，要考虑三个问题：第一，解决的是真问题，还是假问题；第二，是大问题，还是小问题；第三，是新问题，还是老问题。是老问题也不要紧，关键是否有更好的新解法？"

毫无疑问，民宿短租市场潜力还很大，美国民宿渗透率是 25%，韩国是 15%，而国内民宿市场的渗透率只有 3%。未来五年，行业至少还有 5 倍的增长空间。而民宿这个新的住宿形式是非常适合美团来做的，平台上有大量年轻的旅行者选择非标住宿。这些才是王兴的信心之源。

回头来看，美团抢占民宿市场，更像是一个防御性布局，其目的更多是为酒旅业务打造最后一块拼图。短租属于低频需求，只是作为酒店的补充。民宿可以提供更多的供给场景，能很好满足年轻旅行者个性化、多样化、有趣化的住宿需求。通过酒店＋民宿，美团补齐了"住宿"产业链。

## 布局新零售

2016 年 10 月，马云在阿里巴巴云栖大会上首次提出"新零售"的概念后，"新零售"的热度不断上升，"新零售"把"线下体验 + 线上服务 + 高效物流服务"深度融合，运用大数据、人工智能等先进技术来满足人们日益挑剔的购物需求。为了让群众接触新零售，了解新零售，商务部在 2017 年 9 月发布《走进零售新时代——深度解读"新零售"》报告，其中就指出要补足农产品上行短板的愿景，促进传统农业、果业生产模式变革。这一年，各大企业开始进军生鲜市场，其中阿里巴巴的盒马鲜生，腾讯永辉的超级物种，步步高的鲜食演义，京东的 7-Fresh，大润发的盒小马，苏宁的苏鲜生，纷纷开起了连锁店。

2017 年 7 月 17 日，美团对标阿里巴巴的盒马鲜生，在北京望京落地首家"掌鱼生鲜"超市。同样以生鲜为主，盒马鲜生主要以鲜活生鲜产品为主，而掌鱼生鲜超市则主要是冷冻生鲜产品。

据美团内部员工透露，2016 年盒马鲜生刚出来，美团为了搞清楚其商业模型，前前后后派了十来个团队去上海金桥店考察，蹲了几天，才把盒马鲜生的成本结构拆解得清清楚楚。考察归来，美团高层将内部孵化的小店业务进行转型，大力投入资源做生鲜。

2018 年是新零售白热化竞争之年。阿里巴巴牵手苏宁云商、三江购物、新华都三家上市公司，围绕新零售板块投资超过 500 亿元；腾讯入股永辉 42 亿元。这一年，盒马鲜生大肆扩张，门店破百。

美团当然不甘示弱，2018 年 5 月，"掌鱼生鲜"升级为"小象生鲜"，正式进入新零售的下半场。美团在北京望京和方庄先后开出 2 家体验门店，随后，在无锡开设 2 家门店，在常州开设 3 家门店。不到半年时间，开出 7 家连锁店，在行业卷起一股小旋风。

小象生鲜有一大亮点：自创"象大厨"品牌。"象大厨"利用美团的数据优势挑选出区域用户喜爱的菜肴，并通过对区域推荐菜口味的综合数据分析，选择排名靠前的菜肴配方，运用在餐饮烹饪上的丰富经验深入研究其食材和口味，对烹饪技巧进行简化，设计出一系列冷藏、冷冻及半成品食品，用户购买后，在家通过"倒油加热、倒菜翻炒、加调味汁"简单三步，八分钟就可以制作出一盘地道美味，为繁忙的都市白领提供了一个比点外卖更有成就感的餐饮解决方案。

王兴对小象生鲜制定的计划是：一年开 20 家店。但小象生鲜显然没有达到他的预期。经过一年半的发展，原本门店数量就不多的小象生鲜突然来了个"急刹车"，关闭了无锡、常州两地 5 家门店，只保留北京两家体验店。

至于为什么要踩"急刹车"，据小象生鲜内部员工坦言："因为一直不赚钱，靠外卖和酒旅养着。"小象生鲜扩张不力，直接导致项目负责人姜跃平的离任。姜跃平是大众点评的元老，美团点评合并后出任高级副总裁。姜跃平被称作"最后一个离开美团的大众点评高管"。姜跃平离开后，酒店旅游事业群负责人陈亮接棒。陈亮的上任，反映了王兴对生鲜市场的看重。只可惜，事与愿违。

历史告诉我们，新生事物的发展无不充满波折。生鲜新零售也难逃厄运。小象生鲜关门的时候，盒马鲜生也在关门，京东 7-Fresh 虽然没有关闭门店，但也陷入了迷茫。永辉新零售业务更是全年亏损高达 9.45 亿元。夺命狂奔的生鲜新零售，一时间万马齐喑。

生鲜电商集体遇险，一个根本原因在于订单量未形成规模化效应，成本居高不下。生鲜电商一开始都主打高端海鲜，在宣传上形成了热点，利用"吃播"短视频吸引年轻人前去尝鲜，产生第一波流量。但短时流量并不能转化为后续的稳定订单量，年轻群体尝试过后就失去了兴趣。无法生成规模化活跃用户，遇冷是必然的事情。

在对小象生鲜的复盘会议上，美团高层一致认为，是前期的考察结论下的太草率，盒马鲜生上海金桥店的模型是个伪 MVP（最小可执行产品），小象生鲜被"带到沟里去了"。盒马鲜生的创始人，后来都遇到问题了，跟着它学的，自然更惨。

但王兴毕竟是王兴。他的个性是一旦跟进就绝不轻言放弃。小象生鲜关店并不意味着美团退出新零售。很快，王兴就瞄准了新的领域。在他看来，高端生鲜有噱头，但不是刚需，所以很难起量，而"菜篮子"却是刚需，"无粮不稳，无菜不安"，必将大有可为。

2019 年 3 月起，美团对标每日优鲜、叮咚买菜等以小店为主的生鲜新零售，在京沪上线美团买菜。美团买菜定位为社区居民的"手机菜篮子"，在品类上覆盖新鲜蔬菜、水果、肉禽蛋、海鲜水产、米面粮油等。以社区的便民服务站作为前置仓及中心，骑手为 2 公里内的用户提供最快 30 分钟送上门的服务。相比"日烧斗金"的大门店，小店作为前置仓的卖菜门店在成本方面明显要低很多，结合美团本身在配送方面的经验，这一次王兴信心满满。

与小象生鲜不同的是，在京沪两地经过一段时间试点之后，美团开始加快布局买菜业务。资料显示，截止 2018 年年底，美团买菜已经在北京市开设 40 个前置仓，在上海开设 15 个前置仓，在武汉设有 3 个自提仓，在深圳开设 9 家站点，覆盖龙岗、宝安、南山、龙华、罗湖等区域。原先 2 公里的配送范围，也扩展到了 3 公里。

2020 年 1 月，一场突如其来的疫情，让九州闭户，全民禁足。为防范新型冠状病毒传播，很多人都选择通过网络平台采购生活必需品，网上买菜更成为不少家庭的新选择。在疫情刚开始时，美团买菜就制定出相关策略，并及时根据实际情况调整步骤及跟进。在这次疫情攻坚战中，美团买菜发挥了重大的作用。依托美团的"骑兵"优势，"0元起送"让同行压力不小。

继美团买菜之后，美团还盯上了菜市场，推出了一个名为"菜大全"的新项目。与美团买菜可以将附近没有的菜品带给用户不同的是，"菜大全"偏向于菜市场代运营，将菜市场中摊贩的商品经过品控、包装后，入驻到外卖平台上。说白了，"菜大全"就是属于菜市场的"外卖"。

从"美团买菜"到"菜大全"，美团的"卖菜之旅"走得相对顺利。在新零售的探索之路上，王兴终于可以喘口气了。

艺术大师齐白石有句名言："学我者生，似我者死。"意思就是，学习别人可能会成功，但是完全模仿他人只有死路一条。美团在一开始过于模仿盒马鲜生，以至于小象生鲜严重受挫。但随后王兴立足美团自身在本地生活服务上的优势，及时止损并调整方向，以更贴合自身特质的买菜业务为突破口，成功迈入新零售世界。

布局新零售，其实是增加美团的"Food"优势，让长板更长。至此，美团围绕消费者的"食住行"生活刚需，做好了超级平台的布局，实现了从食物链到生态链的转型。

美团"摊大饼式"的业务扩张，让竞争对手恨得咬牙切齿，但这不妨碍投资者对王兴的愈发厚爱。今日资本创始人兼总裁徐新女士就不止一次公开表示很看好美团的"超级平台"。而更多的投资人表示，到后来已经不看美团的业务了，只管投资王兴这个人。

美团每进入一个领域，就会遇到一个泰山压顶式的对手，这让王兴也想明白了：

"如果你在一个单独业务上无法形成优势，那么就把平台做大，用多项业务把用户池养起来，然后给不同对手脉冲式攻击。"

# 王兴有话说：企业如何打造生态帝国？

2016年7月开始，王兴在多个场合提出了"互联网下半场"的理论。他认为，互联网上半场的疯狂很大程度上得益于人口红利，但人口红利正在消失，疯狂烧钱、不计回报、粗放扩张的日子一去不返。

如果说上半场是比拼用户数，那么下半场则是搏杀ARPU值（每用户平均价值）。虽然互联网的用户数已经不可能像过去那样翻倍增长，但是每个用户能够创造的价值远不止翻倍的空间。

用通俗的话解读就是，同样是"割韭菜"，过去企业通过一个业务或者一种场景就可以过得很好，现在则需要多个业务、多种场景才能生存下去。

对于下半场如何搏杀ARPU值，马化腾认为是产业互联网，李彦宏认为是人工智能，而王兴更倾向于像马云一样打造生态帝国。美团2017年开启的"Food+超级平台"模式，其实就是对王兴"互联网下半场"方法论的摸索实践。"Food+超级平台"的无边界扩张之路，说到底就是要实现美团"去平台化"，打造出一个像阿里巴巴、腾讯一样的生态帝国。

王兴曾将自己的对策归结为七个字："上天、入地、全球化"[1]。

---

[1]《上天、入地、全球化》，王兴演讲，2017年4月15日

看起来很炫酷，其实这七字战略是当下所有企业在互联网下半场实现转型与扩张的通用"解药"。

1. 所谓上天，就是借助高科技苦练内功。

王兴所言的"上天"，本质上呼吁企业从过去注重商业模式创新到注重科技创新。王兴一路树敌无数而屹立不倒，对技术的重视是其秘密武器。但王兴认为，无论是 BAT，还是 TMD，此前的技术投入远远不够。"我觉得多数互联网企业只是传统科技，不管是传统 PC 互联网，还是包括移动互联网，多数人干的事情，是传统科技，并不是那么高科技，因为不管是什么样的东西，这东西还是以客户为中心，创造客户价值。过去五十多年，摩尔定理一直在起作用。而高科技是不断突破边界，不断创造新的空间，不断创造新的增长。"

王兴所言的高科技，其实就是百度所强调的下半场主角——AI。作为科技爱好者和受益者，王兴将加大互联网和人工智能技术的投入，以实现"让大家吃得更好，生活更好"。对于当下的其他企业，又何尝不是如此呢？科技兴企和"互联网+"的口号喊了那么多年，到了动真格的时候。企业落伍，在当下的重要表现就是技术手段的落伍。企业想要在下半场竞争中胜出，首先要做的就是持续研发投入，去做越来越新的高科技，比如人工智能、VR、AR、智能制造。

2. 所谓入地，就是通过"互联网+"深耕业务。

互联网行业在中国发展了 20 年，移动互联网发展了不到 10 年，给中国社会带来了很多变化。虽然变化很多，但很大程度上停留在表面。互联网最早十年只是把媒体互联网化了，新浪、搜狐、网易这三大门户是把参考文摘、报纸搬到网络上。后面优酷、土豆、爱奇艺是把视频搬到网络上。当当卖书，京东从卖电器起家，淘宝什么都卖，这是一个零售的互联网化。各行各业都需要互联网化，并且做到深度融合。

王兴认为，美团点评过去几年做的还只是很薄的互联网化，通过移动互联网帮餐饮企业、本地生活服务企业引流。事实上要真正服务好他们，不仅需要做引流，还需要全面地帮助他们提升效率，降低成本。美团点评的下半场正是"互联网＋"，将不断促进互联网和生活服务各垂直行业的深度融合，为客户提供更加全面、深入的服务。他说："我们的下半场，就是'互联网＋'，就是要通过互联网和生活服务各垂直行业的深度融合，服务于我国现代服务业的升级，以满足人们不断升级的消费需求；而我们这个公司的使命，就是要让每个人吃得更好，活得更好 (Eat Better，Live Better)。"

3. 所谓全球化，就是通过"走出去"拓宽市场。

王兴认为"互联网＋"可能是中国互联网企业全球化的最好机会。从全球的角度来讲，世界互联网的"BAT"——亚马逊、谷歌、脸书，尤其是谷歌和脸书，掌握着全球互联网最底层的资源。即便微信现在月活跃用户数量达到 9 亿，但如果不能很好地拓展海外用户，也不能实现翻番；而全球化的谷歌和脸书，就可以轻松拥有 20 亿用户。

中国企业应该多学习当年的华为，既要高科技，又要接地气，还要走出去。客观上讲，比拼核心技术资源的话，中国的企业未必占优势。但是，华为走出去一开始也不是靠高科技，而是靠产品性能比爱立信、朗讯好，另一方面是接地气，用中国人力成本优势，而且中国擅长做苦活累活的优势去扩展国际市场。

总结起来，中国企业要想在"互联网下半场"发展壮大，一要重视科技投入，真正做到技术傍身；二要尽可能拓宽业务，并且与互联网深度融合；三要有全球化意识，做好"走出去"的准备。

第十章

# 回击质疑的最好方法就是证明自己

可以说，从创业一开始，美团在资金上就饱受质疑。面对看热闹者的唱衰和竞争对手的恶意抹黑，王兴采取的回应方式是：不陪对手玩"阴谋"，只用"阳谋"证明自己。

# "一家随时可能永久关闭的集资网站"

2011 年，王兴在饭否上写到：

> "在互联网时代，推出一个产品已经变得前所未有的容易，但是打造一家公司却一如既往的难。"

美团创业赶上了团购好时机，但时机好并不意味着创业容易。事实上，时机越好，创业竞争就越大；而竞争越大，就意味着花钱越多；花钱越多，融资就成为绕不开的话题。美团刚刚创建的时候，就有人这么唱衰："一家随时可能永久关闭的集资网站"。

2012 年 4 月，美团网对外宣布 3 月销售额已经突破 3 亿。很快，有自称是美团网离职员工在网络发表《美团你丫咋不刷 10 亿的流水？》的爆料文章。文章揭露，美团网公布的 3 亿销售额，水分很大，实际上只有 1 亿多，其他都是刷出来的。

爆料人还绘声绘色地揭露了美团刷流水（销售额）内幕：（一）美团对销售有明确的接单量要求，完不成销售计划就要扣钱。（二）美团网的毛利其实很低，平均只有 3.5%，很多单子是平进平出的 0 毛利单。要达到销售计划很难，只能靠刷流水。（三）刷流水有两种方法，第一种是销售人员亲自购买或让亲属朋友购买，不去消费，然后等过期后，再申请退款；第二种是美团网的销售人员发动商家先刷个基数，吸引用户过来购买，然后商家再申请退款。（四）为了数据好看，美团网对销售刷流水也是睁一只眼闭一只眼。其他团购网站基本上都采用到店验证数量付佣金的方式，而美团网按网站上的购买数量核算佣金，这就为刷流水提供了"空子"。（五）美团网公布流水就是"掩耳盗铃"，用数据迷惑一下投资人。

"美团网——成立早、规模大、口碑好的团购网站。这里有可信赖的商家，超值的优惠，有保障的服务！"这句响亮的口号一直被美团放在最醒目的位置。爆料者显然是为了给美团难堪，美团一时间成为舆论的焦点。

一开始，美团网对此不予置评。媒体通过各种渠道向美团网核实，美团网依然三缄其口。美团网越是不回应，越是给人"爆料绝非无中生有"的感觉。当时，有不少知名人士参与转发，比如当当网 CEO李国庆转发该爆料文章后表示"这在电商也很常见"。更有好事的媒体，对美团网的一些商家进行了不知真假的采访，山东一家商户声称"3月份在美团网的订单销售数量是 600 多，实际到店消费的不足 300 人"。这些推波助澜的行为，让事件发酵到美团不得不出面回应的地步。

2012 年 6 月 5 日，美团网副总裁王慧文首次公开内部信息管理系统，向媒体展示美团真实销售额。数据显示，美团 5 月份销售额确为 3.8亿元。在此期间美团向消费者退款 3847 万元，只占总销售额的 10%左右。不存在故意批量下单再退款刷交易量的现象，而且美团的钢铁制度是"一旦发现内部员工销售数字弄虚作假立即开除"。

对于毛利率低导致刷流水的回应，王慧文表示，美团的毛利率从2011 年 9 月的最低点 3.5% 左右逐步上升到 7% 左右，美团的内部目标是在 2012 年 12 月之前，将毛利率稳定在 8% 以上，并实现持续盈利。总之，美团的现金流是正向的，没有资金断裂的风险，不需要"刷流水以迷惑投资人"。

王慧文自证后反揭露:事实真相恰恰相反,"团购竞争对手耗时两个月散布谣言"的真实目的,是要掩盖自己交易额和美团的巨大差距,以"迷惑投资人"。美团经过调查,已经掌握足够证据并锁定了其中关键的中间人,还向该竞争对手发了律师函。但最终,美团没有和对手彻底撕破脸。

那么,问题来了:对手为什么要抹黑美团呢?

自团购诞生之日起,各家企业都在一直烧钱。无论是团购鼻祖Groupon,还是国内的拉手和窝窝网,莫不如是。有人计算过,2011年下半年到2012年上半年,平均每天诞生6家创业公司。为了快速抢占市场,广告烧钱就成了第一选择。千团大战最鼎盛的时候,团购网站的广告铺天盖地,地铁、公交和户外墙面上处处可见。

在如火如荼的烧钱大战中,王兴却一再强调美团很健康,不像其他团购企业一样烧钱。

王兴这么说,不是"故作清流",更不是"掩耳盗铃"。前面几次失败创业,让王兴吃过没钱的大亏,所以在做团购时他才坚决抵制烧钱行为。美团一方面千方百计捂紧钱袋子,一方面做成本极低的线上广告。

王兴格格不入的言行,让对手很不开心,于是有了"刷流水"的爆料。俗话说,打蛇打七寸,挖树先挖根。那么,团购行业的"七寸"是什么?是"流水"(销售额)。风投在考虑是否向一家团购企业投资时,流水是唯一的评判标准。因此,对手集中火力攻击美团"流水"造假,宣称王兴所言的"健康"是粉饰出来的"太平",其目的就是要吓走乃至"截和"有意投资美团的机构。

王慧文揭露竞争对手抹黑美团是为了自救,并非胡乱猜测。2012年3月,美团月销售额突破3亿元,与之相反的是烧钱大战导致的行业危机。数据显示，当月蒸发掉了357家团购网站，也就是说平均每两个小时就有一家团购网站被迫关闭或转型做其他业务。剩下的网站只有通过继续融资才能活下去，但自身业绩没有可圈可点的地方，只能拉美团下水，然后"浑水摸鱼"。

事实证明，竞争对手的做法并不明智，也不奏效。很多懂行的人显然更欣赏王兴的态度，比如腾讯联合创始人张志东就这样公开夸奖王兴："做团购，王兴一定比马云、马化腾强。执行力好，成本、节奏、秩序做得好，在大家都烧钱的时候，美团做了最经济、效率、持久的方式。"[1]张志东还表示，腾讯当时没投资美团，选择与Groupon合资做高朋，吃了很大的苦头。

美团的发展势不可挡。2013年年底，美团网宣布实现盈利，成为业内第一家实现全年微盈利的团购网站。到2014年上半年，美团月交易额翻了10倍，从"令人质疑"的3亿元变成了30亿元。

可以说，从创业一开始，美团在资金上就饱受质疑。面对看热闹者的唱衰和竞争对手的恶意抹黑，王兴采取的回应方式是：不陪对手玩"阴谋"，只用"阳谋"证明自己。王兴无疑是明智的，自古以来，通过暗中做坏事而成功的案例少之又少。反而因为应对对手的"阴谋"，而顺势而为不断证明自己的人，越活越坚强。

被质疑流水造假，美团就以事实说话，亮出盈利真实数据。"你觉得我不行，我偏要做出来证明给你看"，这种精神被美团延续了下来。后来大家都说外卖没可能赚钱，美团就用行动证明它是可以盈利的。

"谁先上市，谁就是投降"。

在团购及生活服务领域，大众点评最早有IPO（首次公开招股）野心。早在2005年，创始人张涛就有了上市的计划。2005年年底，

---

[1]张志东2014年4月30日接受采访在聊到腾讯过去几年输掉的"战争"时语

张涛曾公开表示："如果大众点评网在未来三五年能做到四五千万美元的年收入，就会选择上市。"2008 年 1 月，张涛再次公开表示："大众点评网将在 2008 年实现盈利，并在三年后完成上市的目标。"同年 9 月，张涛又说："按目前美股的市盈率水平，公司净利润需要超过 1000 万美元才能达到上市条件；而这个目标对于大众点评网来说大概还需要三年左右的时间。"两次不同场合的表态，大众点评都把 2011 年定为了上市目标年。

大众点评网初期发展稳健，前期 PK 掉口碑网之后就再没有遇到过旗鼓相当的对手，所以对上市很自信。

然而，世事难料，随着美团等后来者加入，"千团大战"一触即发。2011 年大众点评疲于竞争，未能按原计划去上市。等到 2013 年下半年，58 同城、去哪儿、久邦数码、500 彩票网先后赴美上市，"中概股"获得市场认可。大众点评再次有了赴美上市的念头，并私下做足了准备。

2014 年团购市场尘埃落定，基本剩下美团、大众点评、百度糯米在角逐，分别背靠阿里、腾讯、百度三大巨头。这一年，大众点评开始把摊子铺得很开，涉足团购、本地推广、结婚、餐厅在线预订、酒店点评、外卖六大细分领域，"努力为上市讲好故事"。

2014 年 5 月，京东和聚美优品在美国纳斯达克证券交易所挂牌上市，为大众点评树立了更大信心。一个月后，大众点评开始正式筹备上市，参与的投资银行有高盛、摩根士丹利、德意志银行和华兴资本，上市计划融资 10 亿美元。然而，雷声大雨点小，大众点评最终以尴尬收场。

大众点评毕竟不是京东、聚美优品这类抢手电商，资本市场对"团购"概念并不买单。团购鼻祖 Groupon 亏损得一塌糊涂，股价暴跌一半，让美国资本市场投资团购行业的热度骤然下降。尽管大众点评在

2014 年疯狂冲刺，在 20 个城市反超对手美团，但是整体规模依然落后于美团。

比起大众点评的野心勃勃，美团在上市这件事上异常淡定。2012 年年底，美团实现盈亏平衡时，面对外界"美团要上市"的声音，王慧文代表王兴回应："企业选择什么时间点上市，是一个很重要的战略思考，太早上市对充满想象空间的业务有非常大的伤害。"

2014 年美团在激烈竞争中突破 460 亿交易额，稳坐团购市场老大的位置，加上京东带来的上市热，"美团要上市"的声音再次响起来。这一次王兴亲自站出来表态：

> "2015 年乃至明年，上市不会是我们最主要的目标。如果有谁先上市了，就基本意味着它放弃了，投降了。"[1]

后来在美团上市后，这句话被人抽掉前半句，只用后半句来"啪啪打脸"王兴。

王兴始终认为，上市是一场持久战，没有做好准备，不可操之过急。2014 年美团交易额虽达 460 亿，但相比淘宝、京东这些电商巨头，还属于轻量级。王兴很有自知之明。在既缺乏规模又没有盈利的情况下，紧急冲刺 IPO，尴尬不可避免。

继大众点评之后，窝窝团的做法再次证明了这种尴尬。

早在 2011 年 5 月，窝窝团就高调启动了 IPO，成为首家在美启动 IPO 的中国团购网站，还专门开发布会宣称将融资 2 亿美元，并争取实现成立两年即 IPO 上市的业内"纪录"。可惜，两个月后，窝窝团被瑞士信贷等多家券商集体拒绝代理其上市业务。

---

[1] 王兴在 2015 年 1 月 18 日接受知名媒体人尹生采访时语

2012 年 1 月，窝窝团再次准备在纳斯达克上市，拟募集资金 2 亿美元。因为财务状况糟糕，随后即传出 IPO 遭主承销商否决的消息。

2015 年 1 月 10 日，窝窝团第三次向美国证券交易委员会提交了 IPO 申请，拟登陆纳斯达克全球市场，筹资 4000 万美元。具体的登陆时间定在 2 月 25 日，但很快宣布跳票。

2015 年 3 月，股东向窝窝团下发最后通牒，必须在 3 月 31 日前完成 IPO。而窝窝团官方表示将于 4 月 2 日登陆纳斯达克，结果又一次未能成行。2015 年 4 月 8 日，窝窝团终于在美国纳斯达克成功上市。

然而，上市也没有拯救窝窝团，上市后它与美团、大众点评、百度糯米的差距越拉越大。对于窝窝团的上市行为，业内人士纷纷表示不理解，甚至有媒体称其"在开国际玩笑"。

窝窝团一点儿不是"开玩笑"，其上市是为了自救。在规模、毛利都不如行业前三甲的情况下，如果不能赶在它们之前达成 IPO，它的投资价值就会被弱化。众所周知，一个行业竞争到最后，是容不下"第四个巨头"的。遗憾的是，上市不是"灵丹妙药"，窝窝团的努力变成了"刷存在感"行为。

虽然不主张过早上市，但王兴当时提出了这样的响亮口号："2015 年我们需要全年超过 1000 亿的交易额，更远期的目标是，在 2020 年之前要达到 1 万亿的交易额。"

王兴的上市逻辑是：先做大规模，哪怕不盈利，也有资本上市。这个逻辑显然受到了刘强东的影响。京东在亏损情况下能在美国上市，一是因为京东的体量最大，二是刘强东持续不断地强调"自营"优势。而在 O2O 大战之际，美团很难在短期内实现盈利，所以王兴才往做大规模上使劲儿。

2015 年，为了做大规模，美团开启了一向反对的烧钱战术。这也由不得王兴，当时大家都在烧钱圈地抢客户。当时网络流传一个段子："去北京中关村、望京 SOHO 被一大群人包围，吓得以为打劫，结果是让领红包装 App。"

如前文所述，这一年美团还有另外一个大举动：收购大众点评。两大平台合并起来，规模看起来大了，但王兴并不满足，因为他要摆脱团购印象，建立"吃喝玩乐大平台"，在上市前讲一个更棒的故事。

在他看来，团购只是快速切入市场的工具，只要敢烧钱，就能抢到商户。团购确实为美团抢下了全国市场，但是，垂直业务才是做大和盈利的希望所在。垂直行业可以做深，延长服务链，增强粘性，快速形成规模，并产生品牌效应。而美团要想真正做深，还有很长的路要走。这时候冲刺 IPO，并不明智。

王兴很清楚，公司上市后将不得不被每个季度的财报所牵制。这意味着公司在业务的扩张上不得不收敛，可能会把市场份额拱手让人，并在一些必要的投资上收敛。这对于美团的发展来说是极其不利的。

基于此考虑，王兴才不着急上市。王兴坚信，短期盈利与否不是最重要的，"剩者"为王。

美团处于一个高速增长的阶段，只要能让投资人看到美团有驾驭高速发展的能力、具备随时盈利的能力，他们就会有足够的耐心。

然而，"皇上不急太监急"，美团自己不着急，但"逼着"美团上市的大有人在，只不过他们采取的方式有点儿极端。

# "每月亏损 6 亿"

2015 年 8 月，一起网络爆料让美团再次陷入融资争议之中。自称有参与美团新一轮融资的投资人士在知乎上质疑，美团官方宣布的上半年 470 亿 GMV（Gross Merchandise Volume，成交总额），"**数据非常靓丽，但单纯从赚钱这件事来看，GMV 数字的含金量不是太高，收入才是核心。这 470 亿的 GMV，真正创造的收入是多少？**"

爆料人士称，美团上一轮融资时的佣金率是 5%，最近的融资材料中这个数字下降到 2%。按照 2% 来算，上半年的营收才 9.4 亿元，美团背后更重要的是亏损严重。"美团各条战线亏损严重。上半年，其月均亏损额大约 6 亿元：到店事业群为 3 亿 / 月，美团外卖为 1.5 亿 / 月，猫眼电影为 1 亿 / 月，酒店为 0.5 亿 / 月。一个形象点的说法是，美团每进账 1 元就同步净亏损 2.7 元。"如果美团一个月亏损 6 亿是真，那么全年亏损有 72 亿左右。美团在 2015 年初融资的 7 亿美元，只能维持 8 个月时间。

爆料人士还揭露，美团新一轮融资疑似受阻。"每月烧一个亿美金，吓得华尔街投资人都不敢投了，美股市场也不好。美团更倾向改道找国内一些基金来要融资。但国内资本市场也不好，大家都在观望。"

对此，美团的回应是："爆料完全没有事实依据，是竞争对手恶意策划的谣言。美团法务部已对此事展开调查，并搜集到相关证据，下一步将采取法律行动来维护美团的合法权益。"

美团还向媒体澄清，美团佣金率虽然低，但不会是 2% 那么离谱，大概在 5% 至 10% 之间。

爆料还称猫眼电影 CEO 的沈丽已离职，事实上，沈丽并未离职。沈丽是在一年后因为身体原因才离职的。沈丽属于百度系，此前供职于百度 LBS 部门，加入美团后沈丽深得王兴赏识，外界一度盛传沈丽将取代王慧文，成为美团的 2 号人物。

对于所谓的亏损指控，王慧文这样回应："毫无疑问，O2O 是个万亿级的大市场，目前包括 BAT 在内的诸多公司前仆后继进入到这一领域，导致整个 O2O 市场竞争非常激烈，而美团作为 O2O 行业的领先者，势必要加大投入，以确保我们在该领域持续领先的地位。而投入和巨亏完全是两个概念。"

根据易观国际 2015 上半年中国生活服务 O2O 市场专题研究报告，生活服务 O2O 还处于教育用户阶段，为快速抢占市场，以高频的免费或低价服务快速获取并黏住用户，再通过低频高利润服务来变现并获得利润是普遍做法。在依靠"烧钱"换取市场份额的大环境下，美团不得已而为之。美团的 T 型战略决定其在每个业务领域都需要投入大量补贴——没有压倒性的优势，后进者拿钱火拼很正常。

拿外卖业务来说，在重点城市，美团一度以大手笔"保底贴补"的方式拿下高流量商户。有媒体报道，在上海，美团用 6000 万元签下"小辉哥火锅"，用 1400 万元签下"很高兴遇见你"；在北京，美团用 1500 万元签下"俏江南"。另外，美团在 2015 年暑期档还做了为期两个月的外卖平台补贴活动，投资额达 3 亿元。

而随着业务扩张，人力成本骤增。截至 2015 年 6 月底，美团员工数超过 15000 名，其中线下地推团队人数超过 10000 名，覆盖城市达到 1100 个，相比 2014 年 8 月翻了三倍。这些都是美团不得不烧钱的地方。

O2O 本就是很烧钱的游戏，所以百度才宣布 3 年向糯米投资 200 亿元，还上不封顶。客观来说，美团不是烧钱最凶的，但却是烧钱最出效果的。有知名投资人这样评价："外界更应该关注的是，同样是烧钱，背后谁烧得更有效率。美团 CEO 王兴的风格就很严谨的，不会胡乱烧钱。这也是当初百团大战，拉手领先，美团还能后来居上的重要原因。"

下面，让我们来还原一下爆料事件爆发的背景：

1. 爆料前一个月，2015 年 7 月，美团刚刚宣布架构调整，新设立外卖配送事业群，由王慧文出任该事业群总裁；新设立的酒店旅游事业群，由原酒店事业部负责人陈亮出任该事业群总裁。

自 2014 年开始，王兴做的一件大事就是全面加速扩张美团的业务布局，这一切在 2015 年 7 月达到最高潮。组织调整标志着美团从原来单纯的团购网站正式转型为集团购、电影、酒店旅游、外卖配送服务于一身的集团军，成为典型的 O2O 平台，有了自己的大生态系统。

在 7 月 13 日美团召开的媒体发布会上，向来低调的王兴高调晒了业绩：2015 年上半年美团 GMV 超去年全年达到 470 亿元，按此进度，达到其全年 1000 亿元的 GMV 似乎也不难。媒体和对手对该数据均表示了极大的质疑，尤其是刚从美团独立出来的猫眼电影月交易额达 22 亿元，比大众点评、格瓦拉、微信电影、淘宝电影、百度糯米等平台加起来还高。

易观智库发布的《中国互联网餐饮外卖市场 2015 上半年专题研究报告》则显示，2015 年上半年中国互联网餐饮外卖整体市场订单份额中，美团外卖占 41.24%，饿了么占 38.75%，百度外卖占 7.95%，淘点点占 3.51%，到家美食会占 0.60%，其他占 7.95%。

2. 同样是在 2015 年 7 月，美团被爆出正在筹备下一轮 10 亿美元的融资。

当月，由滴滴打车和快的打车两家公司战略合并的新公司——"滴滴快的"获20亿美元融资，完成后市值达150亿美元。与此同时，《华尔街日报》传出消息，美团正计划进行新一轮10亿美元的融资，以完成超过150亿美元的估值。这一融资计划还处于接触和报价阶段。

根据这两大背景，不难想到，对手为什么要"爆料"了。美团在电影和外卖两个垂直领域后来居上，表现过于突出，动了别人的奶酪，还在资本市场倍受青睐，难免让竞争对手气不顺，于是一场"美团亏损吓走投资者"的舆论公关就诞生了。

自从有了互联网，但凡有市场竞争，就必然存在公关战。各行各业皆如此，互联网行业更甚，可能本身都是技术大佬，雇佣水军抹黑对手，更加得心应手吧？黑公关操作常用手法中，放大竞争对手负面消息，或者断章取义、编造不实谣言，打击竞争对手，最为常见。

然而，一个不争的事实是，公关抹黑并不能改变商业格局。抹黑可能短时间内实现"浑水摸鱼"的目的，却不能因此遏制对手的发展。"刷眼不等于刷脑，刷脑不等于刷卡"，企业的发展最终还得消费者说了算。谁服务做得好，谁就胜出。

对于黑公关的态度，一开始王兴还保持"清者自清"的态度，他曾经说过：

> "做一个五年甚至十年不那么被外界认可的事，很难很难，但当最后水落石出时，你就一骑绝尘了。"

树欲静而风不止。来自对手的抹黑行为，并没有因为王兴的不屑一顾和置之不理而停止，反而变本加厉起来。

# 美团的"反黑"之路

所谓"好事不出门，坏事传千里"，对于"黑公关"行为如果放任不管，它就会变成"咆哮的怪兽"，吞噬企业。于是，美团开始反击。

2015年9月15日，美团与北京华泰律师事务所（美团网的常年法律顾问）联合发布声明：

一、造谣者伪装成投行人士在某知名网络社区匿名发帖，捏造"美团融资失败"等谣言，并以此为基础，通过多种媒体渠道进行传播。在该网站以"不符合法律"为由删除了上述匿名言论之后，造谣者仍然以此为基础持续、大规模传播谣言，进而发布《融资窗口关闭全球团购网站生存成谜》《国有资金洗钱式接盘"股奸"？疑似蔓延互联网投资》等文章进一步抹黑中伤。上述文章纯属凭空捏造。

二、造谣者通过自媒体、论坛、微博、博客等多种渠道对美团网进行恶意攻击的行为已经给美团网造成了恶劣的社会影响。对此，美团网已经查清造谣者身份信息，同时掌握了涉案相关证据，将立即启动民事诉讼，并向公安机关报案追究造谣者的刑事责任。

后来经媒体求证，美团确实扒出来了造谣者的真实身份，造谣文章在芜湖灌水乐园被搜索出来，作者为"无敌小铁雀"，该账号除了爆料美团之外，没有别的文章上传，且"无敌小铁雀"在论坛里无任何互动。在美团融资关头造谣，作者的意图十分明显，但造谣者的目的并没有达成。2015 年 11 月 30 日，美团成功完成了腾讯领投的 30.9 亿美元 B 轮融资。

这是美团第一次对没底线恶意攻击的正式反击。在发表声明当日，王兴在朋友圈里写下了这样一句话：

> "我的态度一向是：没事不惹事，有事不怕事。"

万事开头难，一旦起了个头，后面再遇到类似的情况就很难无所作为了。

2016 年 6 月 27 日，美团针对山东诸城新闻网密集发布的 15 篇诋毁、贬损美团大众点评的不实文章，提出严正声明。声明称，诸城新闻网近期连续发布了《美团冰火两重天！员工被裁，管理层套现欲走人》《多重积弊在身 投资人或做局抛弃美团》等多达 15 篇诋毁美团大众点评的稿件，其中出现了大量未经核实、捏造的"美团裁员""管理层套现""巨额亏损"等不实信息，并在随后被部分媒体等有组织地传播与扩散。

这标志着美团起诉的对象已经从"水军"个体上升到了媒体平台。

2017 年 3 月，美团点评向北京市海淀区人民法院提起诉讼，起诉自媒体"互联网分析师于斌"，其在微信公众号、新浪网、百度百家等平台上发表的"美团王兴夫妻两派疑内讧，投资人称上市计划再延期"一文严重与事实不符，侵犯了美团点评的名誉权，要求对方立即停止侵权、赔礼道歉、消除影响，并索赔人民币 1000 万元。

美团之所以要求对方索赔 1000 万，是因为作者公然诋毁和诽谤的主观恶意十分明显。文中对美团点评高管的职务、分工均存在多处捏造。

索赔 1000 万，标志着美团起诉从口头警告到"动真格"，以正视听的决心可见一斑。

当时，很少正面回应传言的王兴不得不在朋友圈辟谣："我在这里辟一下谣：我从来没有哪个表弟在美团工作过。希望同行们能和我们一样，把心思花在服务消费者和商户上，而不是整天想着法子造谣抹黑。"

随后美团点评还公布了一连串的数据：日完成订单超 1800 万，年度活跃买家 2.4 亿，活跃商家 300 万，整体业务实现盈亏平衡，收入同比三位数增长，公司现金充沛，账上实际资金储备已超 30 亿美元。

王兴的回应和晒数据，并没有让谣言止步。2017 年 6 月，以深圳某科技公司为主体的微信公众号伪装成"外媒"称美团点评酒旅业务数据造假。荒唐的是，美团公司法务部门负责人按照这个"外媒"注册地址找过去，发现是香港一个无人住的公寓。

从数据造假、估值缩水、融资无门、恶意裁员、高层套现、对赌协议到管理层内斗等，关于美团点评的谣言从没有停止过。这背后的深层原因是：从 2013 年开始，美团点评以不动声色的方式不断渗入外卖、酒店、电影、旅游、民俗、新零售等吃喝玩乐垂直领域，且大有后来居上之势，让各细分领域的巨头们很火。

互联网世界从来都是风云变幻，从人口红利到流量为王，明争暗斗从未停止。进入下半场，人口红利不再，角斗就更加激烈了。就连马云也说过："纯电商时代很快会结束，未来的十年、二十年，没有电子商务这一说，只有线上线下和物流结合在一起，才能诞生真正的新零售。"O2O 时代已然来临，问题是，新的游戏规则并没有确立。

在一片迷茫中，难免乱象丛生。那些眼瞅着美团异军崛起而束手无策的竞争对手，只好选择背地里抹黑它。对美团抹黑和造谣不止的现象，也侧面反映了大家对互联网下半场玩法的共同迷茫。

美团在各领域的布局，也是应对下半场的尝试而已。美团尝试利用信息技术的优势，与传统产业进行深度连接，谋求更大市场增量的目的只是为了早日实现盈亏平衡。如何跑好互联网下半场，是美团不得不面对的挑战，所以就顾不上"招黑"的顾虑。但正如王兴所言，"没事不惹事，有事不怕事"，对于同行无底线的抹黑做法，让美团到了忍无可忍无须再忍的地步，就只能重拳出击了。

有一句话，对手是最好的老师。对手的抹黑行为，让美团的公关能力越来越强。美团在黑公关的反击道路上愈挫愈勇，越来越有经验，一步步逼近幕后黑手。

2019 年 8 月，美团安全事务部联动江苏、山东等地公安机关，打击多起捏造事实恶意抹黑美团及王兴的黑公关刑事案件，共抓获犯罪嫌疑人十余人并采取刑事拘留、批准逮捕等刑事强制措施，部分涉案网站已经被关闭。上述人员涉嫌非法经营罪，已被移送人民检察院提起公诉。

根据警方提供给美团的调证材料，涉案人员针对黑稿制定了严密的价目表，标题含有王兴的黑稿首发每篇收费 200 元，转发稿件每篇收费 50 元，标题含有美团的文章每篇收费仅为 20 元。

至此，网络黑公关产业链被美团彻底摸清楚了。黑公关按照套路发稿，目的一目了然，就是赚钱而已。那么，幕后的金主是谁呢？虽然没有公布于众，相信美团已经有了答案。

# 水到渠成地公开上市

2017 年 10 月 19 日，美团点评宣布完成 40 亿美元融资，估值 300 亿美元，并成功刷回全球独角兽公司估值排行榜前五名。针对接下来是否会筹划上市的问题，王兴回应说，"投资人没有催我们，我们也不会去签相关的协议，如果我们想上市立刻就可以上市，但这不是最好的选择。"

对于王兴来说，美团上市的理由只有一个：时机成熟了。所以，无论对手和媒体逼得再凶，王兴总是"不着急"。

2018 年 9 月 20 日，美团终于在港交所正式挂牌，股票代码为 03690，发行价 69 港元。这是继小米（2018 年 7 月 9 日）之后，在香港上市的科技初创公司 IPO。美团点评开盘大涨 5.65%，市值达 3959 亿港元（约 507 亿美元），超过了小米 3784 亿港元（484 亿美元）和京东的 383 亿美元，成为位列 BAT 之后的第四大互联网公司。

之前小米上市邀请了资深"米粉"一同前往港交所敲钟见证，美团上市当天则邀请了一对骑手夫妻共同执锤，敲响港交所 200 公斤大锣。这对骑手夫妻就是来自石家庄的仇雪雪与孙宏卫，两人正是因为美团外卖而结缘，其中作为石家庄站点的第一个女骑手，仇雪雪拥有半年内送出 1 万多份外卖的漂亮业绩。美团上市邀请他们作为 60 万美团骑手的代表，是要昭告天下，外卖业务在美团的地位无可替代，

60万骑士价值连城，而美团则是一家以人为本的企业。

王兴在现场表达了诸多感谢，除了感谢60万骑手之外，还感谢3.4亿在美团点评花钱的人，选择自己想要的生活；感谢470万全国各地的合作商户；感谢全公司5万多员工及曾经付出的老员工；感谢曾经的投资人以及今天及往后的投资人；感谢乔布斯，如果没有苹果，如果没有移动互联网，就没有美团的今天；感谢港交所。

感谢港交所什么呢？自2017年下半年以来，伴随众安在线、阅文集团和易鑫集团等公司密集登陆港股，新经济概念受到香港资本市场追捧，开启了新经济企业赴港的热潮。2018年4月，港交所正式颁布修订后的主板《上市规则》，开始接受新兴及创新产业公司的上市申请，并推出"同股不同权"改革，进一步推高了互联网企业的上市热情。美团选择这个时候在香港上市，实属顺势之举。美团在上市前夕就获得了庞大的资金注入，其中国际公开发售部分获得香港本地的重量级企业家李嘉诚、刘銮鸿及郑志刚的认购。

美团上市风光无限，还因为它是国内互联网三小巨头——今日头条、美团、滴滴（简称"TMD"）三家中最早上市的一家。同时投资这三家的红杉资本全球执行合伙人沈南鹏在接受《中国企业家》独家采访时表示，美团率先上市成为公众公司，有其偶然性与必然性。最近几年，就三家公司的几次融资情况来看，都有点像是准上市公司的融资模式。哪家先走到了上市这一步，存在巨大的偶然性。

但从2015年10月美团和大众点评合并后就一直坚持重仓入股，又在随后的融资中继续跟投的徐新眼里，美团上市却是必然的。在徐新看来，美团点评是个超级平台，是会"长出花来的"，在互联网获客成本越来越高的情况下，未来很难再出现像美团点评这样的平台级公司。徐新还表示，王兴是她投资的企业创始人中"得分最高"的，符合巴菲特所说的要投可以做女婿的企业家的标准。要知道，徐新可是网易和京东早期的重要投资人。

相比小米的高调，美团在上市前后显得异常低调。据说小米上市，港交所特意定制了一面直径加长 80% 的加大版铜锣。雷军高兴坏了，特意发了条微博，"听说港交所的那个锣是新的，花了 30 万，今天是第一次使用。"

而王兴在递交上市招股书的前夕，只悄悄在饭否上感叹："突然想起来我很久没荡过秋千了，荡得很高很高的那种。"虽有激动之心，但很克制。

上市后，王兴摇身一变，从艰苦创业者变成了身价过 400 亿的超级企业家，有人调侃他是中国最富有的"外卖小哥"。带领美团八年长跑，王兴终于迎来自己的高光时刻，不过他并没有因此得意忘形，相反，他变得更加低调和焦虑了。

美团没有任何庆祝活动，上市当天王兴只给全员发了一封题为《更大责任，更多耐心》的邮件。他在邮件中表示，上市从来不是目标，大家不需要太过关心短期的股价涨跌。但上市意味着成为一家公众公司，意味着更大的责任。作为平台型互联网企业，美团点评不能仅仅用法律、义务这样的底线来要求自己，而是要更加自觉、更加主动地承担社会责任。邮件的结尾称，"上市并不意味着耐心的结束，而是真正考验耐心的开始"。

当天，王兴还在饭否发了一条句耐人寻味的话：

"好棋手通常都知道并接受自己同时也是更大棋局里的棋子。"

这句话让人遐想不已。有人猜测，王兴这是要摆脱腾讯这个大股东的"如来佛手掌"。业内人士普遍认为，美团和腾讯的协作，是一把双刃剑，一方面让美团点评获得了腾讯的资金和庞大的用户接入，也受益于腾讯地图、推广、支付以及云服务等技术，另一方面过度依赖腾讯的用户接入和技术服务，会增加美团的经营成本。所以，美团摆脱腾讯是迟早的事情。

事实上，王兴所要表达的意思是，成为巨头的美团，从此以后的敌人不再是与之争夺市场份额的对手，而是自己。正如王兴所言，"吃喝玩乐大家每天都需要，但是通过互联网来做好很不容易，每个行业都在面临互联网带来的变革，我们会踏踏实实把业务做好，为消费者、为商家创造价值，我们会努力做一家好公司。"水到渠成地上市之后，美团的眼里更加没有了对手的干扰，而是朝着"社会企业"而奋斗。

2014 年上市后，刘强东表示，京东要向万亿销售额的目标迈进，并要成为一家"国民企业"。他说："我们定义的国民企业，不是在某个时间结点是市值最大的企业，而是在任何时候，都是为社会创造最大价值的企业，才有资格成中国国民企业。"

后来，有人质疑阿里巴巴是软银控制的日本企业，马云豪迈回应：阿里巴巴要做一家"国家企业"。"每个国家都有一个企业代表，三星是韩国的代表，丰田是日本的代表，奔驰是德国的代表，苹果谷歌是美国的代表，中国已经到了需要有一批代表中国的文化、价值观和技术，代表中国的年轻人，代表中国的生产力的一批企业，阿里巴巴正朝着这个方向努力。"

京东要做"国民企业"，阿里巴巴要做"国家企业"，不甘示弱的美团则要做"社会企业"。

原《中国企业家》杂志总编辑、创业黑马董事长牛文文如是评价美团的上市："美团 IPO 的意义不只在市值，还在于王兴所代表的新一代企业家的登场。这一代直接生于移动互联网，真正理解中国移动原住民，理解并直接服务上亿'付费用户'而不再只是'流量'，理解'五环外'的广大中国。在做宏大的无边界的商业梦想的时候，他们内心充满信念的力量，干净、直接、无畏，看不到什么'谋略'和'原罪'的影子。他们是真正在 BAT 阴影下长大但又真正无所畏惧的一代。"

# 王兴有话说：如何在危机中成长？

有人说，美团上市简直就是一个奇迹。八年抗战，危机四伏，一直被质疑，从来打不趴。

不仅对手攻击美团是"一家随时可能永久关闭的集资网站"，连王兴自己都总说"美团永远离破产只有六个月的时间"。那么，美团在危机中保持成长的秘籍是什么呢？

1. 注重长远价值，不在乎短期的亏损。

王兴非常喜欢"长期主义"这个词，从 2003 年创业初期，他就在内心决定做一个"长期主义者"。他早年在微博不止一次转发过这段话：

> "巴菲特挣钱是从一辈子的长度来挣的，所以可以手握现金等 N 年机会再出手；成功的创业者是看 5 年，10 年的长度来规划挣钱的；高级经理人是看年薪的，一般人就按月算，按天算的成为民工，挣得最少的是小时工。所以，想挣钱，把眼光放长远。"

美团从团购业务切入，实际上是没什么胜算的。王兴看中的是更长远的打算。王兴一直强调，美团的战略非常清晰，那就是对标亚马逊，美团未来要做的就是"Amazon for Service"。而作为今日的互联网市值之王，亚马逊曾经连续亏损 20 年。直到 2015 年第二季度，亚马逊才第一次取得盈利。美团走的就是亚马逊的路子，以长时亏损的代价，撬开长远价值的密钥[1]。这条路惊险而刺激，非一般人敢走，幸好国内有京东的前车之鉴。京东从盈利到亏损，苦熬了 12 年，这给了王兴足够的信心。所以，一路饱受"亏损"和"要黄了"的质疑，王兴都没有放弃对于"长期主义"的信仰。

基于"长期主义"信仰，王兴长期做两件事，第一，聚焦团队、技术、产品、运营等基本面；第二，没有急于短期盈利而放弃长期愿景，用累计近百亿的亏损，赢得绝对的市场领先地位。在人才招聘上，王兴不惜重金"招到并留住最优秀的人"；在队伍建设上，大刀阔斧进行组织改革，为美团打出了一支"一劳永逸"的地推铁军；在技术投入上，美团在亏损的状态下，依然不断加大投入，美团点评招股书显示，美团点评 2017 年研发投入为 36 亿元，研发占营收百分比为 10.6%；在平台搭建上，王兴也构思得更加长远，为了满足全国 4 亿用户的需求，王兴建立了近万家配送站点，并搭建出前置仓实体网络，这是一种硬实力。美团的成功离不开平台的搭建。

要想不被对手打倒，首先得比对手看得更远。知道自己想要成为什么样的人，就不会被对手带偏和打垮，因为他总是能找到突破点，就像王兴曾经所言：

"当一个机会点逝去，就要学会创造另一个机会！"

2. 眼中不能只有对手，搞定"上帝"才是关键。

青山遮不住，毕竟东流去。无论是前期的绞杀，还是后期的抹黑，

---

[1]《亚马逊的大战略》，[日] 田中道昭著，人民邮电出版社，2019 年 1 月

对手都没能置美团于死地的根源在于他们违背了商业的本质。搞垮对手并不能保证自己就能活下去，商业的本质是向市场要利润。过去，盈利主要靠消费者；进入 O2O 时代，盈利既需要服务好用户，还需要服务好商户。同样是烧钱，对手的重点在于夺抢市场份额，而美团更重视用户体验和服务效率，这就是差别所在。

美团盈利逻辑一直很清晰，向 C 端用户要规模、向 B 端商户要利润。在用户侧，美团不断提供丰富的服务品类，保持高效的获客能力，加强活跃用户的粘性。美团选择的新业务，都是只要烧钱就能有用户活跃度的重运营生意。"我们努力于扩大我们的客户群，满足客户需求并强化我们的网络，而非注重于变现。我们亦会继续投资可能不会在短期内为我们带来经济利益的新服务及产品。" 3.4 亿 C 端用户就是这么积累的。而有了 3.4 亿 C 端用户，一个基于 LBS 的用户吃喝玩乐行的超级平台就变为了可能。

在商户侧，美团不断加强供给侧改革，利用对商户的深入了解进行开发创新，向商家提供在线营销工具、实时配送基础设施、云 ERP 系统、聚合支付系统、供应链和金融解决方案等。通过这些解决方案，美团点评成功扩大商家群体，并培养出长期忠诚度。在 2015 年、2016 年和 2017 年，美团点评的在线商家数分别为约 300 万、440 万和 550 万，其中活跃商家占比分别为 66%、68% 和 80%。

要想不被对手打倒，不能总想和对手 PK，亦不能总是被对方牵着鼻子走。在和对手博弈的同时，不要忘了企业的根本使命：向用户和商家提供真正的价值。在对手拼命打压美团的时候，美团则花更多的精力把 3.4 亿用户、550 万商家、60 万骑士和自己捆绑在了一起，让他们离不开美团，对手就无可奈何了。

3. 摊子铺再大，总得有一项拿得出手。

武侠小说中的武林高手，行走江湖，拜师无数，最终都有一手属于自己的绝学。

亚马逊、京东、美团，他们之所以长期亏损还能受到资本市场的青睐，一个重要的原因在于，他们虽然把摊子铺得很大，企业在整体上亏损，但总是有核心业务拿得出手，比如京东的自建物流，比如亚马逊的 Prime（会员服务）、Marketplace（第三方卖家平台）和 AWS（亚马逊云服务）。美团打造的超级平台，是以餐饮外卖为基础的，餐饮外卖的收入占公司年度收益的 60% 左右。

亚马逊、京东、美团的生态运营模式，本质上靠的是"飞轮效应"。所谓"飞轮效应"，指的是一个公司的各个业务模块，会有机地相互推动，就像咬合的齿轮一样互相带动。一开始从静止到转动需要花比较大的力气，但每一圈的努力都不会白费，一旦转动起来，齿轮就会转得越来越快。美团的业务围绕着"吃喝玩乐"展开，覆盖了日常生活的大多数场景，用户使用美团点评这个平台越多，从中获得的价值便越高，"飞轮"就转起来了。但正如王兴所言，"正是紧紧围绕'Food'，美团才走到了现在。"

4. 无论何时都让投资者有钱赚。

值得强调的是，在亏损的 20 年中，亚马逊仍旧给予了那些忍受亏损的投资者足够丰厚的回报。它告诉我们，企业哪怕在亏损中，也要让投资者看到希望。

其实，美团和京东都会给董事会优先股的，所谓优先股，就是无论公司赚钱不赚钱，都是要分红的，是按照购入优先股时，董事会约定的比例分红。美团的"巨亏"，绝大部分来自可转换可赎回优先股，投资者手里流油，自然不会受外界负面评论的影响，对美团一直保有信心。

要想不被对手打倒，还需要有强有力的幕后支持，让股东尝到甜头，他们才会不断追投，美团因此在危机不断中保持良好的现金流，换取成长的时间。

第十一章

# 成为互联网世界的恒星

　　高瞻远瞩公司的创办人主要致力于建立一个组织，一个会走动的时钟，而不只是找对时机，用一种高瞻远瞩的产品构想打进市场，或利用一次优秀产品生命周期的成长曲线；他们并非致力于取得领袖的人格特质，而是采取建筑大师的方法，致力于构建高瞻远瞩公司的组织特质；他们努力的最大成果不是实质地体现一个伟大的构想，不是表现人格的魅力，不是满足个人的自享或累积个人的财富，他们最大的创造物是公司本身及其代表的一切。

## 美团首次实现整体盈利

盈利永远是企业商业模式可行性的最好证明。企业实现整体盈利，是投资人的信心来源，也是创始人进一步寻求外来资金支持的有利谈判筹码。

2019 年 8 月 23 日美团发布第二季度财报表示：公司实现了整体盈利，净利润实现 15 亿元。相比 2018 年同期亏损达 32.1 亿元来说，这无疑是一件具有里程碑意义的大事。

盈利变现，一直是悬在王兴和美团头上的"达摩克利斯之剑"。上市不到一年，美团用真实的数据给予市场质疑以狠狠一击。这一次，美团迎来了真正的"高光时刻"。

王兴说过：

> "欲速则不达，有的事情也许做的人没错，是你的期望错了。它可能本来就长得很对，但你不能种个萝卜，每天拔起来看看长大没有，这需要正确的预期。"[1]

2016 年王兴提出"互联网下半场"理论之后，美团一直对外强调"今

[1]《创业最有趣的是总要做一些从未做过的事》，王兴演讲，2014 年 5 月

后要回归商业本质，关注营收及盈利能力，追求盈利性增长"。美团人自己一直在朝着盈利方向努力，但质疑声从不间断。这份姗姗来迟的财报，让创业九年的美团第一次扬眉吐气起来。

整体盈利，意味着美团在生活服务领域牢牢扎下自己的根基，意味着"Food+超级平台"的战略设计产生了效应，意味着王兴"长期主义"战略的可行性以及"高频带动低频"策略的靠谱性。

财报显示，酒旅、外卖的双丰收，特别是美团外卖的高增长，推动了美团整体实现盈利。美团外卖上升到 21 亿笔，验证了王兴之前的预测："中国大概有 8.6 亿城市人口，每人每天吃三顿饭，每天就是 25 亿顿，美团只是占据了其中不到 2% 的市场，今后还会持续增长。"酒店夜间量首次超过 2 亿间，超过携程、去哪儿、同程艺龙的总和，这意味着中国在线酒店预订行业竞争格局从此改写。

除了外卖和酒旅这两只"利润奶牛"之外，"包罗万象"的新业务及其他业务收入也实现了 85.1% 的增长，毛利润转负为正，从 2018 年同期的 −76.4% 变为 9.1%。其中，小额贷款和支付业务成为新业务收入上涨的主要动力，这也让王兴终于"解了一口气"。

当年为了摆脱阿里巴巴和腾讯在支付上的掌控，王兴早早布局了互联网金融业务。2016 年 9 月通过收购第三方支付钱袋宝获取支付牌照。虽然因为被打压而暂停了尝试，但美团没有停止布局。同年 12 月，美团获得小贷和银行牌照。王兴先投资了东北首家民营银行——吉林亿联银行，然后成立了重庆美团三快小额贷款有限公司（简称"美团小贷"）。这些布局的初衷是配合下半场竞争战略，为线下商户提供便捷、实惠的金融服务。经过多年努力，小贷业务从辅助工具变成了盈利工具。王兴曾说过："餐饮需求侧的数字化已逐渐完成，供给侧的数字化尚未开始。"小贷业务的崛起，意味着美团在 B 端业务的发力初见成效。

新业务及其他业务收入能实现盈利，还跟王兴的一个重要决定有关。2019 年开始，美团放弃了自营网约车的模式，转而推出了"聚合"模式，采用轻量化的运营方式，这一决定为美团"减负"很多。与此同时，摩拜单车的国际化业务也被优化掉。把这两个"沉重的包袱"甩掉之后，新业务就实现了盈利。

在流量红利几乎耗尽的互联网下半场，各家互联网公司再难交出令人惊喜的答卷，而美团却做到了逆势生长。

一个不得不提的背景是，2018 年，其实是"饿了么"与美团外卖战事最焦灼的一年，"饿了么"在阿里巴巴的扶持下，发动与美团外卖的激烈"战争"，大打价格战，大行补贴之术，希望通过资本的攻势来抢夺市场。结果呢，"饿了么"和口碑的外卖业务总收入，尚不及美团外卖的一半。据第三方移动互联网大数据监测平台 Trustdata 的调研数据，截至 2019 年上半年，美团外卖占据外卖餐饮市场 65.1% 份额，"饿了么"与"饿了么星选"共占 32.8%。无论是"饿了么"还是重启的口碑，短期内都很难超越美团点评的市场影响力。因此有人评价说，在生活服务领域，一向万能的阿里巴巴也无能为力。

美团就是在行业不景气、恶性竞争满满的背景下实现逆袭。未来，生活服务领域的竞争还会持续，但市场的天平，已然向美团大幅度倾斜。美团在生活服务领域的赢利能力碾压阿里巴巴，让王兴誓与腾讯、阿里巴巴平起平坐的"狂想"逐渐步入现实。

时光回溯至 2010 年，腾讯市值突破 400 亿美金，阿里巴巴估值 200 多亿美金，美团在拿到 A 轮投资的估值不过 1 亿美金。也就是说，创业时的美团和腾讯、阿里两大巨头的体量差距是几百倍。用了十年时间，美团与中国两大互联网巨头的差距缩小至不到 10 倍。在这期间，阿里巴巴市值涨了二十多倍，腾讯涨了十几倍，而美团涨了几百倍。美团的十年，是对王兴所秉持的"长期主义"的最好诠释。

整体盈利，也是王兴收到的最好的"不惑礼物"。暮从碧山下，山月随人归。却顾所来径，苍苍横翠微。从学习 Groupon 到对标亚马逊，从团购、外卖到"Food+ 超级平台"，从连续亏损到整体盈利，经过十年坎坷历程，美团终于成为"笑在最后的人"。

王兴最引以为傲的地方是，美团每一项业务创新都是经过深思熟虑的沙盘推演。他经常提到的两个词是 Think and Practice。美团今天形成的业务结构乃至盈利模式，都是"试"出来的结果。深思熟虑，勤加练习，保持足够的耐心，这就是美团"笑到最后"的法宝。

2020 年 1 月 9 日，胡润研究院发布《2019 胡润中国 500 强民营企业》，美团点评以市值 5500 亿元位列第 6 位。排在它前面的分别是阿里巴巴、腾讯控股、中国平安保险、华为和蚂蚁金服。2014 年年会的时候，王兴提出："我们不仅要看一年，还要看三年、五年、十年。2015 年一千亿，2020 年一万亿，听起来有点遥不可及，但只要我们共同努力，我相信我们有能力达到、而且一定会达到这个目标。"当时王兴台上说得激情澎湃，台下的人没几个相信的，毕竟 2013 年全年销售收入才不过 160 亿元。现如今，美团距离王兴的这个宏伟目标越来越近了。

# 向全球输出，做世界冠军

上市之后，全球化将是美团未来布局的一个重心。一方面，高瞻远瞩的王兴早就对进军全球化充满野心；另一方面，务实理性的王兴，进军海外依然选择了"农村包围城市"的切实路线。

早在 2016 年 10 月，美团酒旅事业部就设立了海外住宿项目组，旨在为出境游、周边游的用户解决住宿问题。随后酒旅事业部与多家海外知名酒店供应商达成合作，通过代理分销的方式切入海外酒店市场。

2017 年 2 月，美团酒旅事业部宣布正式布局海外住宿业务，全球近百个国家 5000 多个城市超 12 万个酒店上线美团和大众点评 App。美团提供的 12 万个海外酒店中，高星酒店占比高达 25%，包括万豪、费尔蒙、凯宾斯基、丽思卡尔顿、温德姆等世界奢华酒店。这些高星酒店得到了国内二三线城市用户的热捧，尤其是喜欢到东南亚地区旅行的年轻人。

海外住宿业务的试水成功，打响了美团海外扩张的第一枪，让美团有了"走出去"的信心。

2017 年 4 月 15 日，王兴在公开演讲中，进一步阐述他所理解的互联网下半场："上天、入地和全球化"是互联网公司发展的趋势。

在"全球化"部分，王兴指出，全球互联网在下半场，是中美之间的竞争。美国互联网公司的强大在于不满足于做美国市场，而是几乎做遍全球市场。而中国的互联网公司，比如佼佼者腾讯，虽然靠中国一个市场做到了全球十大，但长期来看，如果不能走出去，不能更好地服务更大的经济体的话，是缺乏竞争力的。因此，全球化是中国互联网企业在下半场必须要做的事情。

2017 年 9 月 4 日，在金砖国家峰会上，王兴更是扬言："在互联网领域，中国经验可能比美国经验，对其他金砖国家和广大发展中国家，更具有借鉴意义。而事实上，中国企业的商业模式已经成为全球新兴市场的学习典范。"王兴所言非虚，移动互联网技术起步于国外，但没有一个国家能像中国这样对移动互联网有如此广泛的渗透。中国在移动支付、O2O 项目创新、手机游戏开发等移动互联网领域确实处于领先地位。

2017 年 9 月 27 日，王兴回母校清华大学演讲的时候如是说："清华大学的学生应该有志气，你们应该加入一个能做世界冠军的企业……中国过去互联网的发展，总体很好，创造了巨大的价值，但是成为世界冠军的很少，可能有些还在这个路上。在这个路上的还有另一个公司，就是我们的美团点评。"

2018 年，美团正式开启"向世界输出"模式。王兴在除夕之夜发出的内部邮件中，首次公布了美团进军海外市场、推进全球化战略的思想。

"中国经济过去 40 年的高速增长，与中国互联网近 20 年的高速发展，孕育了一批全球领先的'互联网 + 实体经济'中国科技公司，美团点评是其中最典型的一家。在历史性的时代机遇下，我们要勇于走出中国，做世界冠军。2018 年是美团点评全球化探索的元年，也是我们向世界输出我们成功的商业模式、科技创新的开始。对于海外市场，我们将长期保持关注并积极参与。"

美团进军海外市场，采取的是战略联盟的方式。国外有这样一条成功的经营信条：为让自己赚更多的钱，首先要分一块蛋糕给竞争对手吃，广泛开展横向联合与纵向联合，可以更大范围内整合和优化资源配置，形成共生关系，借力发展，实现两个或两个以上企业优质管理的组合，形成共存共赢的产业新优势。战略联盟是企业迈出全球化第一步普遍采用的手段。张瑞敏曾在谈到与国外企业合作时说过："如果过去说与狼共舞，我想现在应该改一句话：与狼共生共赢！大家如果共同提高，都会有市场份额，都会取得发展。我认为如果不实施全面国际化战略，你没有道路可走。如要实施，你要潜下心来改造你自己，提高你自己，这是一件非常艰苦的事情。将如果再想有一次得到大的市场空间的机会，却没这个机会了，也没这种可能了。"

2018 年 1 月，美团和谷歌、新加坡淡马锡一起投资印尼共享出行平台 Go-Jek。Go-Jek 以共享摩的切入共享领域，后来将业务线延伸至共享出租车领域。从 Go-Jek 的角度来说，引进美团等风险投资，目的是为了对抗地区强敌 Grab 公司的强势扩张。而从美团的角度来说，无疑是要借助 Go-Jek 来布局海外出行业务。

2018 年 2 月，美团用 4000 万美元参与了 Swiggy 公司 1 亿美元融资项目。Swiggy 公司被称作印度版"美团点评"，在印度最大的 10 个城市的外卖业务保持全面领先。印度也是人口大国，是外卖必争之地。此前，Uber 早就进入印度外卖市场，但强龙不压地头蛇，Uber Eats 公司根本竞争不过 Swiggy 公司。于是，Uber 将旗下的 Uber Eats 公司出售给印度另外一家外卖公司 Zomato 公司。Uber 退出后，印度外卖市场也形成了双雄争霸的格局，激烈程度不亚于美团外卖和"饿了么"在国内的竞争。可能是同类感触最深，王兴很看好 Swiggy 公司，不断追加对其投资。2018 年 7 月，美团跟投 Swiggy 公司新一轮 2.1 亿美元融资。2020 年 2 月 20 日，美团再次参与其 1.13 亿美元的 I 轮融资。连续多次投资，美团和 Swiggy 公司达成战略合作关系，借力布局海外外卖市场的决心可见一斑。

2018 年 3 月 1 日，中国旅游研究院、携程旅游集团联合发布《中国游客中国名片，消费升级品质旅游——2017 年中国出境旅游大数据报告》。报告显示，2017 年中国公民出境旅游突破 1.3 亿人次，比上年同期增长 7.0%；花费达 1152.9 亿美元，比 2016 年的 1098 亿美元增长 5%，保持世界第一大出境旅游客源国地位。随后，美团加大了对海外酒店住宿布局的力度。美团旅行与全球知名度假连锁集团"地中海俱乐部"达成全球深度合作。来自法国的"地中海俱乐部"成立于 1950 年，在全球 30 个国家拥有超过 70 座度假村，有着 60 多年的度假经营和创新发展史。美团旅行把旅行业务分成三个阶段：中国人在中国的消费、中国人在海外的消费、全球人在全球的消费。与"地中海俱乐部"合作，标志着美团旅行开始了第三阶段的布局。

2019 年 11 月，美团领投尼日利亚 Opay 公司 B 轮融资，开始布局非洲。Opay 公司在尼日利亚移动支付市场遥遥领先。王兴看中 Opay 公司的一个重要原因是它和美团的战略定位一致，Opay 公司打通了移动支付（旗下有 Opera 平台）、打车服务（旗下有 Oride 平台）、外卖（旗下有 Ofood 平台）。

纵观美团投资的海外本土公司，可以看出，美团更偏向于选择战略地位与主要业务与自己相似的战略伙伴。美团"假道伐虢"的海外拓展之旅总体上很顺利。不过，2019 年美团进军澳洲的时候，发生一件令王兴哭笑不得的事情。美团在澳洲注册商标时，发现商标竟已经被抢注了。经过核实，一家位于墨尔本的华人公司，抢注了"澳洲美团"，且商标图形也是和美团如出一辙。美团只好吃了哑巴亏，以高价回购商标。

美团在海外的拦路虎可不只这些"碰瓷"公司，还有国内的老对手。比如，美团多次投资 Swiggy 公司，蚂蚁金服和阿里巴巴就多次投资 Swiggy 公司的竞争对手 Zomato 公司。即便在海外市场，美团和阿里集团依然呈现针锋相对的竞争态势。

正如王兴所言，"美团在全球化上迈出了一小步"，等待它的有碧海蓝天，还有暴风骤雨，但这些都不能阻碍王兴做世界冠军的决心。

# 美团骑手上《时代》封面

《华尔街日报》曾经夸奖中国外卖的送货速度堪称"奥林匹克运动员的速度，把两个轮子的电动车当飞机来送餐"。2020 年 1 月，新冠病毒的肆虐，让全民陷入心理恐慌和生活危机，美团骑士在这次疫情中的表现，让世界见识到了这种"奥林匹克运动员的速度"。

在疫情肆虐中，外卖骑士成为千家万户与外界的唯一联系，中国城市空荡荡的街上，见得最多的就是美团骑士戴着口罩匆忙赶路的身影。他们和医护人员、社区工作者和警察等一线工作者一样，冒着比常人更高的感染概率，完成一笔笔订单，维持着社会的正常运转。

2020 年 3 月 19 日，美国《时代周刊》封面发布抗疫群像，美团外卖骑手高治晓作为唯一华人面孔登上封面。《时代周刊》详细报道了美团外卖骑手高治晓和李丰杰的抗疫故事。高治晓身处北京，李丰杰身处武汉，他们在疫情期间的订单基本都是送大件——成袋的米面、成桶的油等，全是食品和生活必需品。《时代周刊》这样称赞美团骑士："如果没有这群在危险中挺身而出的外卖骑手们，很多家庭会挨饿，病人也无法得到赖以生存的物资供给。"[1]

值得一提的是，《时代周刊》之所以大肆报道中国外卖骑士，是

---

[1]《中国外卖骑手保障配送服务抗击疫情》，美国《时代周刊》，2020 年 3 月 19 日

因为国外外卖平台面临无人可用的问题。美国许多外卖骑士在疫情来临之际要求带薪休假，如此便可以待在家里而不用担心账单。两相比较，美团骑士的奉献精神弥足珍贵。

《时代周刊》还称赞美团外卖效率惊人，智能配送网络可以让外卖小哥来回跑动次数最少，每次送单路径最短，最终确保在30分钟内完成订单。

除了《时代周刊》封面，在国内，央视、人民日报等权威媒体关于疫情期间生活服务的报道中，美团外卖骑士都是"上镜"最多的。

这不是偶然。疫情发生后，美团外卖第一个挺身而出，挑起了社会重担。

新冠肺炎疫情发生的第一时间，美团紧急捐款，1月26日晚间，美团公益基金会宣布捐赠2亿元人民币，设立全国医护人员支持关怀专项基金，主要针对武汉等疫情防控重点地区的医护人员、全国各地支援湖北的医疗队，基金将和相关专业机构合作展开定向支持帮扶，包括医疗物资采购以及对一线医护人员的人道救助、生活服务保障、关怀激励等。医生闯烽火，美团备粮草。除了捐赠外，为保障在一线的医护人员吃得上热饭，放心出行，美团还出动各业务线的核心能力，为抗疫医护人员提供免费的外卖送餐、单车出行、心理援助等服务，给他们送去更多便利和温暖，与一线的医务人员共抗疫情。

截至2月11日，美团为武汉医护人员免费送餐超过3.6万份，美团快驴进货在34个城市开通了绿色服务通道，每日约为20-30家医院提供食材配送服务，全力保障一线防疫人员的餐饮需求。此外，美团单车在湖北地区暂停收费，并向全国其他地区的抗疫工作人员捐赠超过100万张免费骑行卡。

在战"疫"期间，数亿居民不得不居家隔离，美团在业内率先推出了无接触配送服务。美团的行为得到了很多人的支持，送外卖成了许多人为社会做贡献的选择。一位美团武汉骑手在国务院新闻办记者见面会上发言时如是说："慢慢地我就发现,我们骑手们的工作被赋予了新的含义,我们成了维系城市正常运转的'摆渡人'。我相信,只要我们都在,武汉就不会孤独!"

美团发布的报告显示,疫情发生后,从 1 月 20 日至 3 月 18 日,美团平台已经新招聘了 33.6 万骑手。其中,自 2020 年 1 月 20 日至 2 月 23 日,美团外卖配送平台新增 7.5 万名外卖骑手;2 月 24 日美团推出"春归计划"宣布新增 20 万骑手岗位以来,再增 26.1 万名外卖骑手,新增骑手数量仍继续呈上升趋势。

疫情让骑着电瓶车穿梭在大街小巷的外卖骑士得到更多社会认同。2 月 25 日,人力资源社会保障部与市场监管总局、国家统计局联合向社会发布了 16 个新职业,其中有一个叫"网约配送员","外卖骑士"就在其中。

王兴曾经说过:"美团外卖小哥是一群'有理想、有本领、有担当'的城市新青年,靠自己的勤劳和智能化的连接技术,服务千家万户,激发出新的就业潜力,创造了新的就业机会。"此次官方语境首次定义这个群体,这意味着外卖骑士正在变为一份体面的职业。

针对新型肺炎疫情感染风险,美团统一为骑士提供免费保障方案,从检查、疑似、隔离、确诊以及治疗的每个阶段,都将给予骑手相应保障补助,最高可给予 30 万元特殊保障金。为因疫情就医的骑手家人提供生活关爱金以及疾病慰问金、门急诊医疗费用报销等最高 10 万元特殊保障金补助。相关保障计划惠及美团外卖全体骑手,众包骑手在 30 天内有美团跑单记录即可适用。

危机是一面镜子,最能体现人和组织的社会担当。美团作为生活服务巨头平台,能够积极、迅速响应疫情,为广大用户生命健康提供一道安全防线,是社会责任感驱动的表现。

当然，美团的责任担当也少不了对商户的救助。所谓后院不倒，彩旗飘飘。寒冬之下，任何一方都无法独善其身，想要保护行业生态，就需要同舟共济。疫情爆发，停工停产停业，让很多中小商户吃不消。春节过后中小独立餐厅门店迎来关门潮，美团及时向商户伸出了援手。

自 2020 年 2 月 1 日起，美团启动七项帮扶政策，帮助商户度过难关。具体七项政策如下：（一）武汉地区餐饮商户减免外卖佣金 1 个月；（二）武汉地区到店业务减免佣金 1 个月，免费延长商户年费 2 个月；（三）为武汉的餐饮商户及雇员提供免费保险产品，对因不幸感染新型冠状病毒肺炎导致的身故，给予最高 30 万元的特殊保障金；（四）对湖北地区餐饮商户赠送收银系统 10000 套；（五）提供 2 亿元商户专项扶持资金，帮助老商户上线经营和新商户开业；到店业务提供 1.5 亿元商户专项扶持资金，帮助到店餐饮、本地生活服务商户在保障安全的前提下恢复正常经营；快驴进货为外卖合作商户提供"一键开通"在线采购通道，在全国 38 个城市提供超过 5 万个商品储备，帮助中小餐饮商户足不出户解决食材问题；（六）提供不少于 100 亿的优惠利率小微贷款；（七）美团大学提供 800 门精品线上课程，帮助商户足不出户学习疫情应对、食品安全、门店经营等技能。

美团的"共保"措施，让商户缓解了不少压力。云海肴创始人兼董事长赵晗表示，餐饮行业在武汉"封城"时跌到谷底，2 月 3 日晚，听说美团生意贷将为商户提供优惠利率贷款，他立刻安排同事准备申请资料。2 月 4 日，云海肴获得了由美团携手江苏银行提供的 1000 万元贷款授信。获得资金助力后，云海肴投入更多资源优化营收结构。除了外卖，云海肴以门店为中心，组建社群，通过社区团购模式出售蔬菜，通过电商平台出售云南食材以及半成品菜品。

随着疫情防控形势持续向好，美团又及时推出"春风行动"，通过加强在线培训、减免年费、追加优惠利率贷款、推出扶持流量红包等一系列措施，推动商户加快复工。

2017 年 10 月，完成新一轮 40 亿美元融资后，王兴表示，今后公司进入了一个全新的阶段——社会企业阶段，集使命驱动、就业发展、产业合作、社会责任为一体。秉承让大家"吃得更好，生活更好"的企业使命，美团点评将承担更多社会责任，带动就业发展，建设更加开放合作、与全社会协调发展的社会企业。他说，

> "企业有很多驱动核心，有些是需求驱动，有些是竞争驱动，有些是战略驱动，但美团点评是一家使命驱动的公司。"

2018 年 9 月，美团上市后，王兴发表内部信再次表示，要更加自觉、更加主动地承担社会责任，创造社会价值，构建一家社会企业。

当王兴强调美团不做商业企业、只做"社会企业"的时候，很多人质疑他是在作秀。这次疫情期间，美团在关键时刻的表现，让我们见证了一家互联网企业的卓越担当。

《论语·学而篇》有云："君子固本，本立而道生。"只有将"社会"作为价值标石的人，才会达到别人难以企及的思想与成就高度。优秀的企业家有一个共同的价值观，那就是企业大发展之后，要为整个社会发展甚至整个人类做贡献。王兴正在用行动证明着企业家和普通商人的区别。

# 向高科技公司进发

吉姆·柯林斯在《从优秀到卓越》中指出："仅靠时髦的技术，天花乱坠的宣传，或者理性的股票市场，是不会变成卓越的。只有当它能够领悟到如何把技术运用在三环连贯成一体的理念时，才会成长为一个卓越的公司。"

王兴一直坚持美团是一家科技公司，无论别人把美团定义为一家外卖公司，还是一家无所不做的"超级平台"，他都是不满意的。王兴说过：

> "老祖宗有句话叫'君子不器'，李嘉诚也说过'商者无域'，你不要总是自我设限，强调我就是做某一件事情的。如果非要自我定位，我更愿意说我是个要用科技研究商业的人。"

王兴深信，商业的本质就是用科技解决效率问题。为此，他对科技的追求如同极客般锲而不舍。

美团在圈内最吸引人的地方在于，无论是王兴、穆荣均、王慧文还是陈亮，创始人都有技术背景，且非常重视技术。美团对技术的投入和对技术人才的重视是出了名的。对外，有轰动一时的"宝马招聘"；对内，美团有常设的"伯乐奖"；王兴很早给技术员工配备的硬件设备都是最高端的，每人一个台式机、一个笔记本，椅子全是高垫靠椅，保证坐久不觉得累。正是这样的好口碑，吸引无数技术宅慕名而来，技术团队越来越强。

2010 年 3 月 4 日美团网上线的时候，公司总共十余人，其中技术团队占了 5 个。因为最早抓住移动技术红利，在 2011 年到 2013 年，美团在移动互联网化进程中在技术上一直处于行业 Top 位置。尽管当时技术水平不高，但整个团队都在按"互联网巨头"的标准进行自我要求。慢慢地，吸引到来自谷歌、百度、腾讯的大批技术牛人的加入。有人甚至为了进美团，赔付百度违约金。如今，美团技术团队已经达到 9000 多人的规模，覆盖前端、后台、系统、算法、测试、运维、数据、硬件等八个技术领域。

与此同时，技术投入力度也水涨船高，2015 年、2016 年及 2017 年，美团分别产生研发开支 12 亿元、24 亿元及 36 亿元。2018 年美团上市，王兴公开表示，上市融资的一大部分资金用于加大技术研究。根据招股书显示，美团上市融资的资金，35% 将用于提升技术和研发实力，排在第一位。

无论从团队规模，还是从技术投入上来看，美团都是一家不折不扣的技术公司。通过技术赋能，建立长期成本优势，一直是美团的致胜法宝。从在千团大战中浴血冲杀，到成为生活服务电子商务行业的领导者，雄厚的科技实力才是美团的杀手锏。

美团创业的过程，也是技术不断突破的过程。2013 年 7 月 6 日，王兴在移动互联创新大会趋势论坛上发表演讲时表示，"信息是理解世界的维度之一，而如果说信息是软件，那么科技就是硬件，通过科技的硬件，信息才能产生并传播，这其实就是互联网在做的事情。"

"美团外卖，送啥都快"，这句口号可不是说说而已，用王兴的话说："服务看起来简单，但背后的技术驱动需要不断突破"。

通过智能技术的研发落地，美团外卖智能配送调度系统每天匹配 50 多万外卖骑士，基于海量数据和人工智能算法，在每日高峰时段，每小时路径计算可达 29 亿次，确保平均配送时长不超过 28 分钟，这是整个行业公认的奇迹。同时，基于技术的赋能，美团在各方面的成本控制，都有了显著的提升，在人力密集型的到家服务互联网行业，节省了大量的人力成本。所以有人说"美团的护城河是成本优势"。听上去和"烧钱"传闻格格不入，但同样是"烧钱"，美团确实"烧"出了成效，这就是资本市场认可它的地方。

王兴有很强的科技普世情怀，他曾经说过："科技创新的根本目的是普惠大众。用科技创新给人们带来美好生活，是我们创业者也是美团公司义不容辞的责任。"当下和未来很长时间，人工智能作为新一代技术，将成为互联网公司争抢的"香饽饽"。如何让高新技术落地，惠及民众，美团做了大胆的尝试。让人叹为观止又倍感困惑的是美团在无人机领域的探索。

该技术负责人、美团首席科学家夏华夏是在 2013 年 6 月 8 日加入美团的。有一天，从谷歌回国的夏华夏去美团接太太下班，发现美团的监控工具做得很好，整个技术团队虽小但务实，工作氛围很好，就降薪加盟了这家小公司。加入之后，夏华夏一直扮演着"哪里需要就到哪里指挥"的角色。从负责组建技术工程部，到接手运维和 DBA 系统优化，到紧急开发外卖后台，再到成立美团技术学院。

2016 年美团开始"秘密"探索机器人补充配送。负责该业务研发的叫"W 项目组"，秘密运行了一年多，才在 2017 年底浮出水面。直到它更名为无人配送部，大家才知道它是做什么的。

因为预测到 2018 年科技的风口将继续吹向人工智能，在 2017 年获得 40 亿美元融资后，王兴决定将业务重心放在无人配送和人工智能上。这一年，夏华夏陆续把手头的地图、到餐技术、外卖架构等工作交接了出去，将精力全部放在内部孵化出来的无人配送项目上。

2018 年 1 月，神秘的"W 项目组"一次性放出超过 100 个职位，涵盖算法、系统、机械、电路、产品、运营、商务等多个领域，中高级职位占到一半以上。大规模的招兵买马成为该年度互联网行业的开门红招聘热点。

2018 年 4 月 20 日，美团和国内无人驾驶先行者——百度公司达成协议，计划率先在雄安试验无人驾驶送餐。2018 年 5 月中旬，美团为了取经，加入加州大学伯克利"DeepDrive 联盟"，深度学习自动驾驶产业。

功夫不负有心人，2018 年 7 月 26 日，美团无人配送开放平台正式上线。在发布会上，美团展示了多款投入试运营的无人车、概念车和无人机。比如，具备自主驾驶、GPS 定位等功能的"小蚂哥"，适合在大学进行外卖和快递的配送；主要应用于低速短距离运送的 AutoX（滚动智驾）小车，适用于工业园区、居民区、学校等应用场景；优地机器人，采用高精度运行算法配合自主研发的机器人底盘，满足上下电梯的功能，适用于酒店、餐馆、医院等场景。无人机试运营期间，用户从下单开始，平均仅需 20 分钟即可收到外卖。

无人机造价高一直影响其商业化推广。很多人也质疑美团的无人配送，如同谷歌的无人驾驶汽车一样华而不实。对此，美团方面表示："我们搞无人配送的最终目的是进入实际应用领域。"美团在无人车和无人机领域，已经完成多轮研发迭代，申请了超过 60 项技术专利。

其实，务实的美团一开始也不看好无人配送。随着美团串联起越来越多的行业，很多合作伙伴找上门来，其中就有无人配送企业。关于对方提出的合作，美团最初无动于衷，但外卖成本居高不下，让王兴逐渐动了心。

人工配送成本高，是整个行业的痛点。在王兴看来，作为一家科技企业，如果不能降低成本、提高效率也太讽刺了。而且从客观现实来说，数量庞大的外卖骑士团队，管理困难是亟待解决的问题。

美团骑手分为两类，一类是全职的专送骑手，有底薪，划分商圈，每天固定时间上下班，通过"站长—站长助理—组长—骑手"层级制度进行任务分派和管理；另一类是众包骑手，没底薪，兼职性质，不固定上班时间。美团众包骑手来自各行各业，素质良莠不齐。虽然后台可以看到每位骑手的各种数据，但实际管理起来难度极大。这些年美团因为骑手被骂的经历实在太多。让美团有苦难言的是，美团骑手还时不时受到竞争对手的排挤。此类争议事件时有传出，比如2014年这一年，北京、长春、济南、苏州等城市陆续出现美团外卖员工被竞争对手殴打的现象。这些都对美团公司的品牌形象造成了损害。

通过无人驾驶技术，采用"人车混送"的方式，降低配送成本、提升效率，让消费者体验更好，这是美团研发无人配送的初衷。而将原本人力密集型的商业模式变得更有科技含量，也是互联网技术公司估值能进一步提升的核心所在。

2019年美团实现了无人配送片区规模化运营。在朝阳大悦城开始试点运行时，王兴说：

"我们的愿景是在不远的将来，通过科技创新，通过线上线下融合，通过人工智能的改进，美团能够每天服务10亿人次，普惠每个人，真的帮助大家吃得更好，生活更好。"

2020年1月，在突如其来的新冠病毒疫情期间，美团无人车落地，开始在北京送菜了。

1995年，比尔·盖茨在自己的著作中首次提到物联网概念[1]，因为太过超前，并没有引起大批研究。2005年11月，在突尼斯举行

---

[1]《未来之路》，（美）比尔·盖茨著，北京大学出版社，1996年1月

的信息社会世界峰会（WSIS）上，国际电信联盟（ITU）宣布，无所不在的"物联网"通信时代即将来临，世界上所有的物体从轮胎到牙刷、从房屋到纸巾都可以通过因特网主动进行交换。自此，关于物联网的研究开始层出不穷。

物联网概念提出这么多年了，但是真正万物互联的时代还远没有到来。现在，以百度、美团为代表的企业，在人工智能、自动驾驶、无人配送方面孜孜不倦地探索，让我们看到了清晰的应用场景，对物联网的真实价值，有了信心。

外行人永远只会看热闹，但互联网科技企业却在真实争抢无人配送这一块技术高地，不只是美团，京东、滴滴、菜鸟、"饿了么"都在发力。无人配送的前景未来可期，美团正成为新时代下的领跑者。

托尔斯泰说过："人生的价值，并不是用时间，而是用深度去衡量的。"爱思考的王兴无疑是追求"深度"的人。正是因为王兴比别人先看穿团购的深层逻辑、移动互联网的浪潮、互联网下半场的竞争本质，美团才一直遥遥领先。如今，人们对于人工智能和无人配送的价值还认识不清，但信奉"Talk is Cheap，Show me the Code"的美团人，正通过自己的摸索实践，不断向业界和大众展现自身雄厚的科技底蕴。王兴拥有"一家真正的高科技公司"的梦想也越来越近了。

# 可以得意，但不可忘形

列宁说过："堡垒往往最先从内部攻破。"再坚固的事或物，都抵挡不住来自内部的瓦解。多少优秀公司的垮掉，源自内部管理不善、贪腐蔓延。蒙牛创始人牛根生根据自己的经验和教训说过这样一句非常经典的话："上市了你就要透明，透明了才容易做大。"按照牛根生的总结，很多时候不透明的企业，最后欺骗的不是股东，不是社会大众，而更多的是企业经营者本人。因为整个平台不透明，到最后企业经营者有可能完全不清楚自己的企业到底哪里有问题，更不能提前得到预警而防患于未然。总之，企业要走得远走得久，内部蛀虫清理得越早越好。

这些年，互联网企业对反腐问题异常重视。BAT 和华为早就将反腐作为公司治理的重要一环，为整个互联网行业树立了榜样。早在2010 年，阿里巴巴就成立了廉政部，首位首席风险官邵晓锋曾获得过全国特级优秀人民警察。百度内部成立"职业道德委员会"，京东成立"内控合规部"，而美团的反腐部门叫做"重案六组"。

2015 年，美团就成立监察部门。2016 年，美团又成立了阳光委员会，并先后出台了《阳光职场行为规范》《避免利益冲突制度》等十几项制度作为员工的工作守则，要求员工恪守职业道德，不碰触职场八条高压线。2017 年，美团参与了京东发起的"反腐联盟"。在京东倡议下，京东、美团、腾讯、百度、沃尔玛中国、宝洁、联想、美的、小米、唯品会、李宁、永辉超市、佳沃鑫荣懋等14家企业联合成立了"阳光诚信联盟"，通过共享职场黑名单机制，对舞弊员工联合拒绝录用，对不良商家联合拒绝合作。

之后，美团内部反腐行动就开始了。2018年上市之前，美团通报了19起反腐败打黑产刑事案件，攻破了"美团默许刷流水"的社会流言。

2018年上市后，立志要做"社会企业"的美团，再次加大了内部反腐力度。美团"重案六组"对贪腐行为展开调查，共调查出违纪类刑事案件29起。2018年12月3日，美团发布公告宣布，包括内部员工、生态合作伙伴人员以及共犯社会人员等89人受到刑事查处。这是目前为止中国互联网企业单次通报人数最多的一次，足见美团反腐查处的决心之大。

美团强调，对内部员工贪腐"零容忍"的同时，也对所有合作伙伴的舞弊保持"零容忍"。除了对员工要求"坚守道德与法律底线，坚决不触碰阳光职场八条高压线"外，美团也对合作伙伴指出，"正直诚信是平台与合作伙伴们生存发展的基础保障，也是开展合作的首要条件。请与平台一起营造廉洁、诚信的商业环境，共同维护我们可持续发展的商业生态，远离一切网络黑产，杜绝一切腐蚀员工和合作伙伴的行为，包括但不限于行贿、干股、不当馈赠及款待、借贷等。"

2019年1月，美团在年度战略沟通会上发布了"美团七条"廉洁自律宣言，王兴、穆荣均和王慧文带领公司高管宣誓"不索贿、受贿、行贿，遵守礼品申报制度"等内容。王兴表示，2019年美团将继续加大深度反腐、生态反腐的力度，推动行业健康持续发展。

2019年7月16日，美团原市场营销部总监赖某、高级经理梅某、离职员工路某因涉嫌非国家工作人员受贿罪，被北京朝阳警方刑事拘留。

2020 年 1 月 10 日，美团发布 2019 年年度生态反腐公告：全年总计查处违纪类刑事案件 38 起，涉案员工 20 人、合作商员工 70 人，被采取刑事拘留、取保候审、依法逮捕等强制措施。涉及案件包括勾结网络黑产、诈骗、盗卖公司资产等。

与行业的萧条正相反，整个 2019 年，各家互联网企业反腐工作进行的可谓风生水起。年初，大疆公司处理涉嫌腐败和渎职行为的员工 45 人，问题严重移交司法处理的有 16 人，直接开除的共计 29 人。7 月 16 日，360 公司发布通告，知识产权资深总监黄某因收受多家代理商的贿赂被捕。7 月 18 日，阿里巴巴宣布，蚂蚁金服数娱中心商务经理刘某犯非国家工作人员受贿罪，判处有期徒刑九年，并处没收财产 100 万元；数娱中心高级业务专家孙某犯非国家工作人员受贿罪，判处有期徒刑一年，缓刑一年六个月。同一天，小米公司发布处罚通报，因为利用职务便利向合作供应商索要好处费且"金额较大"，中国区市场部两名员工被辞退，其中一名被拘捕。8 月 2 日，滴滴查处 30 余起内部违规事件，有 29 人因严重违规被解聘，其中 10 人因涉嫌违反法律法规被移送司法部门。同期，百度公司通报 12 起严重违纪案，涉及包括一名实习生在内的 14 人，全部辞退。而腾讯公司共发现、查处违反"高压线"案件 40 余起，其中 60 余人因触犯"高压线"被辞退，10 余人因涉嫌违法犯罪被移送公安司法机关。

互联网公司集体对贪腐行为喊"不"，再次验证了王兴的"互联网下半场"论的正确性。在流量红利逐渐消失的互联网下半场，曾经野蛮生长的互联网企业不得不通过修补内部漏洞来防范风险。让互联网企业头疼的是，贪腐者的"段位"越来越高，迫使反腐力度越来越大。而且，这是一场没有终点的持久战。

王兴不遗余力地抵制内部贪腐，目的只有一个：打造"干净透明"的长青公司。他曾经在饭否发过一条内容：

"有一类理想是关于希望世界是什么样的，而不只是自己怎样。陈丹青：'年轻时，想买大房子，开好车，有迷人的伴侣，这些都是很好的想法，但要搞清楚，这些欲望不是理想。'十几岁时读到的这句话，一直惊醒我到现在。也因此一直能分清，谁是完全被欲望野心虚荣驱使。"

美团反腐，就是让"完全被欲望野心虚荣驱使的人"下车，让真正有理想的人去推动公司健康发展。

南怀瑾大师讲人生命的四个程式是"生、老、病、死"，对应的，物理世界的四个程式为"成、住、坏、空"。企业也是逐渐演进的物种，也会经历"成、住、坏、空"四劫的循环往复。如果不能净化内部环境，又谈何茁壮成长呢？王兴大刀反腐释放出一个信号：内外兼修的美团，做好了"社会企业"的准备。

# 王兴有话说：绝对优势存在吗？

美团上市后，动作更大了，不仅以狂飙的速度实现整体盈利，还对全球化、高科技充满野心。对此很多人不解：亏损那么多年不着急，现在反而更拼了。

对于王兴来说：

*"上市并不意味着耐心的结束，而是真正考验耐心的开始。"*

上市不是终点，而是真正的开始。创业永远如逆水行舟，不进则退，不存在绝对优势。

《基业长青》的作者告诉我们，高瞻远瞩公司的创办人通常都是制造时钟的人，而不是报时的人。拥有一个伟大的构想，或身为高瞻远瞩的魅力型领袖，好比是"报时"；建立一家公司，使公司在任何一位领袖身后很久、经历许多次产品生命周期仍然欣欣向荣，好比是"造钟"。高瞻远瞩公司的创办人主要致力于建立一个组织，一个会走动的时钟，而不只是找对时机，用一种高瞻远瞩的产品构想打进市场，或利用一次优秀产品生命周期的成长曲线；他们并非致力于取得领袖的人格特质，而是采取建筑大师的方法，致力于构建高瞻远瞩公司的组织特质：他们努力的最大成果不是实质地体现一个伟大的构想，不是表现人格的魅力，不是满足个人的自享或累积个人的财富，他们最大的创造物是公司本身及其代表的一切。简单来说，他们所追逐的是基业长青。为此，他们对自我要求极为严苛，不断追求进步，制定胆大包天的目标而永不满足。

热爱读书的王兴很喜欢《有限与无限的游戏》这本书，书中开篇写到，"世上至少有两种游戏。一种可称为有限游戏，另一种称为无限游戏。有限游戏以取胜为目的，而无限游戏以延续游戏为目的。"这句话对他影响颇大，王兴倾向于把创业当无限游戏来做。

1. 不为创业所累，最好甘之若饴。

很多创业者都有一种"终点"意识，有人抓住机会就套现，有人设定上市就退休，有人甚至甩给接盘侠，只有少数创业者没有"终点"意识，如同王兴一样，视创业为一场没有尽头的马拉松。关于为什么创业，早在2010年王兴就这样表态："就是觉得这个东西很牛，很有趣，想去做，想把它变为现实。这是一种极其强烈的冲动，就像你年轻时谈恋爱，一见钟情一样。"也就是说，王兴发自肺腑地喜欢创业，把创业视作人生的挑战，甘之若饴。所以他才要做高科技公司、世界冠军和社会企业。

2. 越是形势不好，越是勇猛精进的时候。

竞争越来越激烈，融资越来越难，随时还摊上天灾人祸，在形势艰难的时候，很多人觉得只坐在那里等机会、等形势变好就是了。王兴则说："越是形势不好，越是勇猛精进的时候。不趁着别人休息的时候加把劲赶上去，你什么时候还有机会赶上？形势不好，就是最好的机会。"当年团购大战资源和实力比不过人的时候，美团是这么做的；如今在全球集体受疫情困扰之际，美团也是这么做的。承担社会责任也好，趁机开拓新业务也罢，美团用行动证明着"既往不念，纵情向前"的信念。成功不是属于跑得最快的人，但一定会属于一直奔跑的人。

（三）谋人不如谋己，胜人不如胜己。

威廉·福克纳说："别只追求胜过同辈或者前辈，要设法战胜你自己。"美团一度因为野心太大，遭阿里追杀，被腾讯忌惮，在终于可以歇一歇的时候，王兴并没有选择停歇。美团虽然成为 BAT 之外的互联网第四极，但在王兴的潜意识里，打败美团的只能是美团。过去的经历，证明了剩者为王的道理，接下去美团将上演从剩者到胜者的故事。

# 王兴大事记

| | |
|---|---|
| 1979 年 2 月 | 出生于福建龙岩。 |
| 1997 年 | 从龙岩一中保送到清华大学电子工程系无线电专业。 |
| 2001 年 | 从清华大学毕业。 |
| 2003 年 11 月 | 放弃美国特拉华大学电子与计算机工程系博士学业回国创业，先后创立"多多友""游子图"等多个项目。 |
| 2005 年 12 月 | 校内网上线。 |
| 2006 年 10 月 | 校内网被千橡集团收购。 |
| 2007 年 5 月 | 创办饭否网。 |
| 2007 年 11 月 | 创办海内网。 |
| 2009 年 7 月 | 饭否网因故被关闭。 |
| 2010 年 3 月 | 美团网正式上线。当月，获得天使投资人王江的种子投资。 |
| 2010 年 8 月 | 获得了红杉资本 1200 万美元 A 轮投资。 |

| | |
|---|---|
| 2010 年 11 月 | 饭否网恢复访问。 |
| 2011 年 7 月 | 美团获得阿里巴巴和红杉资本 5000 万美元的 B 轮融资。 |
| 2012 年 2 月 | 美团推出猫眼电影。 |
| 2013 年 1 月 | 美团成立酒旅事业群。 |
| 2013 年 11 月 | 美团外卖正式上线。 |
| 2014 年 5 月 | 美团获得 3 亿美元 C 轮融资，领投机构为泛大西洋资本，红杉资本及阿里巴巴跟投。 |
| 2015 年 1 月 | 美团网完成 D 轮总额 7 亿美元融资。 |
| 2015 年 7 月 | 美团网确定全资收购酷讯。 |
| 2015 年 10 月 | 美团和大众点评网合并。 |
| 2015 年 11 月 | 阿里确认退出美团。 |
| 2016 年 1 月 | 美团点评完成额超 33 亿美元融资，新公司估值超过 180 亿美元。 |
| 2016 年 5 月 | 猫眼电影被光线传媒收购。 |
| 2016 年 9 月 | 美团宣布收购钱袋宝，正式获得第三方支付牌照。 |
| 2017 年 1 月 | 美团点评双平台同时推出海外酒店。 |
| 2017 年 2 月 | 美团推出"美团打车"服务。 |
| 2017 年 4 月 | 美团推出榛果民宿，主打整租业务。 |

| | |
|---|---|
| 2017 年 6 月 | 美团推出掌鱼生鲜。 |
| 2017 年 9 月 | 美团旅行 App 上线，签约 Angelababy 代言品牌。 |
| 2018 年 4 月 | 美团以 35% 美团股权、65% 的现金收购摩拜单车。 |
| 2018 年 5 月 | 美团全资收购屏芯科技。 |
| 2018 年 7 月 | 美团无人配送开放平台宣布上线。 |
| 2018 年 9 月 | 美团点评在港上市。 |
| 2019 年 5 月 | 美团推出新品牌"美团配送"，并宣布开放配送平台。 |
| 2019 年 6 月 | 美团点评宣布品牌变色，从此前的蓝色变为黄色。 |
| 2019 年 7 月 | 美团外卖日订单量突破 3000 万单。 |
| 2019 年 10 月 26 日 | 王兴荣获 70 年 70 企 70 人"中国杰出贡献企业家"称号。 |
| 2019 年 11 月 7 日 | 福布斯发布 2019 年度中国富豪榜，王兴排名第 38 位，财富值 519.7 亿元人民币。 |
| 2019 年 12 月 18 日 | 王兴入选"中国海归 70 年 70 人"榜单。 |
| 2020 年 1 月 | 美团与法雷奥合作推出首款电动无人配送原型车。 |

2020 年 2 月　　　美团收银升级"手机点餐"功能，在餐饮行业里首家推出"无接触配送"。

2020 年 2 月 26 日　以 530 亿元人民币财富名列《2020 世茂深港国际中心·胡润全球富豪榜》第 262 位。

2020 年 3 月　　　美团外卖骑手高治晓作为唯一华人面孔登上美国《时代周刊》封面。

# 王兴名言录

1.想起来全是问题,做起来才有答案。

2.为什么你打算"今年赚 1000 万"而不是"明天赚 3 万"或"下周赚 20 万"?

3.一流的选择是做事,二流是评价别人做的事,三流是评价别人的评价。我花最少时间思考的问题,就是评价别人的评价。

4.我的生活态度是:不犹豫;不后悔。

5."我干了,你随意。"拉人一起创业时就需要有这样的气魄。

6."见贤思齐"这个词很有趣。人可能以为重在思齐,其实重点是见贤。思齐或说学习是个自然行为。

7.你必须很努力,才能做到看起来毫不费力。

8."大多数人以为战争是由拼搏组成的,其实不是,是由等待和煎熬组成的……"说这话的大哥当年参加过中越战争,后来创过业,现在做投资。

9.有些人总是念念不忘自己失去了什么,而忘记自己得到了什么。我不是那种人。我对生活充满了好奇和激情,"纵情向前"才是我的态度。

10.我们每个人都是时代缔造出来的英雄。因为我是一个天生充满好奇的人,所以总能提前看到一些机会。

11. 很多事情表面上是一夜成功，其实背后有很长时间的积累。我很喜欢的 TED 会议似乎是前几年突然走红的，可它实际上创办于 1984 年。

12. 我始终认为人是最重要的，你是不是有足够好的团队，有足够好的团队，你才会有正确的战略，才会有强的执行力，所以归根到底都是人。

13. 其实创业者不应该把自己想得过于强大，不是我们改变市场，是市场改变我们，我们每个人作为用户是市场的一部分，这才是根本性的力量。

14. 机会永远有，尤其是在中国。很多人觉得谷歌直到 1998 年才做搜索已经太晚了，后来的发展大家都看到了。关键是想明白一个问题：你给什么人提供什么服务？这个问题别人没法替你回答。

15. 创业并不简单，但也并不痛苦，除非你干的事情很不适合你。对有些人来说跑步或举重是需要用巨大毅力才能坚持下去的痛苦的事，但对另一些人来说这些活动本身就充满乐趣。

16. 唐僧的一大任务是不要让自己变成唐僧肉。

17. 我希望享受每一天，因为我认为这个生命是一段过程，而不是终点，终点只有一个。这个过程的话，我希望是时刻都是充满激情的，我们总共只有不到三万天的时间，我不希望浪费任何一天。

18. 对未来越有信心，对现在就越有耐心。

19. 成功的路上并不拥挤，因为能坚持的人真的不多。

20. 有些时候，第二名存在的原因跟第二名本身的关系并不大，而是总有人不喜欢那个第一名。

21. 经济，短期看需求，长期看供给。

22. 多业务，低毛利，长链条。

23. 战略上打持久战，战术上打歼灭战。

24. 几千年来，战争从拼人，拼粮草，到拼弹药，拼燃油，再到将来可能拼能量块，但是有一点始终没有变，那就是拼信息。

25. "没有人永远年轻，但永远有人年轻。"商业上可以解读为，到底是做一代人的生意，还是某个年龄段的人的生意，这最好想清楚。有志于解决所有人所有需求的另当别论。

26. 公司的问题，就是员工的机会。社会的问题，就是企业的机会。

27. 传统智慧其实把一些管理原则讲得很清楚：霹雳手段，菩萨心肠。

28. 竞争竞争，何为竞，何为争？同向为竞，相向为争。

29. 我最喜欢的态度是：一边建设，一边建设性的批评。

30. 重要的不是当前的位置，而是方向和速度，以及加速度。

31. 社交是一种技能，独处也是。

32. 乘法只是加法的快捷方式。

33. 人人都是产品经理，产品即自己的一生。

34. 每年我都要对自己重复一遍我的高中数学老师任勇在告别时说的话：敬业是最好的尊师。

35. 不断成长才能获取安全感。

# 参考文献

1.《九败一胜：美团创始人王兴创业十年》，李志刚著，北京联合出版公司 2014 年 9 月

2.《团购之王：Groupon 的创业疯魔史》，（美）弗兰克·森著、王佩译，中信出版社 2013 年 3 月

3.《解构外卖新业态——重塑增长》，美团外卖袋鼠学院团队著，电子工业出版社 2019 年 8 月

4.《美团机器学习实践》，美团算法团队著，人民邮电出版社 2018 年 8 月

5.《外卖超级运营术》，饿了么著，东方出版社 2019 年 8 月

6.《美团点评平台酒店商家运营攻略》，美酒学院著，人民邮电出版社 2017 年 7 月

7.《亚马逊的大战略》，（日）田中道昭，人民邮电出版社 2019 年 1 月

8.《CEO 贝索斯的传奇之路》，吕宁著，北京工业大学出版社 2017 年 4 月

9.《有限与无限的游戏》（美）詹姆斯·卡斯著，电子工业出版社 2019 年 6 月

10.《长期价值：百年可口可乐的经营策略》，（英）内维尔·艾

斯戴尔（美）戴维·比斯利著，中信出版社 2019 年 10 月

11.《教训：O2O 创业小败局》，张雪松著，中国宇航出版社 2016 年 10 月

12.《O2O 新营销》，马湘临著，上海三联书店出版 2016 年 07 月

13.《O2O 时代的商业盈利模式》，杨添著，浙江大学出版社 2015 年 7 月

14.《激荡四十年》，吴晓波著，中信出版社，2017 年 11 月

15.《BAT 三国杀》，张秀娟著，中国财富出版社，2016 年 9 月

16.《BAT 共塑新经济：连接时代的巨头生态战争》，陈修义著，中华工商联合出版社，2017 年 7 月

17.《互联网四大》，（美）斯科特·加洛韦著，博集天卷出品，湖南文艺出版社，2019 年 6 月

18.《互联网下半场》，李光斗著，中国人民大学出版社，2017 年 8 月

19.《基业长青》，（美）吉姆·柯林斯，杰里·波拉斯著，中信出版社，2019 年 11 月

20.《从优秀到卓越》，（美）吉姆·柯林斯著，中信出版社，2019 年 11 月

21.《做生意的艺术》（美）约翰·D.洛克菲勒著、徐建萍译，江西美术出版社，2017 年 5 月

22.《诸葛亮兵法》，诸葛亮著、冯慧娟编，辽宁美术出版社，2019 年 11 月

23.《20 节美团制胜管理方法课：揭秘"千团大战"背后的科学运营体系》，干嘉伟著，2019 年 10 月

24.《中国外卖骑手保障配送服务抗击疫情》，（美）《时代周刊》

报道，2020 年 3 月

　　25.《The，World's，Greatest，Delivery，Empire（世界最大的外卖帝国）》，（美）《彭博商业周刊》2019 年 3 月

　　26.《王兴，享受高于一切》，《商界时尚》2010 年 12 月

　　27.《Online，Group，Buying，Taking，off，in，China》，《PCworld》报道，2010 年 11 月

　　28.《王兴："职业创业者"》，《当代经理人》2010 年 11 月

　　29.《对话王兴：太多人关注边界，而不关注核心》，《财经》2017 年 6 月

　　30.《王兴的持久战，谁先上市谁认输》，《福布斯》2014 年 12 月

# 致谢

　　行文至此，本书已经划上了句号。但是，关于王兴和美团的故事还远未结束。这个男人像个永动机一样永不停歇，他的创业奇迹和财富数字还会不断更新。

　　初稿完成的时候，正赶上 2020 年新型冠状肺炎在全球肆虐。中国疫情正在好转，而世界其他国家还没有迎来拐点。在世界人民深受其苦之际，美国《时代周刊》以美团为报道对象，用美团骑士在疫情中的杰出表现来鼓舞全球人心。美团在中国互联网行业的地位已经巩固，此番正引起了全世界的关注。谁也不知道，对全人类抱以人文关怀的王兴，还会带给世界什么样的惊喜。

　　当初接到润商文化创始人、新生代企业史作家陈润老师的写作邀请时，既兴奋又倍感压力。一方面，这几年美团的迅猛发展有目共睹，而王兴绝对算是年轻有为的企业家，他的年纪和我相仿，能为这样的偶像做传，倍感荣幸；另一方面，正如一千个读者眼中有一千个哈姆雷特，一万个读者眼中也有一万个王兴。王兴毕竟太年轻，美团创业不过十年，报道也有限，要想写好，倍感压力。但是，在润商文化策划的"中国著名企业家传记"丛书中，又怎么能少了王兴这位精彩人物呢？毕竟，他的热度目前仅次于马云和任正非。在陈润老师的鼓励下，我斗胆应承下来。

　　当然，完成这部作品，最大的心愿是借助王兴的精彩故事，激励更多的年轻人，无论创业者还是正在为人生困惑的普通人。王兴的出身和学历背景都很优秀，但他和其他"出生就抓一手好牌"的人又不太一样，王兴不仅没有打烂一手好牌，反而打得漂亮又很接地气。那些老成的企业家距离一般人太遥远，王兴的经历对于当下的年轻人来说很宝贵。当然，王兴的商业智慧和独到眼光，让所有人也备受启发。比如他的对手都公开夸他"有自己的独到之处"，还私下总结他为什么可以"乱入"自己的地盘，进而学习他的跨界做法。总之，王兴的故事能让所有人受益。芬兰有句谚语："只有死掉的鱼才会随波逐流。"相信王兴的好奇和永不满足的探索精神，会唤醒和冲击无数随波逐流的灵魂。这个充满焦虑、迷茫和不知所措的时代，我们太需要像王兴这样的榜样了。

为了尽可能客观、全面、翔实地完成这部作品，在写作过程中，我查阅并整理了关于王兴700多万字的主流财经媒体报道、评论和书籍，包括他的演讲、采访等影音资料，力图尽可能接近事实，还原被神化或误读了的王兴。在此，我要对所有报道和著作的写作者表示诚挚的感谢，尤其是李志刚所著《九败一胜：美团创始人王兴创业十年》，对本书写作帮助很大。李志刚是早期深入采访美团的唯一作家，他独家采访的资料，为我们呈现了王兴早期创业的真实面貌。另外，个人的精力毕竟有限，我也求助了在媒体和图书馆工作的几位老朋友，感谢他们的友情支持和帮助。

最后，我要特别感谢陈润老师，没有他就没有这部作品。是他一手策划了这个选题，并手把手指导我如何写作、梳理和完善加工。也感谢冯伟、孙亚雄等各位老师的审读与修改，在大家的帮助下我才按时完成了写作。

当然，由于王兴过于低调，而美团投资的领域实在太多，本人所掌握的资料、了解的内幕尚且有限，加上写作时间和出版时间仓促，难免有不足之处，敬请读者谅解与斧正。